MEIGUO MASHENG LIGONG XUEYUAN
DIANQI GONGCHENG JIAOYU
FAZHANSHI YANJIU

美国麻省理工学院电气工程教育发展史研究

刘永虎 著

北京理工大学出版社
BEIJING INSTITUTE OF TECHNOLOGY PRESS

版权专有　侵权必究

图书在版编目（CIP）数据

美国麻省理工学院电气工程教育发展史研究 / 刘永虎著. -- 北京：北京理工大学出版社，2024.7.
ISBN 978-7-5763-4398-4

Ⅰ. G649.712.8

中国国家版本馆 CIP 数据核字第 2024AE8669 号

责任编辑：芈　岚		**文案编辑**：芈　岚	
责任校对：刘亚男		**责任印制**：李志强	

出版发行 / 北京理工大学出版社有限责任公司
社　　址 / 北京市丰台区四合庄路 6 号
邮　　编 / 100070
电　　话 / （010）68944439（学术售后服务热线）
网　　址 / http://www.bitpress.com.cn

版印次 / 2024 年 7 月第 1 版第 1 次印刷
印　刷 / 廊坊市印艺阁数字科技有限公司
开　本 / 710 mm×1000 mm　1/16
印　张 / 14.75
字　数 / 233 千字
定　价 / 78.00 元

图书出现印装质量问题，请拨打售后服务热线，负责调换

前　言

麻省理工学院是美国最早开设电气工程课程的高校，一直走在美国电气工程教育改革前列。麻省理工学院电气工程教育在适应美国高等教育环境变化及挑战的过程中，具有引领性、前沿性和代表性，是世界高等电气工程教育发展的典范。本书通过文献研究法、历史研究法和个案研究法，在美国高等工程教育视域下，在解析不同时期美国高等电气工程教育发展背景基础上，对驱动麻省理工学院电气工程教育发展的动因进行分析，通过教育中的教育者、受教育者和教育影响三要素，结合大学人才培养、科学研究及社会服务职能，对麻省理工学院电气工程教育教学实践和科学研究范式等方面进行探究，提炼其主要特征，并总结其发展逻辑与启示。

在麻省理工学院电气工程教育初创期（1882年至1917年），麻省理工学院顺应电气时代需求：1882年开设第一门电气工程课程，电气工程专业知识第一次被纳入麻省理工学院课程体系；1902年成立电气工程系，开始培养电气工程技术专门人才，标志着电气工程教育从"依附"物理系步入"自立"发展阶段。在查尔斯·克罗斯等学者大力推动以及美国电气工程师协会的积极倡导下，麻省理工学院电气工程教育方兴未艾，虽然其教学水平、科学研究等方面尚处于初级发展阶段，但为其进一步发展奠定了基础，电气工程教育逐渐成为麻省理工学院重要的教学领域。此时期，麻省理工学院电气工程教育在开展本科生教育的基础上又开展了研究生教育，以培养电气工程师为目标，形成了专业知识应用与校企合作并举的教学范式，并与物理教育存在着学科的"代际关系"，学科间联结密切。

在麻省理工学院电气工程教育转型期（1917年至1945年），麻省理工学院充分发挥大学服务战争的功能，电气工程教育从单纯重视实践向重视科学研究、从教学为主向科教结合、从培养合格电气工程师向服务军工产业等转型与变革。美国科学家范内瓦·布什等学者提出的一系列电气工程教育改革主张，以及高等教育新思潮作用下电气工程教育新理念的衍生，契合了工程教育服务战争的需求。此时期形成了依托军工实验室的科研范式，为其教学实践与科学研究提供了坚实的实验平台。麻省理工学院电气工程教育将办学目标与军工需要紧密地结合起来，调整人才培养目标，形成了理工结合的教育理念，积极探索科教融合范式，并重视研究生教育，改进校企合作课程，从而深化校企合作模式，注重学科间的交叉，扩宽了电气工程教育范畴。

在麻省理工学院电气工程教育创新期（1945年至1975年），麻省理工学院不断平衡服务战争与学术自治的冲突关系，不断平衡电气工程与计算机科学的交叉关系，在人才培养、科学研究等方面积极创新。1975年电气工程系更名为电气工程与计算机科学系，标志着电气工程教育与计算机科学教育从交叉发展走向融合发展。美国教育家弗雷德里克·特曼等学者在电气工程教育方面的重要贡献，以及《科学：无尽的前沿》等一系列教育政策报告的出台，为第二次世界大战后麻省理工学院电气工程教育创新发展提供动力和引导方向。此时期形成了优化实验项目的科研范式，偏重科学理论研究。麻省理工学院电气工程教育重视多重教育影响因素，引入了计算机科学课程，注重培养学生的研究能力，形成了科教融合模式，在跨学科发展的同时重视人文教育。

在麻省理工学院电气工程教育跨越期（1975年至今），麻省理工学院电气工程教育的组织形式趋于稳定，不仅继承过去先进教育经验，还及时进行改革创新，在继承与革新中彰显其识变、应变与求变的演进逻辑，一系列改革促使其跨越式发展。威尔伯·达文波特等人在电气工程教育方面的有益实践，以及《国家在危机中：教育改革势在必行》等教育政策报告的出台，推动了麻省理工学院电气工程教育的跨越式发展。此时期呈现出提升实验内涵的科研范式，旨在推进高质量的科学研究。麻省理工学院电气工程教育回归工程实践，形成了"大工程观"教育理念，注重对学生创新能力的培养，突出课程"设计"元素，并且校企合作模式进一步升华,学科深度融合后呈现交叉学科态势。

麻省理工学院电气工程教育近140年的发展历程,具有鲜明的历史逻辑、理论逻辑与实践逻辑,其代表着美国高等电气工程教育的历史、现状与发展趋势。借鉴其发展经验,我国高等电气工程教育应积极回应社会需求、遵循大工程观理念、弱化学科边界、依托科研与企业平台等,进而实现高效发展。

目 录

绪 论 ·· 1
  一、研究背景与研究意义 ··· 1
  二、核心概念界定 ·· 4
  三、国内外相关研究综述 ·· 10
  四、研究内容 ··· 26
  五、研究思路与方法 ·· 30
  六、创新点与难点 ··· 32

第一章 麻省理工学院电气工程教育的初创（1882年至1917年） ·········· 34
  第一节 麻省理工学院电气工程教育初创的背景 ················ 34
    一、"电气时代"催生电气工程教育 ······························ 34
    二、麻省理工学院电气工程教育应时而生 ····················· 38
  第二节 查尔斯·克罗斯等学者的探索与电气工程师协会的作用 ·········· 42
    一、查尔斯·克罗斯等学者在麻省理工学院电气工程教育
       方面的积极探索 ··· 42
    二、电气工程师协会助推电气工程教育理念的形成 ········· 45
  第三节 麻省理工学院电气工程教育初创期的教学实践 ········ 47
    一、人才培养模式初步建立 ······································· 47
    二、本科生课程体系逐步构建 ···································· 53
    三、研究生教育偏重实践导向 ···································· 55

第四节　麻省理工学院电气工程教育初创期的主要特征 …………… 63
　　一、适应社会需求，调整学科组织结构 ………………………… 63
　　二、重视本科生教学，兴建研究生教育 ………………………… 64
　　三、注重实践教学，建立校企合作模式 ………………………… 65
　　四、传承学科"代际关系"，学科间联结密切 ………………… 67

第二章　麻省理工学院电气工程教育的转型发展（1917年至1945年）…… 69
　第一节　麻省理工学院电气工程教育转型发展的背景 ………………… 69
　　一、两次世界大战促使麻省理工学院电气工程教育转型 ……… 69
　　二、新兴技术的崛起倒推麻省理工学院电气工程教育转型 …… 72
　第二节　范内瓦·布什等学者的主张与高等教育新思潮的出现 ……… 75
　　一、范内瓦·布什等学者在麻省理工学院电气工程教育
　　　　方面的主要主张 ………………………………………………… 75
　　二、高等教育新思潮衍生电气工程教育新理念 ………………… 79
　第三节　麻省理工学院电气工程教育转型期的教学实践 ……………… 82
　　一、师资力量持续增强 …………………………………………… 82
　　二、普通本科生课程适应性转变 ………………………………… 84
　　三、校企合作课程的创设与发展 ………………………………… 87
　　四、重视研究生教育 ……………………………………………… 94
　第四节　麻省理工学院电气工程教育依托军工实验室的科研范式 …… 97
　　一、绝缘研究实验室：多学科师生共同参与 …………………… 97
　　二、辐射研究实验室：大型实验室培养工程人才的范例 ……… 99
　　三、伺服研究实验室：军事研究铸造高端学术成果 …………… 100
　　四、高压研究实验室：科学研究助推医学技术提升 …………… 101
　第五节　麻省理工学院电气工程教育转型期的主要特征 ……………… 102
　　一、发挥服务战争功能，办学旨向军工之需 …………………… 102
　　二、调整人才培养目标，形成理工结合教育理念 ……………… 103
　　三、探索科教融合范式，重视研究生教育 ……………………… 104
　　四、改进校企合作课程，深化校企合作模式 …………………… 106
　　五、注重学科交叉，扩宽学科范畴 ……………………………… 107

第三章　麻省理工学院电气工程教育的创新发展（1945年至1975年）…… 108
　第一节　麻省理工学院电气工程教育创新发展的背景 ………………… 108
　　一、"计算机时代"激发麻省理工学院电气工程教育创新 …… 108

二、教育新环境奠基麻省理工学院电气工程教育创新 …………………… 111
　第二节　弗雷德里克·特曼等学者的贡献与相关政策报告的出台 ………… 114
　　一、弗雷德里克·特曼等学者在麻省理工学院电气工程教育
　　　　方面的重要贡献 …………………………………………………………… 114
　　二、高等工程教育相关政策报告引导电气工程教育
　　　　发展的新方向 ……………………………………………………………… 117
　第三节　麻省理工学院电气工程教育创新期的教学实践 …………………… 119
　　一、教学新模式的建立 ………………………………………………………… 119
　　二、普通本科生课程呈现综合协调趋势 …………………………………… 124
　　三、校企合作课程有序发展 …………………………………………………… 133
　　四、研究生教育不断拓宽学科领域 ………………………………………… 136
　第四节　麻省理工学院电气工程教育优化实验项目的科研范式 ………… 141
　　一、绝缘研究实验室实现新功能 …………………………………………… 141
　　二、从伺服研究实验室到电力系统工程实验室 …………………………… 142
　　三、电子研究实验室的创建 …………………………………………………… 143
　第五节　麻省理工学院电气工程教育创新期的主要特征 …………………… 145
　　一、重视多重教育影响因素，引入计算机科学课程 ……………………… 145
　　二、注重培养学生研究能力，形成科教融合范式 ………………………… 147
　　三、强调跨学科交叉，凸显人文教育重要性 ……………………………… 149

第四章　麻省理工学院电气工程教育的跨越发展（1975年至今） …………… 151
　第一节　麻省理工学院电气工程教育跨越发展的背景 ……………………… 151
　　一、"信息化时代"助力麻省理工学院电气工程教育跨越发展 ………… 151
　　二、高等工程教育改革浪潮推动麻省理工学院电气
　　　　工程教育跨越发展 ………………………………………………………… 154
　第二节　威尔伯·达文波特等人的实践与相关政策报告的出台 …………… 158
　　一、威尔伯·达文波特等人在麻省理工学院电气
　　　　工程教育方面的有益实践 ………………………………………………… 159
　　二、高等工程教育相关政策报告阐明电气工程教育改革路径 ………… 161
　第三节　麻省理工学院电气工程教育跨越期的教学实践 …………………… 163
　　一、教师多样化与学生多元化局面的形成 ………………………………… 163
　　二、普通本科生课程持续整合与优化 ……………………………………… 168
　　三、校企合作课程进一步普及与完善 ……………………………………… 172

四、研究生教育有的放矢地改革 ……………………………………… 173
　第四节　麻省理工学院电气工程教育提升实验内涵的科研范式 ………… 177
　　一、实验室升级背景水到渠成 …………………………………………… 177
　　二、跨学科实验研究全面开展 …………………………………………… 178
　　三、实验室教学内容丰富多样 …………………………………………… 180
　　四、校企合作研究有序推进 ……………………………………………… 182
　第五节　麻省理工学院电气工程教育跨越期的主要特征 ………………… 184
　　一、回归工程实践，形成"大工程观"教育理念 ……………………… 184
　　二、注重创新能力培养，突出课程"设计"元素 ……………………… 185
　　三、深化校企合作，升华校企合作模式 ………………………………… 187
　　四、学科深度融合，呈现交叉学科态势 ………………………………… 188

第五章　麻省理工学院电气工程教育发展的省思 …………………………… 191
　第一节　麻省理工学院电气工程教育的发展逻辑 ………………………… 192
　　一、历史逻辑 ……………………………………………………………… 193
　　二、理论逻辑 ……………………………………………………………… 195
　　三、实践逻辑 ……………………………………………………………… 196
　第二节　麻省理工学院电气工程教育发展的启示 ………………………… 198
　　一、战略层面：积极回应社会需求 ……………………………………… 198
　　二、理念层面：主动遵循"大工程观" ………………………………… 199
　　三、组织层面：弱化学科边界 …………………………………………… 201
　　四、实践层面：依托科研与企业平台 …………………………………… 203

参考文献 ……………………………………………………………………………… 206

绪　论

一、研究背景与研究意义

（一）研究背景

麻省理工学院是美国最早开设电气工程课程的高校，美国高等电气工程教育发展改革的重要时间或事件节点均由麻省理工学院发起或形成。麻省理工学院电气工程教育在适应美国高等教育环境变化及挑战过程中，一直处在改革前列并高效发展，具有引领性、前沿性和代表性，是世界高等电气工程教育发展的典范。基于当前工程教育对经济社会发展的重要作用、高等电气工程教育亟须改革的现实需要，以及麻省理工学院电气工程教育的典型性，本书对麻省理工学院电气工程教育的发展历史进行了系统探究。

首先，工程推动了经济社会发展和人类历史进程，特别是进入工业化时代后，伴随经济社会快速发展以及新兴科学技术的不断涌现，在国家应对知识经济和全球化的各项挑战中，工程的重要性日益凸显。工程人才作为生产力的重要创造者和新兴产业的积极开拓者，对提升国家竞争力尤为重要。因此，旨在培养工程人才的高等工程教育更应契合社会发展需要。伴随知识生产"模式3"时代的到来，高等工程教育在助推人类文明发展过程中需要发挥更大的主动权、更强的适应性和更明显的引领性，进而满足新科技革命和新产业革命对工程人才培养提出的新要求。"加快一流大学和一流学科建设，实现高等教育内涵式发展"是我国高等教育发展的时代要求，也是建设教育强国的必然选择。[①] 基于工程学科对经济社会发展的直接支撑作用，工程学科被普遍认为是"双一流"建设的重中之重。[②]

其次，电气工程作为工程的重要分支，其产业关联度高，对机械制造业、原

[①] 汪劲松，张炜. "双一流"建设背景下国防军工高校转型发展的探索与实践 [J]. 高等教育研究，2021 (3): 50-53.

[②] 周光礼. 建设世界一流工程学科："双一流"高校的愿景与挑战 [J]. 现代大学教育，2019 (3): 1-10+112.

材料产业、装备工业，以及信息、电子等一系列产业的发展均具有带动和推动作用，是国防现代化和国家工业化的重要技术支撑，是国家在世界经济发展中保持自主地位的关键产业之一。① 19世纪末20世纪初，"电气时代"的到来促使高等电气工程课程出现，高等电气工程教育正式进入高等教育场域后，通过培养大批电气工程专门人才，在助推电气工程及经济社会发展过程中发挥着重要作用，高等电气工程教育在社会发展浪潮中扮演着不可或缺的角色。高等电气工程教育涵盖计算机工程、电力工程、电信、信号处理、仪器仪表和电子等，无不是影响经济社会发展的重要学科领域。高等电气工程教育对整个社会发展的变革反应通常较为迅速，对人类社会影响较大。选择对经济社会发展较为敏感和作用显著的高等电气工程教育作为研究对象和研究内容，有助于从某一工程领域视角详细映射工程教育乃至高等教育发展规律。有学者指出，电气工程的发展水平在很大程度上反映一个国家的科技水平，高等电气工程教育在某些发达国家高校中拥有十分重要的地位。② 当前，我国高等电气工程教育在人才培养目标、课程设置、科学研究等方面存在一定问题，不能与其社会地位相当。在新时代背景下，我国高素质电气工程人才培养体系亟须改革。③

最后，美国高等电气工程教育虽然不是美国最早出现的工程教育，但是，伴随第二次工业革命尤其是"电气时代"而发展起来的高等电气工程教育，历经电气工程学系的产生、承担军事科研服务、促进计算机技术的发展、20世纪80年代的改革等，均体现了美国高等电气工程教育对于社会、经济和科技发展的敏感度之高及其在各个时期强大的功能和价值，无论是在助推社会、经济和科技发展方面，还是在自身教育教学实践、教学管理、功能发挥等方面，都有丰富的经验。纵观美国高等工程教育历史，美国高等电气工程教育的发展体现着美国高等工程教育的整体发展特点，经历并延续着美国高等工程教育的辉煌历史，无论是在教学、科研，还是社会服务等高等教育职能发挥方面，均一直处在世界领先水平。同时，美国高等电气工程教育作为高等工程教育中的基础学科之一，又与物理、数学、化学和生物、计算机等学科领域有着紧密的联结，对于历史社会、当

---

① 中国电气工程大典编辑委员会编. 中国电气工程大典（第一卷）：现代电气工程基础 [Z].北京：中国电力出版社，2009：1.
② 崔瑞锋，郑南宁，齐勇，等. 美国著名大学电气专业教育发展特点分析——基于专业使命、教育目标及结果的视角 [J].电气电子教学学报，2008（S1）：1-10.
③ 潘垣，文劲宇，陈晋，等. 面向"电气化+"的电气工程本科人才培养体系重构刍议 [J].高等工程教育研究，2021（4）：23-28.

前社会及未来社会都有重大意义。西方高等教育史上，麻省理工学院是一所相对年轻的高等教育机构，却在世界高等教育格局中占有突出地位，尤其是在科学与工程教育领域，麻省理工学院具有引领性的地位。① 麻省理工学院一直处在世界工程教育先进之列，是美国工程教育改革发展的风向标，也是美国最早开设电气工程课程的高等教育机构，在随后的发展过程中，对美国高等电气工程教育发展始终具有一定引领性、前沿性和代表性，并逐渐演进为世界高等电气工程教育发展的典范，一直处在高等电气工程教育改革发展的先锋行列。美国高等电气工程教育发展改革的重要时间和事件节点均由麻省理工学院发起并引领。近年来，麻省理工学院电气工程教育在世界三大学科排名机构 THE（Times Higher Education,《泰晤士高等教育》）、QS（Quacquarelli Symonds）和 U. S. News 世界大学排名中均名列前茅，当属名副其实的世界一流学科。研究麻省理工学院电气工程教育发展史，旨在为我国高等电气工程教育、高等工程教育改革以及双一流建设提供有益的经验和启示。

（二）研究意义

1. 理论意义

电气工程跨越第二次、第三次及第四次工业革命时期，在人类社会历史文明进程和提升人类生活水平过程中发挥着举足轻重的作用，是传统且重要的工程领域。电气工程教育作为电气工程的衍生物，在培养大量电气工程师、转化众多科研成果的同时积累了丰富的理论经验，研究电气工程教育的先进演进历史具有一定理论价值。麻省理工学院电气工程教育伴随美国社会、政治、经济、科技、文化的综合发展，有着丰富且较为完善的发展规律与特征，其自身发展又与其他学科教育紧密关联，在不同时期均扮演着重要角色且引领美国电气工程教育整体变迁，具有良好的发展经验。探究麻省理工学院电气工程教育发展历史，有助于通过学科视角进一步了解美国高等工程教育演进逻辑。当前，国内已有相关研究多是关注美国工程教育的整体发展，缺乏学科视角下美国高等工程教育发展的系统研究，尤为缺乏对高等电气工程教育发展历史的专门研究，高等电气工程教育作为 20 世纪至今重要的工程学科，其发展规律并未得到充分关注。因此，本书以麻省理工学院电气工程教育为研究对象并对其发展历史进行研究，旨在加强我国工程教育特别是电气工程教育理论研究的薄弱环节，通过学科视角进一步探究和

---

① 曾开富，王孙禺. 战略性研究型大学的崛起：1917—1980 年的麻省理工学院 [M].北京：科学技术文献出版社，2015：1.

挖掘美国工程教育发展规律，以尝试丰富我国高等工程教育相关理论。

2. 实践意义

高等电气工程教育本身具有较强的实用性，其本有的实践特征加深了该研究的实践意义。一方面，高等电气工程教育作为传统高等工程教育学科领域之一，目前仍然是众多高校尤其是研究型大学中重要的工程学科。麻省理工学院电气工程教育在其创设和发展历程中，通过培养大量电气工程人才、产出丰富的科研成果、提高自身教育教学水平、推动经济社会发展，极大地提升了自身的学术声誉，具有先进电气工程教育人才培养、科学研究及社会服务的发展经验。另一方面，伴随全球工程科技突飞猛进的新形势，高等工程教育改革极其重要，当前工程教育存在的一系列问题亟待解决，丰富相关研究经验有利于科学地进行改革和进一步推动工程教育建设。通过研究麻省理工学院电气工程教育的演进历程，呈现美国高等电气工程教育在不同时期发展的社会背景，挖掘麻省理工学院电气工程教育各时期的教学实践、科研范式及主要特征，并洞悉麻省理工学院电气工程教育与其他学科的联系和合作规律等，力求为我国高等电气工程教育建设提供相应启示。

二、核心概念界定

（一）工程

工程概念有广义和狭义之分，广义的工程是对各类系统性复杂工作的统称，狭义的工程特指工程学科，对应工程教育。《简明不列颠百科全书》（1985 年）中指出工程是应用科学知识使自然资源最佳地为人类服务的一种专门技术。[①]《现代科学技术知识词典》（2010 年）中认为工程是将自然科学基本原理及知识体系应用于变自然资源为人类财富的过程而形成的专门技术学科的总称。[②] 新版《辞海》（2019 年）中对工程给出三种定义，其一是将自然科学的原理应用到实际中去而形成的各学科的总称，这些学科是应用数学、物理学、化学、生物学等基础科学的原理，结合在科学实验及生产实践中所积累的技术经验发展出来的。[③] 中国工程院院士殷瑞钰和中国科学院教授李伯聪等人认为，工程是人类为了改善自身生存、繁衍、发展的条件，并根据当时当地自然的认识水平，而进行

[①] 中美联合编审委员会. 简明不列颠百科全书 [Z]. 北京：中国大百科全书出版社，1985：413.
[②] 王济昌. 现代科学技术知识词典 [M]. 北京：中国科学技术出版社，2010：682.
[③] 辞海编辑委员会. 辞海（第七版）[Z]. 上海：上海辞书出版社，2019：1363.

的各类造物活动，即物化劳动过程。它是直接生产力，是动态运行着的可行的、有价值的生产力，是人类社会存在和发展的物质基础，在工程活动中不但体现着人与自然的关系，而且体现着人与社会的关系。①

为更好地界定工程概念，需要甄别工程、科学、技术三个密切关联的概念。工程一词来源于中世纪的拉丁语动词"ingeniare"，意即设计，而"ingeniare"一词又源自拉丁语名词"ingenium"，该名词的意思是一项聪明的发明，因此，工程的简短定义是设计人造世界（human-made）的过程；科学源于拉丁语名词"scientia"，意即知识，通常被描述为对自然世界的研究。科学家解释世界有什么和事物运行的规则，工程师则改造世界以满足人类需求，工程与科学不可分割，科学知识指导工程设计，没有工程师开发的技术工具，许多科学进步也不可能实现。② 或者说，科学重在调研发现"自然法则"，强调"为什么"，而工程师借助自然力量推进人类进步，强调"如何"；科学为学习而构建实验、工具和设备，而工程为构建对人类有用的产品和服务而学习。③ 同样，工程与技术两个概念之间也有一定关联，相对于工程强调复杂而又系统的工作，技术则强调对已有经验和知识的积累，技术在某种条件下是工程成果。现代意义上的技术多指科学的技术，即人类为了满足社会需要，运用科学知识，在改造、控制、协调多种要素的实践活动中，所创造的劳动手段、工艺方法和技能体系的总称；是人工自然物及其创造过程的统一；是在人类历史过程中发展着的劳动技能、技巧、经验和知识；是人类合理改造自然、巧妙利用自然规律的方式和方法；是构成社会生产力的重要组成部分。工程可以看成以一种核心专业技术或几种核心专业技术加上相关配套的专业技术知识和其他相关知识所构成的集成性知识体系。④ 正如学界普遍认为的那样，"科学是工程的基础和原则，技术是工程的基本元素"。

工程并非特指桥梁或者航空母舰等大型事物，还包括计算机芯片或者手持计算器等小型事物，以及一些工艺品的制造流程等。美国的工程始于堡垒、武库和道路建设，透视其发展历程，美国既需要军事项目，也需要民用项目，两次世界大战中的美国联邦政府旨在服务战争，而对高校研发的支持与努力促成战后化

---

① 中国工程院编著. 工程哲学与工程管理 [Z]. 北京：高等教育出版社，2016：39-40.
② Committee on K-12 Engineering Education; Linda Katehi, Greg Pearson, and Michael Feder, Editors. Engineering in K-12 Education: Understanding the Status and Improving the Prospects [M]. New York: The National Academies Press, 2009: 27.
③ Introduction to Engineering [EB/OL]. http://engineering.nyu.edu/gk12/amps-cbri/pdf/Intro2Eng.pdf.
④ 殷瑞钰，汪应洛，李伯聪. 工程哲学 [M]. 北京：高等教育出版社，2007：6-80.

学、航空、无线电、电子、核能和计算机等工程的繁荣,可见战争刺激了美国工程发展,工程逐渐成为生产力和健康经济的核心,并在确立美国世界地位方面发挥了不可估量的作用。[1] 工程的重要属性之一是设计。工程师专指工程专业人员,工程师并非真正构造工程产品,而是为如何构建工程产品而制订计划和方向,即设计工程产品,当然,这种设计一定程度上受到自然法则、科学以及其他外界条件的限制和约束。[2] 其过程始于目的、计划和决策,劳动者通常按某程序使用工具对原材料进行相应的操作加工,最终制造合格的产品,并且在价值定向的工程活动中的人与物之间主要存在价值关系。[3] 同时,工程活动的核心是构建出一个新的存在物,建构性是工程的基本特征之一。[4] 格里塔·特里格瓦森(Grétar Tryggvason)等人则认为,诸如"工程是应用科学""工程是利用科学和数学解决技术问题"等传统的工程定义是不完整的,通过联系人文学科、艺术、科学进而确定工程是不同于法律和医学等的一种职业,工程学是专注于创造物理世界的学科。[5]

电气工程作为工程的主要分支之一,既具有工程的一般属性,又具有其自身的特殊属性。电气工程最初与电力的产生、分配及其应用相关,包括发电、电气安装、照明等方面,[6] 现代的信息、软件、计算机、控制等众多学科均由传统的高等电气工程教育衍生而出。[7] 目前电力、光子和电子相关的工程活动均被电气工程所涵盖,[8] 包括强电和弱电等在内的相关工程领域,涉及利用电学、电子学和电磁学知识,研究、设计与应用设备、装置和系统等。具体而言,电气工程包括电力、电气与电子电路、电机与发电机、仪器、雷达、通信与网络等。[9]

---

[1] Committee on the Education and Utilization of the Engineer Commission on Engineering and Technical Systems National Research Council. Engineering Education and Practice in the United States: Foundations of Our Techno-Economic Future [M]. Washington, D. C.: National Academy Press, 1985: 23-24.

[2] Committee on K-12 Engineering Education; Linda Katehi, Greg Pearson, and Michael Feder, Editors. Engineering in K-12 Education: Understanding the Status and Improving the Prospects [M]. New York: The National Academies Press, 2009: 27-28.

[3] 李伯聪. "我思故我在"与"我造物故我在"——认识论与工程哲学刍议 [J]. 哲学研究, 2001 (1): 21—24+79.

[4] 殷瑞钰, 汪应洛, 李伯聪. 工程哲学 [M]. 北京: 高等教育出版社, 2007: 69-70.

[5] Grétar Tryggvason, Diran Apelian. Shaping Our World: Engineering Education for the 21st Century [M]. New Jersey: John Wiley & Sons, Inc., 2012: 5-6.

[6] Eric H. Glendinning, Norman Glendinning. Oxford English for Electrical and Mechanical Engineering [M]. New York: Oxford University Press, 1995: 11.

[7] 朱世平. 化工之歌 [J]. 化工学报, 2019 (9): 3611-3615.

[8] 司徒莹. 电气工程教育现状与改革探讨 [J]. 大学教育, 2016 (2): 46-47.

[9] Introduction to Engineering [EB/OL]. http://engineering.nyu.edu/gk12/amps-cbri/pdf/Intro2Eng.pdf.

（二）工程教育

从教育教学实践和语用习惯角度来看，"工程（Engineering）""工程师（Engineer）""工程教育（Engineering Education）"三个概念之间紧密关联。其中，"工程"是最根本的概念，工程本质决定了工程教育属性。工程教育是工程领域中包括工科专业在内的一切既注重理论分析和科学研究，又兼顾实践应用的工科教学、研究等。正如工程与科学既有区别又有联系一样，工程教育与科学教育既有区别又有联系，工程与科学是认识和改造世界的两个方面，科学解释存在的世界，而工程创造未来的世界。工程教育作为培养工程人才的学校教育，其人才培养模式与科学教育、技术教育有一定的异同。

美国著名工程师史学家劳伦斯·P·格雷森（Lawrence P. Grayson）明确了美国工程教育始于19世纪初，旨在促进将科学应用于生活，其发展历史与美国对科技人才需求变化一致，并且美国工程课程模式最初源自法国，研究重点与方法及研究生教育模式源自德国。约翰·海伍德（John Heywood）通过引用《格林特报告》（*Grinter Report*）中的内容讨论了工程教育目标，将其总结为适应市场职业的技术目标和丰富个人生活的社会目标，并指出美国《格林特报告》强调工程教育的创造性设计，与之对应并形成鲜明对比的英国《芬尼斯顿报告》（*Finniston Report*）则强调工程教育要适应市场工业需要。[①] 梅洛迪·莫里斯（Melody Morris）和珍妮丝·马修（Janice Mathew）则认为工程师使用工程问题解决技术难题进而发展人类文明，并指出工程旨在用科学方法解决问题。[②] 实际上，工程师普遍从事具有较高知识水平的职业，而非对应电工、水暖工、木工、焊接工等从事的手工职业。多梅尼科·格拉索（Domenico Grasso）等人认为，不断发展的世界需要能够进行广泛跨学科思考的新型工程师，狭隘的工程思维是不够的，工程学是一门旨在为人类设计并提高生活质量的学科，工程教育中，知识的统一应该是一个必要条件，要求工程师超越数学和科学领域的范围，寻找整个问题的解决方案，且通过数学和科学的应用更广泛地为人类服务。[③] 美国国家科学奖章首位获得者西奥多·冯·卡门（Theodore von Kármán）曾指出，科学家发现已经存

---

① John Heywood. Engineering Education：Research and Development in Curriculum and Instruction [M]. New Jersey：John Wiley & Sons, Inc., 2005：5-6.

② Melody Morris and Janice Mathew. Introduction to Engineering [EB/OL]. http://web.mit.Edu/wi/files/WI% 20 presentation_MelodyJanice.pdf.

③ Domenico Grasso, Melody Brown Burkins. Holistic Engineering Education：Beyond Technology [M]. New York：Springer, 2010：72-79.

在的世界，工程师创造从未存在的世界。李伯聪指出，工程活动需要工程思维，相较于科学思维的反映性特征，工程思维具有实践性和设计性特征，是造物思维，并且科学人才和工程人才是两类不同的人才，他们有不同的成才标准、道路和规律。① 麻省理工学院第9位校长卡尔·泰勒·康普顿（Karl Taylor Compton）曾指出，"纯科学家主要研究自然现象、材料和自然力等；应用科学家在科学和应用之间架起桥梁，对科学的应用做出解释、确保安全地应用科学；工程师则在科学与公众之间架起桥梁、确保科学通过一定的方式融入已有的文明组织中"。② 《简明不列颠百科全书》中也明确工程师不同于科学家，工程师不能自由地选择自己感兴趣的问题，而是必须解决面临的问题。③ 足见工程师与科学家的区别以及工程教育中培养工程专业学生设计、创新等能力的重要性。

鉴于工程与技术的关联性，要想进一步明晰工程教育内涵，厘清工程教育与技术教育的区别与联系至关重要。重视设计与理论应用的工程教育，既不同于关注理论探索的科学教育，又区别于侧重经验传授的技术教育。工程教育不可逾越科学教育，同样需要技术教育，技术教育和工程教育之间的区别之一是对数学和科学的重视及教授程度。伴随工程教育强调理论数学和科学，人们越来越认识到工程师也需要手工技能（manual skills），④ 这是工程教育强调实践以及校企合作模式的重要原因之一。除此之外，还应注意区分工程师和工程技术人员，进而甄别工程教育与技术教育。美国机械工程协会将工程师和工程技术人员的工作视为一个连续统一体，工程师和工程技术人员分别位于这一整体的两端，其特点是工程技术人员的一端涉及分销与销售工作，以及操作、服务与维护等；而工程师的一端则强调理论、分析和复杂设计等，两者的重合部分包括部件设计、公司管理、测试和评估等。⑤ 国内有学者指出，美国工程技术教育的最高层次是高等工程教育，无论从开展高等工程教育的院校数量，还是从授予高等工程学位的院校数量上看，均显示出它是美国工程技术教育中最重要的组成部分。⑥ 因此，工程

---

① 李伯聪，田宗伟，王芳丽. 我造物故我在［J］. 中国三峡，2018（7）：81-85.

② 曾开富，王孙禺. 战略性研究型大学的崛起：1917—1980年的麻省理工学院［M］. 北京：科学技术文献出版社，2015（11）：65.

③ 中美联合编审委员会. 简明不列颠百科全书［Z］. 北京：中国大百科全书出版社，1985：413.

④ Committee on K-12 Engineering Education；Linda Katehi, Greg Pearson, and Michael Feder, Editors. Engineering in K-12 Education：Understanding the Status and Improving the Prospects［M］. New York：The National Academies Press, 2009：31-33.

⑤ Katharine G. Frase, Ronald M. Latanision, and Greg Pearson. Engineering Technology Education in the United States［M］. New York：The National Academies Press, 2016：22-23.

⑥ 李曼丽. 工程师与工程教育新论［M］. 北京：商务印书馆，2010：102.

教育与技术教育有明显的区别。技术教育旨在使学生具备程序流畅性、概念理解、战略能力、自适应推理、生产性配置等五方面能力，并且这五方面能力均指向解决 STEM（Science 科学、Technology 技术、Engineering 工程、Mathematics 数学）问题，[①] 就此方面而言，工程教育和技术教育存在一定程度的相似性。

（三）高等电气工程教育

高等电气工程教育既是高等教育的重要组成部分，又是高等工程教育的重要分支与类型。电气工程教育旨在培养电气工程师，伴随电气工程范畴的不断扩宽而演进，高等电气工程教育通过不断衍生出新的学科专业方向及其领域，不断丰富最初高等电气工程教育的内涵。

由佩内洛普·彼得森（Penelope Peterson）、伊娃·贝克（Eva Baker）和巴里·麦高（Barry McGaw）主编的《国际教育百科全书》（第三版）一书中将电气工程教育归为面向职业的专业教育。[②] 美国高等电气工程教育更接近于一门工程的学科领域，在教学、科研及学术组织形式上与我国电气工程学科有较大不同。此外，计算机科学专业在美国的概念比较模糊，计算机科学、计算机工程和电气工程往往是相通的，美国高等电气工程学科有时甚至被称为电气工程、电气工程与科学或电气工程与计算机科学等。美国高等电气工程教育也是一门内部交叉性很强的学科，主要的教学和科研领域可归纳为 11 个方向，分别是通信与网络、计算机科学与工程、信号处理、系统控制、电子学与集成电路、光子学与光学、电力、电磁学、微结构、材料与装置和生物工程。[③] 有学者指出，电气工程教育的理论教学与工业开发技术之间的关系相较其他诸如土木、机械、化学工程教育更为密切，大学通常要求电气工程师学习力学、机械制图和测量学来保持基本的工程技能，工程实践是早期电气工程教育标准课程的一部分。[④] 此外，电气工程教育、计算机科学教育、电气工程与计算机科学教育三个专业之间有一定的联系和本质区别：从学科所属角度而言，电气工程教育、计算机科学教育、电气工程与计算机科学教育在麻省理工学院同在一个系，具体而言，电气工程教育属于工学、计算机科学教育属于理学、电气工程与计算机科学属于交叉学科；从课

---

① Moshe Barak, Michael Hacker. Fostering Human Development Through Engineering and Technology Education [M]. Boston: Sense Publishers Rotterdam, 2011: 3-5.
② Penelope Peterson, Eva Baker, Barry Mcgaw. International Encyclopedia of Education [M]. Oxford: Elsevier Limited, 2010.
③ 周成刚, 等. 美国研究生理工科申请指南 [M]. 杭州: 浙江教育出版社, 2018: 71-75.
④ Edward F. Crawley, Johan Malmqvist, Sören Östlund, Doris R. Brodeur, Kristina Edström. Rethinking Engineering Education: The Cdio Approach [M]. Switzerland: Springer International, 2014: 238-239.

程设置角度而言，上述三个专业之间既有重合的必修课程，又各自开设不同于其他两个专业的课程，其区别尤其体现在选修课和研究生课程方面。

麻省理工学院电气工程教育既具有高等电气工程教育的一般性质，又具有其自身的特殊性质。麻省理工学院电气工程教育最先开启美国电气工程教育历史进程，从初创至今的每一个时期均引领美国电气工程教育乃至美国工程教育改革发展。并且，1975年麻省理工学院电气工程与计算机科学系成立之前，电气工程系已经开设计算机科学专业的课程，并进行该专业方向的人才培养。麻省理工学院电气工程系更名为电气工程与计算机科学系，是对课程体系与人才培养范围的进一步明晰，亦是电气工程教育融合计算机科学教育的直观呈现，伴随麻省理工学院电气工程与计算机科学系的成立，麻省理工学院电气工程教育步入跨越期的历史发展新纪元。麻省理工学院电气工程教育历经140年的演进，在淡化学科边界中逐渐与电子工程、计算机科学等学科实现了有机融合。麻省理工学院电气工程教育既不是强调电力技术应用的培训，也不是仅仅创造产生电气与电子系统的有关学科的总称，而是在弱化学科边界基础上涉及电子工程、计算机、生物等学科领域知识的新型工程教育。麻省理工学院电气工程教育体现在人才培养、科学研究、社会服务等方面，而人才培养、科学研究、社会服务等又是麻省理工学院电气工程教育的重要载体。本书突出研究麻省理工学院电气工程教育中的教学实践及科学研究两个方面。其中，教学实践对应人才培养的大学基本职能，在遵循教育社会学理论基础上重点探究麻省理工学院电气工程课程设置。教育社会学关注课程与社会环境之间的交互关系，① 其研究的是作为社会控制中介的课程，旨在揭示课程的社会文化特征。② 本书关注麻省理工学院电气工程教育与社会环境之间的交互关系，因此在教学实践部分着重从课程角度进行阐述和分析，并通过人才培养和科学研究两大职能属性呈现其社会服务职能。大学服务职能必须建立在大学教学和科研职能的基础上，才能充分地发挥优势、扬长避短，麻省理工学院电气工程教育在人才培养、科学研究和社会服务等职能方面，相辅相成、密切联结。

三、国内外相关研究综述

（一）国内研究现状

国内学界以某一学科为视角对美国高等工程教育发展的系统研究相对不足，

---

① 施良方. 课程理论——课程的基础、原理与问题 [M]. 北京：教育科学出版社，1996：43.
② 吴康宁. 教育社会学 [M]. 北京：人民教育出版社，1998：50.

尚缺乏对麻省理工学院电气工程教育发展的专门研究。但是，国内学者针对美国高等工程教育发展的相关文献资料比较丰富，这些资料包含麻省理工学院电气工程教育，对本书撰写有重要价值和意义。经过收集、归纳和整理，将关于包含麻省理工学院电气工程教育发展在内的"美国高等工程教育""美国高等电气工程教育""麻省理工学院"等相关研究进行主题分类。

1. 关于美国高等工程教育发展分期及背景的研究

学界以"历史视角"对美国高等工程教育发展规律进行的研究起步较早，这些研究中包含麻省理工学院电气工程教育发展规律。较早对美国高等工程教育整体分期研究的国内学者陈干在其《美国工程教育的新趋势》（1980年）一文中介绍了20世纪美国工程教育发展的三个时期及其特征：20世纪初至30年代注重工程的职业特性；40年代至50年代受军事和空间科技影响，注重工程科技；60年代至80年代，一方面适应师生要求，另一方面受美国政府鼓励，注重工程的社会服务。[①] 叶民等在其《美国工程教育演进史初探》（2013年）一文中将美国200多年工程教育历史分为初创阶段（1862年以前）、发展阶段（1862年至1945年）、领先阶段（1945年至1980年）和反思阶段（1980年之后）四个阶段。[②] 再如，李江霞在其博士学位论文《美国高等工程教育改革》（2011年）第二章"美国高等工程教育的历史发展"部分将其划分为1862年之前的萌芽期、1862年至1914年的成长期、1914年至1940年的初步成型期、1941年至1968年的"科学化"时期、1968年至1985年的社会参与期。[③]

同时，国内学者还探索了美国高等工程教育模式及范式的演变。例如，孔寒冰等人在其《多元化的工程教育历史传统》（2013年）一文中指出，美国高等工程教育总体上经历了从技术模式到科学模式再到工程模式的嬗变路线。[④] 叶民等人在其《美国工程教育演进史初探》（2013年）一文中认为美国工程教育先后形成三种工程教育范式——技术范式、科学范式和工程范式，其中，技术范式形成于工业发展初期并鼎盛于20世纪50年代，科学范式主要存在于20世纪60年代至80年代，工程范式则出现在20世纪80年代以后。李晓强在其博士学位论文《工程教育再造的机理与路径研究》（2008年）中，李茂国等在其《工程教育范式：从回归工程走向融合创新》（2017年）一文中均指出美国高等工程教育经历

---

① 陈干. 美国工程教育的新趋势 [J]. 科技导报, 1980 (1): 95-96+92.
② 叶民, 叶伟巍. 美国工程教育演进史初探 [J]. 高等工程教育研究, 2013 (2): 109-114.
③ 李江霞. 美国高等工程教育改革 [D]. 杭州: 浙江大学, 2011.
④ 孔寒冰, 叶民, 王沛民. 多元化的工程教育历史传统 [J]. 高等工程教育研究, 2013 (5): 1-12.

了第二次世界大战前的"技术范式"、第二次世界大战后的"科学范式"和20世纪80年代中后期的"工程范式"的依次转变。

有学者对美国整体工程教育发展进行了研究，例如，王昕红在其《美国工程教育专业认证研究》（2011年）一书的第三章中将美国工程专业的发展分为1802年以前、1802年至1862年、1862年至1920年以及1921年至今四个时期。① 李战国等在其《美国高校工学学科结构变动的特点及成因分析》（2013年）一文中系统描述了美国工学学科结构变动的轨迹及其原因，变动轨迹包括人才培养层次结构、四大传统工学学科、20世纪70年代之后交叉学科和新兴学科的迅速发展等方面，其原因包括工业现代化、实用性创新传统、频繁的战争以及国家政策的出台和相关项目的支持。② 李伯聪在其《工程人才观和工程教育观的前世今生》（2019年）一文中讨论了工程人才观与工程教育观及其演进特征等。③

2. 关于美国高等工程教育理念变革的研究

关于美国高等工程教育改革发展的相关研究内容主要指向第二次世界大战后，尤其是20世纪80年代以后的美国高等工程教育改革。例如，滕大春主编的《外国教育通史》第六卷（1994年）中指出，从20世纪80年代开始，美国、英国、苏联、日本等先后开展了一次新的教育改革，这次教育改革的要求普遍涉及教育体制、教育理念以及学校教育内部的许多具体问题，也是一次更为整体性的、广泛的改革。④ 张光斗在其访美报告《美国高等工程教育的近况与动向》（1986年）中指出，第二次世界大战后美国工程教育减少工程实践课程的同时，增加自然科学与人文社会科学的相关内容，借以丰富学生的知识结构并提高其科学素养。⑤

国内学者普遍认为，20世纪80年代以来的美国高等工程教育经历了一场影响深远的全面改革，尤其是进入90年代，美国高等教育界进行了以"回归工程"为鲜明主题的全面化高等工程教育改革，伴随"大工程观"贯穿于此次改革过程。具体可概括为三个方面：第一，改革的关键动因。时铭显在其《美国工程教育改革与发展趋势》（2002年）一文中指出，推动工程教育改革与发展的动力是

---

① 王昕红. 美国工程教育专业认证研究 [M]. 西安：西安交通大学出版社，2011：44-49.
② 李战国，王斌锐. 美国高校工学学科结构变动的特点及成因分析 [J]. 中国高教研究，2013（5）：50-56.
③ 李伯聪. 工程人才观和工程教育观的前世今生——工程教育哲学笔记之四 [J]. 高等工程教育研究，2019（4）：5-18.
④ 滕大春. 外国教育通史（第六卷）[M]. 济南：山东教育出版社，1994.
⑤ 张光斗. 美国高等工程教育的近况与动向 [J]. 高等工程教育研究，1986（4）：3-7.

新时代经济社会的发展及其对培养新型工程师的客观要求。① 王世斌等在其《高等工程教育改革的理念与实践》（2011年）一文中则指出，在美国工程教育的历次改革中起到支撑作用的是实用主义等哲学理念与教育学基本理论。② 项聪则在其《回归工程设计：美国高等工程教育改革的重要动向》（2015年）一文中描述了美国20世纪80年代末90年代初高等工程教育改革在国家、学校、学生三个层面的关键动因，并指出，"回归工程设计"是美国高等工程教育在此次改革中表现出的主要趋向。③ 第二，改革的理念内涵。国家教委工程教育考察团在其赴美考察报告《回归工程·多样化·宏观管理》（1996年）中，将"回归工程"的内涵界定为把工程教育从过分重视工程科学转变到更多地重视工程系统及其背景上来、强调以"整合"或"集成"的思想重建课程内容和结构、加强工程实践能力的培养等。④ 李正等在其《国际高等工程教育改革发展趋势分析》（2005年）一文中指出，"回归工程实践"改革理念强调融合理论教学、以问题为中心等，借助实践性课程培养学生的创造能力，既强调对师生进行工程实践训练，又强调对学生工程设计能力的培养。⑤ 水志国在其《美国高等工程教育"工程化"发展研究》（2006年）一文中介绍了美国20世纪80年代后高等工程教育培养目标、培养途径和评价标准的"工程化"现象。⑥ 第三，改革的相关结论及影响评价。周玲等在其文章《回归工程 服务社会——美国大学工程教育的案例分析与思考》（2004年）、王章豹等在其文章《试论大工程时代卓越工程师大工程素质的培养》（2013年）中，较为一致地对"大工程观"教育理念给予肯定的评价。当然，有学者持有不同观点，并认为20世纪90年代美国工程教育的改革存有不足。例如，顾建民和王沛民在《高等工程教育意欲何往》（1996年）和《美国工程教育改革新动向》（1996年）中均有相关阐述：前文重点介绍了美国高等工程教育改革趋势，并指出世界范围内的工程教育发展历程；后文强调美国高等工程教育改革需要工程教育新范式、完善工程教育模式、革新本科生课程、普及技术文化、改进教师奖励制度等。

---

① 时铭显. 美国工程教育改革与发展趋势 [J]. 高等工程教育研究, 2002 (5): 9-13.
② 王世斌, 郄海霞, 余建星, 等. 高等工程教育改革的理念与实践——以麻省、伯克利、普渡、天大为例 [J]. 高等工程教育研究, 2011 (1): 18-23.
③ 项聪. 回归工程设计: 美国高等工程教育改革的重要动向 [J]. 高教探索, 2015 (8): 51-55+75.
④ 回归工程·多样化·宏观管理——赴美考察报告 [J]. 高等工程教育研究, 1996 (1): 7-15.
⑤ 李正, 李菊琪. 国际高等工程教育改革发展趋势分析 [J]. 高教探索, 2005 (2): 30-32.
⑥ 水志国. 美国高等工程教育"工程化"发展研究 [J]. 中国电力教育, 2006 (2): 21-24.

步入 21 世纪，美国高等工程教育面临新的挑战且趋向深化改革。中国工程院工程教育代表团在其《访美考察报告》（2002 年）中指出，进入 21 世纪以来，美国高校在工程教育改革方面虽然各有特点，但有"改革工程教育以适应 21 世纪科技与经济发展需要"的共识。① 黄芳在其《美国〈科学教育框架〉的特点及启示》（2012 年）中、李晓强等在其《部署新世纪的工程教育行动——兼评美国"2020 工程师"〈行动报告〉》中，都呈现了学者对 21 世纪美国高等工程教育的见解，前文认为美国工程人才短缺，供需不平衡，后文则指出 21 世纪初的美国工程教育需要深化改革。

3. 关于美国高等工程教育教学实践的研究

（1）美国高等工程课程相关研究。国内有学者专门概括了第二次世界大战前后美国高等工程教育的课程，特别是对工程与数学、物理和其他自然科学的关系认识及相关调整。但是，国内学者针对美国高等工程课程设置或教学内容的研究不仅仅包含专业课程的相关研究，还主要集中于"通识教育"和"工程伦理教育"两方面。对 20 世纪初至今美国高等工程教育中丰富人文社会科学课程的相关阐述也是重要研究主题。例如，蒋建湘等在其《发达国家高等工程教育中的人文社会科学教育》（1997 年）一文中指出，人文社会科学是为未来工程师树立正确的人生观、价值观、职业道德和社会责任感，塑造健全人格的必修课。② 新旧世纪之交，国内学者开始关注"工程伦理"。一方面，关于工程伦理教育理念何时在美国高等工程教育中出现并盛行的时间讨论，比较一致的观点是 20 世纪 70 年代前后。例如，董小燕在其论文《美国工程伦理教育兴起的背景及其发展现状》（1996 年）和王冬梅等在其论文《美国工程伦理教育探析》（2006 年）中均指出，20 世纪 60、70 年代，工程伦理课程开始出现在美国大学课程中并在工程院校中快速兴起。另一方面，国内不乏对美国工程教育工程伦理的整体发展研究。例如，刘薇的硕士学位论文《美国本科生工程伦理教育研究》（2013 年）、陈万球等人的《当代西方工程伦理教育的发展态势及启示》（2017 年）一文、陈柯蓓等人的《美国工程伦理教育探析及对我国新工科建设的启示》（2017 年）一文、邬晓燕的《美国工程伦理教育的历史概况、教学实践和发展趋向》（2018 年）一文等。

针对美国高等工程教育教学实践方面的研究中，介绍 CDIO［Conceive（构

---

① 中国工程院工程教育代表团. 访美考察报告［J］. 高等工程教育研究，2002（5）：1-8.
② 蒋建湘，庞青山. 发达国家高等工程教育中的人文社会科学教育［J］. 江苏高教，1997（1）：73-76.

思）、Design（设计）、Implement（实现）、Operate（运作）] 教学模式及其成功经验的相关研究较为丰富。例如，李曼丽（2008年）在其《用历史解读CDIO及其应用前景》一文中介绍了20世纪90年代形成于麻省理工学院的CDIO教学模式产生的原因、过程、意义及影响，并认为CDIO教学模式的出现是一个复杂而自然的过程。① 叶民等则在《美国工程教育演进史初探》（2013年）一文中指出，麻省理工学院主导的CDIO工程教育改革成为工程范式的典型代表，CDIO教学理念重视回归实践，以培养具有个人专业能力、人际交往能力和系统构建能力的工程人才为目标，强调工程的实践性、综合性和创新性，目前已成为全球工程教育改革关注的焦点。②

（2）关于美国高等工程研究生教育相关研究。培养高层次工程人才和工程师，离不开研究生层次的教育，国内学者对美国高等工程研究生教育的相关研究颇为丰富。陈学飞等人在《西方怎样培养博士——法、英、德、美的模式与经验》一书第五章中总结了美国博士生培养模式的演变，即19世纪初至60年代为第一阶段、19世纪70年代至90年代为第二阶段、20世纪初至60年代末为第三阶段、20世纪70年代至今为第四阶段。③ 周锐在其论文《美国工程研究生教育的发展及与苏联的比较》（1985年）和薛昌明在其论文《市场导向的美国科学与工程教育的全球化趋势》（2004年）中均指出，美国工程研究生教育发展相比于本科生教育或者文理科研究生教育发展较晚。郑大钟等则在其《MIT的"科学学士/工程硕士五年贯通计划"》（1996年）一文中，以麻省理工学院电气工程与计算机科学系为例，介绍了20世纪80年代之后，形成于传统的"工程实习计划（Internship Program）"的"科学学士/工程硕士五年贯通计划"，并指出此计划的基本思路是要在工程教育中回归工程实践。④ 相对而言，该类研究中针对跨学科研究生培养的研究较为丰富，例如，熊华军的《麻省理工学院跨学科博士生的培养及其启示》（2006年）一文，朱永东等人的《麻省理工学院跨学科培养研究生的特点及启示》（2015年）一文等。

4. 关于美国高等电气工程教育的研究

针对美国高等电气工程教育的研究中，其整体发展和教育教学实践方面的研

---

① 李曼丽. 用历史解读CDIO及其应用前景 [J]. 清华大学教育研究，2008（5）：78-87.
② 叶民，叶伟巍. 美国工程教育演进史初探 [J]. 高等工程教育研究，2013（2）：109-114.
③ 陈学飞，等. 西方怎样培养博士——法、英、德、美的模式与经验 [M]. 北京：教育科学出版社，2002.
④ 郑大钟，陈希. MIT的"科学学士/工程硕士五年贯通计划" [J]. 清华大学教育研究，1996（2）：46-51.

究均涵盖麻省理工学院电气工程教育，其相关案例方面的研究多以麻省理工学院电气工程教育为例。

首先，针对美国高等电气工程教育发展的相关研究。此类研究主要集中在针对包括美国在内的世界高等电气工程教育的相关研究。例如，肖建等的《国外电气工程教育改革简述》（1999年）一文、邱捷等的《国外著名大学电气信息类专业教育剖析》（2004年）一文、王娟娟的《国内外电气工程专业课程设置的特点及比较研究》（2007年）一文。其中，王娟娟在文中对包括美国在内的国外6所著名大学2002年以来与电气工程相关的专业设置、培养模式、教学计划、课程设置等信息进行了归纳和总结。[①] 虽然此文篇幅较短，但较为客观地呈现了21世纪以来包括麻省理工学院电气工程教育在内的美国电气工程教育存在的一系列问题。

其次，针对美国高等电气工程教育教学实践的研究。崔瑞峰等在其《美国著名大学电气专业教育发展特点分析》（2008年）一文中指出，20世纪中叶以来，美国传统的以电力工程为主的电气工程专业已发生了显著变化，电子技术和计算机技术逐渐占据了"电气工程"专业的核心地位。[②] 万誉等在其《美国电气工程研究生教育及启示》（2010年）一文中指出，20世纪初期麻省理工学院和密歇根大学等学校将电气工程系的名字变更为电气工程与计算机科学系，佐治亚理工学院等学校将其名字变更为电气及计算机工程系，斯坦福大学等学校仍称之为电气工程系，但加入了计算机工程类的课程。[③] 以上两篇文章均强调，在美国一些著名高校中，基本停止开设传统的电力工程专业。此外，唐爱红等人在其《通过ABET认证的美国PSERC高校电气工程专业的建设及启示》（ABET，Accreditation Board for Engineering and Technology，美国工程与技术鉴定委员会。PSERC，Power Systems Engineering and Technology，能源系统研究中心）（2015年）一文中，对加入美国电力系统工程研究中心并通过工程认证的高校电气工程专业的培养目标、专业课程体系及实践课程体系，进行了归纳、总结与研究分析等。[④]

再次，关于美国高等电气工程教育的案例研究。在美国高等电气工程教育的案例研究中多以麻省理工学院电气工程与计算机科学系为研究对象，例如，王孙

[①] 王娟娟. 国内外电气工程专业课程设置的特点及比较研究［J］. 理工高教研究，2007（3）：94-95.

[②] 崔瑞锋，郑南宁，齐勇，等. 美国著名大学电气专业教育发展特点分析——基于专业使命、教育目标及结果的视角［J］. 电气电子教学学报，2008（S1）：1-10.

[③] 万誉，马永红. 美国电气工程研究生教育及启示［J］. 科技创新导报，2010（25）：160.

[④] 唐爱红，周新民，梁青，等. 通过ABET认证的美国PSERC高校电气工程专业的建设及启示［J］. 高等工程教育研究，2015（2）：139-142+158.

禹等人的文章《从比较中探索高等工程教育——清华大学与美国麻省理工学院的电类课程设置比较》（1988年）、郑大钟等人的文章《MIT 电机工程和计算机科学系课程设置的演变》（MIT，Massachusetts Institute of Technology，麻省理工学院）（1997年）、蔡坤宝等人的文章《美国 MIT 信号与系统课程的基本结构》（2011年）、石菲等人的文章《学科组织的历史演进与创新——MIT 电机系百年发展与崛起初探》（2016年）等。其中，石菲等人在其文中从时间演进的过程视角，梳理了电气工程与计算机科学系从诞生到成熟的进程，重点围绕人才培养和知识创新，剖析其发展历程中在学科组织方面所呈现出的主要特征。① 也有部分学者以其他学校为研究对象，例如，陈一民等在其《美国明尼苏达大学电气工程本科教育研究》（2012年）一文中介绍了美国明尼苏达大学电气工程本科生教育的人才培养模式和特点；② 何倩在其《电气工程专业与电气工程技术专业人才培养方案的比较研究——以美国普渡大学为例》（2015年）一文中研究了美国普渡大学电气工程专业（EE）和电气工程技术专业（EET）的人才培养方案在培养目标及要求、课程设置、企业实践等方面存在的异同等。③

5. 关于麻省理工学院发展历史的研究

对麻省理工学院的研究成果直接或间接关系其电气工程教育的发展历史。郜承远和刘宁等在其《麻省理工学院》（1996年）一书中介绍了麻省理工学院电气工程专业发展情况，包括辐射研究实验室、伺服研究实验室、高压研究实验室、电子研究实验室、磁体实验室等。④ 河北大学张淼在其博士论文《MIT 创业型大学发展史研究》（2012年）中，论述了麻省理工学院学何以形成创业型大，将其分为1861年之前的孕育期、1861年至1916年的萌芽期、1916年至1945年的机遇期和1945年至今的成熟期。⑤ 清华大学孔钢城在其博士后研究报告《麻省理工学院学科发展研究：科学主义和政治论哲学的视角》（2012年）中，以麻省理工学院的学科为研究对象，采用草根理论方法分析了七十多年来的校长报告，并认为麻省理工学院存在一种科学主义传统，极端重视数理逻辑理性与实验方法，

---

① 石菲，刘帆，王孙禹. 学科组织的历史演进与创新——MIT 电机系百年发展与崛起初探 [J].高等工程教育研究，2016（5）：166-171.
② 陈一民，马鸿雁，张明珠. 美国明尼苏达大学电气工程本科教育研究 [J].实验技术与管理，2012（12）：183-186+215.
③ 何倩. 电气工程专业与电气工程技术专业人才培养方案的比较研究——以美国普渡大学为例 [J].职业技术教育，2015（11）：73-77.
④ 郜承远. 麻省理工学院 [M].长沙：湖南教育出版社，1996.
⑤ 张淼. MIT 创业型大学发展史研究 [D].保定：河北大学，2012.

在人才培养过程中，这种科学主义传统要求学科能够提供一般的理性工具，要求知识能够经由实验检验，在科学研究中，则侧重于自然科学的实验研究。① 林大为在其《手脑佼佼者：麻省理工学院》（2013年）一书中介绍了麻省理工学院具备"通过实验进行学习""注重学生全面发展""培养学生企业家精神""文理相通的教学理念"等优良传统。② 曾开富和王孙禺在其《战略性研究型大学的崛起：1917—1980年的麻省理工学院》（2015年）一书中，从服务第二次世界大战、公共服务精神、跨学科研究等方面介绍了麻省理工学院的成长特征，涵盖其电气工程教育，并将麻省理工学院从搬入新校区至20世纪80年代的发展归结为"战略性大学的崛起"。③ 上述研究间接或直接地指出了麻省理工学院电气工程教育发展的部分特征，对本书撰写有重要的参考价值。

（二）国外研究现状

整体而言，国外专著中多见针对美国高等教育发展的相关研究，但针对美国高等工程教育和高等电气工程教育发展的相关研究多集中于学术期刊论文中。本书重点将国外有关美国高等工程教育及高等电气工程教育发展的研究文献进行收集和归纳，并按主题分类。

1. 关于美国高等工程教育发展分期或背景的研究

劳伦斯·P·格雷森在其《美国工程教育简史》（*A Brief History of Engineering Education in the United States*）（1980年）一书中梳理了美国工程教育的历史，从社会发展需求的视角，将其分为初创期（1862年以前）、成长期（1862年至1893年）、发展期（1893年至1914年）、评估期（1914年至1940年）、科学期（1941年至1968年）和社会参与期（1968年至20世纪80年代初）等六个时期。④ 美国高等工程教育是在整个美国高等教育发展环境背景下开展的，又引领或超前于高等教育整体的发展，体现在一些学者对美国高等教育的发展分期研究中，例如，科恩（Arthur M. Cohen）和基斯克（Carrie B. Kisker）在其《美国高等教育的形成：当代制度的产生与发展》（*The Shaping of American Higher Education：Emergence and Growth of the Contemporary System*）（2010年）一书中梳理了

---

① 孔钢城. 麻省理工学院学科发展研究：科学主义和政治论哲学的视角［D］. 北京：清华大学，2012.

② 林大为. 手脑佼佼者：麻省理工学院［M］. 北京：现代出版社，2013.

③ 曾开富，王孙禺. 战略性研究型大学的崛起：1917—1980年的麻省理工学院［M］. 北京：科学技术文献出版社，2015.

④ Lawrence P. Grayson. A Brief History of Engineering Education in the United States［J］. IEEE Transactions on Aerospace and Electronic Systems，1980（5）：373-391.

1870 年至 1944 年国家工业化进程中的大学转型；1945 年至 1975 美国霸权时代的大众高等教育；1976 年至 1993 年在合并时代维持的多元化制度；1994 年至 2009 年当代的私有化、公司化和责任制。① 这种对社会的引领性是美国工程教育的一大特征。

约翰·普拉多斯（John W. Prados）在其《美国工程教育的过去、现在和未来》（Engineering Education in the United States: Past, Present, and Future）（1998 年）一文中提到，从 1950 年至 1960 年，工程教育经历了真正的范式转变，从以实践为导向的应用重点转变为以"工程科学"为导向的理论重点，所谓的工程课程变得很难与应用科学课程区分开；从 1980 年开始，随着信息技术的迅猛发展，人们越来越关注对新型工程教育的需求，这种新型工程教育旨在使毕业生具备更强的沟通能力、团队合作能力和知识整合能力等；到 20 世纪末，人们一致强调，工程师除了需要高超的技术能力、沟通和表达能力之外，还越来越需要领导和团队协作的能力，并能够致力于终身学习。②

玛丽珍妮·伊萨普尔（Marjaneh Issapour）在其《美国工程教育的演变》（Evolution of American Engineering Education）（2015 年）一文中，在概述美国工程教育发展历程的基础上，根据工程教育课程的内容设置和范式的重大变化，将美国工程教育发展分为四个时期，分别是 1862 年《莫里尔法案》颁布之前的时期、内战后和第二次世界大战之前的时期、第二次世界大战之后的时期、将工程技术整合到 K—12 中的新时期。③

2. 关于美国高等工程教育发展内容的研究

国外学者对于美国高等工程教育整体发展的相关研究颇为丰富。例如，劳伦斯·P·格雷森撰写的《美国工程教育简史》、玛丽珍妮·伊萨普尔撰写的《美国工程教育的演变》和约翰·普拉多斯撰写的《美国工程教育的过去、现在和未来》均按不同时期概述了美国高等工程教育的发展情况。时间跨度方面，第二次世界大战前美国工程教育的相关研究较为多见。布鲁斯·E·西利（Bruce E. Seely）在其《工程教育的再工程：1900—1965》（The Other Re-engi-

---

① Arthur M. Cohen, Carrie B. Kisker. The Shaping of American Higher Education: Emergence and Growth of the Contemporary System [M]. New York: Jossey-Bass Publishes, 2010.

② John W. Prados. Engineering Education in the United States: Past, Present, and Future [J]. International Conference on Engineering Education, 1998 (9): 1-9.

③ Marjaneh Issapour, Keith Sheppard. Evolution of American Engineering Education [EB/OL]. https://paperzz.com/doc/8964728/evolution-of-american-engineering-education.

neering of Engineering Education：1900-1965）（1999 年）一文中概述了 19 世纪末美国工程教育的发展状况，讨论了几位工程师对工程教育建设的重要贡献，如斯蒂芬·蒂莫申科（Stephen Timoshenko）、西奥多·冯·卡曼和哈拉尔德·韦斯特加德（Harald Westergaard）等以及他们为 1920 年之后的工程课程改革奠定的基础，还讨论了 1945 年后所罗门·凯迪·霍利斯特（Solomon Cady Hollister）和埃里克·沃克（Eric Walker）等人为工程教育变革所做的努力，并指出了他们最初基于工程科学的课程观在实施过程中是如何践行的，还认为 20 世纪 90 年代美国高等工程教育的改革主要是针对战前时期形成的工程教育偏向科学的特点。①

针对美国工程教育存在问题及建议的相关研究。美国工程教育与应用委员会和工程与技术系统委员会等联合出版的《美国工程教育与实践：技术经济未来的基础》（Engineering Education and Practice in the United States：Foundations of Our Techno-Economic Future）（1985 年）一书第一部分，指出工程具有保持美国的综合实力和影响力、提高生活质量、维护公众信任度等功用，还提出美国工程教育系统不完善、工科毕业生不合格、工程师就业率低下的问题，并提出妇女和少数族裔是否具有充分选择工程教育的权利、工程界能否适合未来社会等疑问。② 国外学者对美国工程教育过去的发展情况也进行了一定思考。例如，约瑟夫·博尔多尼亚（Joseph·Bordogna）等人在其《工程教育：整合创新》（Engineering Education：Innovation Through Integration）（1993 年）一文中指出，过去十年的一系列报告和论文表明，工程教育的范式转变揭示了一个共同主题，即工程是一个综合过程，高等工程教育应该指向工程的这一属性而设计。③ 弗洛伊德（Jeffrey E. Froyd）等人在其《工程教育百年中的五大转变》（Five Major Shifts in 100 Years of Engineering Education）（2012 年）一文中提出过去一百年工程教育的五大转向，分别是：第一，分析重点从实践性和实用性转向工程科学；第二，转向基于教育和认证的成果；第三，转向强调工程设计；第四，转向应用教育、学习和社会行为科学研究；第五，转向整合信息、计算和通信技术，并指出前两个已经证

---

① Bruce E. Seely. The Other Re-Engineering of Engineering Education：1900-1965 [J]. Journal of Engineering Education，1999（7）：285-294.

② Committee on the Education and Utilization of the Engineer Commission on Engineering and Technical Systems National Research Council. Engineering Education and Practice in the United States：Foundations of Our Techno-Economic Future [M]. Washington，D. C.：National Academy Press，1985.

③ Joseph·Bordogna. Engineering Education：Innovation through Integration [J]. Journal of Engineering Education，1993（1）：3-8.

实和显现,后三个正在进行。① 佩内洛普·彼得森(Penelope·Peterson)等在其《国际教育百科全书》(*International Encyclopedia of Education*)(2010年)一书中分析了19世纪和20世纪工程学及工程专业出现的背景及意义,介绍了美国协会和美国工程教育协会等,还指出了物理科学、数学、技术学科和人文学科的平行学习模式一直是美国高校工程课程的设置原则。②

对工程师和工程教育新理念、新观点的相关研究。例如,卢塞纳(Juan C. Lucena)在其《适切工程师:工程教育的历史、挑战与机遇》(*Flexible Engineers: History, Challenges, and Opportunities for Engineering Education*)(2003年)一文中阐释了工程教育适应不同社会环境变化的外显形式,概述了"适切工程师"在推动教育改革中所面临的挑战,并对工程教育中"适切性"的现有解释提出了相应观点。③ 塔乌萨尼迪斯(Nikolaos N. Taoussanidis)等人则在其《工程教育的可持续发展》(*Sustainable Development in Engineering Education*)(2006年)一文中提出了"工程教育可持续发展"的理念,并探究了工程教育可持续发展的动因、意义和挑战等。④

此外,国外学者不乏对"大学与工业"以及"政府、大学与工业"之间相互关系的相关研究。正如哈塔克纳卡(Sachi Hatakenaka)在其《麻省理工学院、剑桥大学和东京大学的校企合作:跨国界叙述》(*University-Industry partnerships in MIT, Cambridge, and Tokyo: Storytelling across Boundaries*)(2004年)一书中指出的那样,校企合作是大学、工业和政府的重要战略问题,在大学转型的过程中发挥着重要作用。⑤ 达尔斯通(Donald A. Dahlstrom)在其《美国的工业和工程教育:共同目标》(*Industry and Engineering Education in the USA: Common Objectives*)(1996年)一文中指出工业与大学进行深入合作的重要性,并对科学与工程、工业参与、提高工业与大学的研究成果、制造业的重要性和全

---

① Jeffrey E. Froyd. Five Major Shifts in 100 Years of Engineering Education [J]. Proceedings of the IEEE, 2012 (5): 1344-1360.

② Penelope Peterson, Eva Baker, Barry Mcgaw. International Encyclopedia of Education [M]. Oxford: Elsevier Limited, 2010.

③ Juan C. Lucena. Flexible Engineers: History, Challenges, and Opportunities for Engineering Education [J]. Bulletin of Science, Technology & Society, 2003 (12): 419-435.

④ Nikolaos N. Taoussanidis and Myrofora A. Antoniadou. Sustainable Development in Engineering Education [J]. Journal of Industry & Higher Education, 2006 (2): 1-13.

⑤ Sachi Hatakenaka. University-Industry Partnerships in Mit, Cambridge, and Tokyo: Storytelling across Boundaries [M]. New York: Routledgefalmer, 2004.

球市场进行了研究。① 再如，查蒂奥（Alypios Chatziioanou）和苏利文（Edward Sullivan）在其《工程教育的产业实力变化》（Industrial Strength Changes in Engineering Education）（2002 年）一文中明确了政府、工业和教育的关系是确保形成社会技术演进模式的基石之一，此关系中，与连续反馈过程的无数交互创造了一个通常过于复杂而无法在单一维度中描绘的整体画面，时刻面临工业和工程教育的目标应该如何紧密地结合问题，由工业决定工程教育目标的短期效益很容易观察到，而长期问题和结果却更难预料，这些问题理应被重视。②

3. 关于美国高等电气工程教育发展历史的研究

首先，针对美国高等电气工程教育历史分期依据或背景的研究。例如，斯基林（Hugh H. Skilling）在其《透视电气工程教育史》（Historical Perspective for Electrical Engineering Education）（1971 年）一文中指出，包括高等电气工程教育在内的高等工程教育开始于法国和德国的学校。19 世纪初，美国将这些国家的思想和方法引进到技术研究所，介绍了电力、电学对电气工程教育发展的影响，文中还指出两次世界大战均促进了技术的发展，并影响了战后电气工程教育的发展。③ 伊萨卡（Ithaca）在其《第二次世界大战：电气工程教育的分水岭》（World War II: A Watershed in Electrical Engineering Education）（1994 年）一文中指出，第二次世界大战无疑是美国高等电气工程教育的"分水岭（Watershed）"，并介绍了第二次世界大战前后美国高等电气工程教育的实际情况。④ 弗雷德里克·特曼（Frederick E. Terman）则在其《电气工程教育简史》（A Brief History of Electrical Engineering Education）（1998 年）一文中介绍了美国早期电气工程课程、第二次世界大战前的电气工程专业研究生教育和电气工程学术研究以及第二次世界大战后的电气工程教育。⑤ 弗雷德里克·贝里（Frederick C. Berry）等人在其《电气与计算机工程教育的未来》（The Future of Electrical and Computer

---

① Donald A. Dahlstrom. Industry and Engineering Education in the USA: Common Objectives? [J]. Industry & Higher Education February, 1996 (2): 67-72.

② Alypios Chatziioanou and Edward Sullivan. Industrial Strength Changes in Engineering Education [J]. Industry & Higher Education, 2002 (10): 1-6.

③ Hugh H. Skiling. Historical Perspective for Electrical Engineering Education [J]. Proceedings of the IEEE, 1971 (6): 828-833.

④ Ithaca. World War II: A Watershed in Electrical Engineering Education [J]. IEEE Technology and Society Magazine, 1994 (6): 17-23.

⑤ Frederick E. Terman. A Brief History of Electrical Engineering Education [J]. Proceedings of the IEEE, 1998 (8): 1792-1800.

Engineering Education）（2003 年）一文中概括了美国继 1882 年电气工程课程在麻省理工学院开设以来至 21 世纪初的发展演变及其相关事迹。①

其次，探究美国高等电气工程教育教学实践的相关研究。哈特利（M. G. Hartley）的《数学在电气工业中的应用》（*The Use of Mathematics in the Electrical Industry*）（1966 年）一书重点阐述了数学在电气工业中的应用研究，此研究中的调查涵盖了电气工程师应用数学的各个方面，介绍了数学、统计学和计算机在电气工业中的应用，从中分析了英国和美国大学的工程数学课程，其研究目标虽然是探析数学的工业用途，以及这对新的数学教学大纲和教学方法的影响，但是也强调了数学在电气工程中的核心地位及重要作用，对电气工程教育有较大启示。②

再次，关于美国高等电气工程教育在发展中存在问题及建议的相关研究。威廉·洛珀（William L. Hooper）和罗伊·威尔斯（Roy T. Wells）相信"电气问题"是一个单独的学术领域，在并由其二人合著的《工程教育中的电气问题》（*Electrical Problem for Engineering Students*）（1902 年）一书中提出了电气工程涉及的一系列问题，并且大部分问题已在"塔夫茨大学"（Tufts College）的电气工程课程中有所展现。③ 弗雷泽（D. A. Fraser）在其《电子工程教育 25 年——半导体技术发展的影响》（*Electrical Engineering Education Twenty-Five Years on-the Influence of Developments in Semiconductor Technology*）（1988 年）一文中指出，电气工程创造了变化，电气工程教育也受到这种变化的影响，认为在半导体的影响下，高等电气工程教育应着重培养三种工程师：信息工程师、电气工程师和设计工程师。④ 帕西诺（Kevin M. Passino）在其《大班教授电气工程专业和伦理方面的知识》（*Teaching Professional and Ethical Aspects of Electrical Engineering to a Large Class*）（1998 年）一文中指出，电气工程专业和道德方面的领域越来越多地出现在电气工程项目中，或者作为独立课程，或者作为与设计一起讨论的主题，多数人认为这是工程教育积极发展的一面，因为人们坚信对职业精神和道德的关注有助于保持对职业的充分尊重，文章还介绍了电

---

① Frederick C. Berry. The Future of Electrical and Computer Engineering Education [J]. IEEE Transactions on Education, 2003 (11): 467-476.

② M. G. Hartley. The Use of Mathematics in the Electrical Industry [M]. London: Pitman Press, 1966.

③ William L. Hooper, Roy T. Wells. Electrical Problem for Engineering Students [M]. Boston and London: Ginn & Company, 1902.

④ D. A. Fraser. Electrical Engineering Education Twenty-Five Years on-The Influence of Developments in Semiconductor Technology [J]. International Journal of Electrical Engineering Education, 1988 (7): 219-227.

气工程专业伦理课程的教材、背景资料和教学大纲等。① 此外,针对高等电气工程教育的相关研究中同样存在有关"适应性"的思考,例如,罗伯特·M·桑德斯在其《1975年的电气工程教育》(Electrical Engineering Education in 1975) (1965年)一文中预测1975年的电气工程教育不可能以单独的学科形式独立存在,必须做出"适应性"的转变以应对科学技术的进步和发展,并指出电气工程系可以很好地分布在工程科学、材料工程、系统与控制、能量转换和应用物理等领域。②

最后,国外学者还对包括麻省理工学院电气工程教育和美国高等电气工程教育在内的高等电气工程教育整体发展进行了相关研究。范·瓦尔肯堡(M. E. Van Valkenburg)在其《美国电气工程教育》(Electrical Engineering Education in the U. S.) (1972年)一文中阐述了从第二次世界大战以来美国高等电气工程教育发生的一系列变化,包括入学率、学生专业普及率、课程结构的缩减以及对获得第一个工程学位所需时间的不同看法,文中还提到了战后美国高等电气工程系的演进等。③ 格林(J. R. Greene)在其《电气工程教育中的现实主义》(Towards Realism in Electrical Engineering Education) (1992年)中以个案研究的方式提出电气工程教育在课程设置、教学理念等方面需要持现实主义的主张。④ 巴塔格林(Paulo David Battaglin)和巴雷托(Gilmar Barreto)在其《漫步电气工程史》(Walking in the Electrical Engineering History) (2013年)一文的第六部分简要介绍了包括美国在内的多个国家的电气工程发展史,并提出增设高等电气工程史课程和建立电气工程博物馆的建议,以更好地开展高等电气工程教育。⑤ 针对世界高等电气工程教育的整体研究涵盖美国高等电气工程教育教学实践。戴维姆(J. Paulo Davim)在其《机械工程简史》(A Brief History of Mechanical Engineering) (2017年)一书第七章"电机一体化"中既简要介绍了世界高等电气工程

---

① Kevin M. Passino. Teaching Professional and Ethical Aspects of Electrical Engineering to a Large Class [J]. IEEE Transactions on Education, 1998 (11): 273-281.

② Robert M. Saunders. Electrical Engineering Education in 1975 [J]. IEEE Transactions on Education, 1965 (8): 33-37.

③ M. E. Van Valkenburg. Electrical Engineering Education in the U. S. [J]. IEEE Transactions on Education, 1972 (11): 240-244.

④ J. R. Greene. Towards Realism in Electrical Engineering Education [J]. International Journal of Electrical Engineering Education, 1992 (7): 197-204.

⑤ Paulo David Battaglin, Gilmar Barreto. Walking in the Electrical Engineering History [J]. Global Journal of Human Social Science Linguistics & Education, 2013 (9): 19-25.

教育的发展历史，又分析了电气工程与机械工程教育的关系等。① 查阅这些包含美国高等电气工程教育在内的高等电气工程教育发展的相关研究，有助于更加全面地获悉美国高等电气工程教育的发展特点。

4. 关于麻省理工学院及其电气工程教育发展历史的研究

亨利·埃兹科维茨（Henry Etxkowitz）在其《麻省理工学院与创业科学的兴起》一书中对麻省理工学院不同发展时期的关键人物进行了较为系统的介绍，还深入分析了学校在将研究与创业融为一体的过程中所形成的新型师生关系模式，在其对"三螺旋理论"适用于整个高等教育范畴的认知下，他坚信"创业型大学在一个产业越发以知识为基础的社会中将发挥越来越大的作用"。② 戴维·凯泽（D. Kaiser）在其《麻省理工学院的成长历程：决策时刻》一书中，阐述了麻省理工学院从建校至21世纪前十年的发展历程，分析了麻省理工学院发展的主要特征和重要节点等，从时间维度来看，该书内容可分为第二次世界大战前和第二次世界大战后两大部分。③ 此外，《麻省理工学院电气工程与计算机科学系百年：1882—1982》（*A Century of Electrical Engineering and Computer Science at MIT, 1882-1982*）和《电子和比特：麻省理工学院的电气工程与计算机科学系，1902—2002》（*The Electron and The Bit: Electrical Engineering and Computer Science at The MIT, 1902-2002*）均由麻省理工学院出版，主要从组织视角记载麻省理工学院电气工程系和后来的电气工程与计算机科学系的发展，它们也均是本书重要的参考史料。

（三）国内外研究述评

麻省理工学院电气工程教育发展规律蕴涵于美国高等工程教育、美国高等电气工程教育以及麻省理工学院发展历程中。纵观国内外研究现状，针对美国高等工程教育的相关研究颇为丰富，并且已有研究涉及麻省理工学院电气工程教育不同时期的发展背景、发展动因、教学实践等。虽然这些已有研究关切的工程教育教学实践特征、发展逻辑等均包含麻省理工学院电气工程教育，但是，专门针对麻省理工学院电气工程教育发展的系统研究相对匮乏。尤其国内学者暂无专门针

---

① J. Paulo Davim. A Brief History of Mechanical Engineering [M]. Switzerland: Springer International, 2017.
② [美] 亨利·埃兹科维茨. 麻省理工学院与创业科学的兴起 [M]. 王孙禺，等译. 北京：清华大学出版社，2007.
③ [美] 戴维·凯泽. 麻省理工学院的成长历程：决策时刻 [M]. 王孙禺，等译. 北京：清华大学出版社，2015.

对麻省理工学院电气工程教育发展的系统研究,国外学者已有研究也多为描述性记载麻省理工学院电气工程系组织发展历程,较少探究电气工程教育内涵和规律方面的特征。本书通过对麻省理工学院电气工程教育的发展历史进行研究,洞悉美国高等电气工程教育何以在不同时代的背景中保持高效发展,进而弥补已有文献对此领域相关研究的不足,这也是本书研究的基本出发点和立足点。

四、研究内容

(一) 历史分期依据

本书以已有研究为重要依据,并在结合收集到的一手资料基础上,将麻省理工学院电气工程教育发展的历史时期分为麻省理工学院电气工程教育初创期(1882年至1917年)、麻省理工学院电气工程教育转型期(1917年至1945年)、麻省理工学院电气工程教育创新期(1945年至1975年)和麻省理工学院电气工程教育跨越期(1975年至今)四个时期。此分期切合国内外学者对美国高等工程教育发展分期、麻省理工学院发展阶段以及美国高等电气工程教育发展分期的相关研究成果。

一方面,国内外学者均对美国高等工程教育发展分期有所研究。国内学者叶民将美国高等工程教育历史分为初创时期(1862年以前)、发展时期(1862年至1945年)、领先时期(1945年至1980年)和反思时期(1980年之后)四个时期,并认为20世纪50年代是技术范式,20世纪60年代到20世纪80年代是科学范式主导,20世纪80年代以后出现工程范式。[1] 美国著名教育史学者劳伦斯·格雷森将美国高等工程教育的历史分为1862年以前的初创期、1862年至1893年的成长期、1893年至1914年的发展期、1914年至1940年的评估期、1941年至1968年的科学期和1968年至20世纪80年代初的社会参与期。[2] 同样,在教育主导模式方面,美国学者约翰·普拉多斯(John W. Prados)认为,20世纪50年代是工程实践主导,20世纪五六十年代到20世纪80年代是工程科学主导,20世纪80年代以后为新型综合工程教育主导。[3] 可见,针对美国高等工程教育发展分期的已有研究中,较为一致地将第一次世界大战至第二次世界大战、

---

[1] 叶民,叶伟巍. 美国工程教育演进史初探 [J]. 高等工程教育研究, 2013 (2): 109-114.

[2] Lawrence P. Grayson. A Brief History of Engineering Education in the United States [J]. IEEE Transactions on Aerospace and Electronic Systems, 1980 (5): 373-391.

[3] John W. Prados. Engineering Education in the United States: Past, Present, and Future [J]. International Conference on Engineering Education, 1998 (9): 1-9.

第二次世界大战后至 20 世纪 80 年代以及 20 世纪 80 年代以后划分为不同的发展阶段。

另一方面，国内外学者还对麻省理工学院发展阶段及美国高等电气工程教育发展分期有所研究。曾开富和王孙禺在其《战略性研究型大学的崛起：1917—1980 年的麻省理工学院》一书中指出，1917 年是麻省理工学院电气工程教育发展及麻省理工学院校史上较为特殊的一年——麻省理工学院搬入新校区，同年美国参加第一次世界大战，以上两大事件对麻省理工学院的发展产生了重要影响，并借助教师规模、学生规模、学术成果数量等三个方面的统计数据指出，麻省理工学院在两次世界大战之间迎来了一个稳步发展期，在第二次世界大战后迎来了另外一个快速发展期。[①] 学者针对美国高等电气工程教育分期早有定论，伊萨卡（Ithaca）认为第二次世界大战是美国高等电气工程教育的重要"分水岭"。[②] 可见，国内外学者多将第二次世界大战作为美国高等工程教育以及高等电气工程教育发展史上的重要分界线。高等电气工程教育领域著名人物弗雷德里克·特曼在其《电气工程教育简史》（*A Brief History of Electrical Engineering Education*）（1998 年）一文中，将美国高等电气工程教育的发展分为 19 世纪 80 年代至第一次世界大战前、两次世界大战之间和第二次世界大战后三个重要的时期。[③] 可见，两次世界大战分别是麻省理工学院发展历程中的重要分界线。对麻省理工学院电气工程系而言，1975 年该系更名为电气工程与计算机科学系，标志着电气工程教育与计算机教育的深度融合，也意味着麻省理工学院电气工程教育相对独立发展时期的结束，正式迈入发展新纪元。因此，本书将 1975 年至今划分为其发展的一个时期。

（二）主要研究内容

本书以麻省理工学院电气工程教育为研究对象，具体研究内容涉及麻省理工学院电气工程本科生教育和研究生教育两个阶段，剖析其在不同历史时期对应的发展背景和动因，探索其在各时期的教学实践、科学研究以及两者映射的社会服务属性，系统梳理从麻省理工学院第一门电气工程课程出现至今的演进历程，并

---

① 曾开富，王孙禺. 战略性研究型大学的崛起：1917—1980 年的麻省理工学院 [M]. 北京：科学技术文献出版社，2015：5-6.

② Ithaca. World War Ⅱ: A Watershed in Electrical Engineering Education [J]. IEEE Technology and Society Magazine，1994（6）：17-23.

③ Frederick E. Terman. A Brief History of Electrical Engineering Education [J]. Proceedings of the IEEE，1998（8）：1792-1800.

将其分为四个时期加以探究。

第一，探究初创期的麻省理工学院电气工程教育。首先，从电气时代和电气工程师身份等影响因素出发，分析麻省理工学院电气工程教育初创的背景；其次，从代表学者和电气工程师协会角度，分析驱动麻省理工学院电气工程教育初创的动因；再次，从师生境况、本科生课程以及研究生教育等方面分析麻省理工学院电气工程教育在此时期的教学实践；最后，总结提炼麻省理工学院电气工程教育初创期的主要特征。麻省理工学院于1882年开设第一门电气工程课程，电气工程专业知识第一次纳入麻省理工学院课程体系，1902年成立电气工程系，开始培养电气工程技术专门人才，标志着电气工程教育从"依附"物理系步入"自立"发展阶段。在查尔斯·克罗斯等学者的大力推动以及美国电气工程师协会的积极倡导下，麻省理工学院电气工程教育方兴未艾，虽然其教学水平、科学研究等方面尚处于初级发展阶段，但为其进一步发展奠定了基础，电气工程教育逐渐成为麻省理工学院重要的教学领域。此时期在开展本科生教育的基础上又开展了研究生教育，以培养电气工程师为目标，形成了专业知识应用与校企合作并举的教学范式，电气工程教育与物理教育存在着学科的"代际关系"，学科间联结密切。

第二，探究转型期的麻省理工学院电气工程教育。首先，从两次世界大战和电子技术的崛起两方面，分析麻省理工学院电气工程教育何以转型发展的背景；其次，从代表学者和高等教育思潮角度，分析驱动麻省理工学院电气工程教育转型的动因；再次，从师生情况、普通本科生课程、校企合作课程以及研究生教育等方面分析麻省理工学院电气工程教育在此时期的教学实践；另外，借助绝缘研究实验室、辐射研究实验室、伺服研究实验室和高压研究实验室，分析麻省理工学院电气工程教育依托军工实验室的科研范式；最后，总结提炼麻省理工学院电气工程教育转型期的主要特征。从美国参与第一次世界大战至第二次世界大战结束，麻省理工学院充分发挥了大学服务战争功能，电气工程教育从单纯重视实践向重视科学研究、从教学为主向科教结合、从培养合格电气工程师向服务军工产业等转型与变革。范内瓦·布什等学者提出的一系列电气工程教育改革主张，以及高等教育新思潮作用下电气工程教育新理念的衍生，契合了工程教育服务战争的需求。此时期形成了依托军工实验室的科研范式，为其进一步发展奠定了教学与科研基础。麻省理工学院电气工程教育发挥服务战争功能，将办学目标与军工需要紧密地结合起来，调整人才培养目标，形成理工结合教育理念，积极探索科教融合范式,并重视研究生教育,改进校企合作课程从而深化校企合作模式,注重学科间的交叉,扩宽了电气工程教育范畴。

第三,探究创新期的麻省理工学院电气工程教育。首先,从计算机时代和第二次世界大战后的新环境两个方面,分析麻省理工学院电气工程教育何以创新发展的背景;其次,从代表学者和工程教育政策报告角度,分析驱动麻省理工学院电气工程教育创新发展的动因;再次,从师生情况、普通本科生课程、校企合作课程以及研究生教育等方面分析麻省理工学院电气工程教育在此时期的教学实践;另外,通过绝缘研究实验室实现新功能、从伺服研究实验室到电力系统工程实验室的演变、电子研究实验室的创建,分析麻省理工学院电气工程教育优化实验项目的科研范式;最后,总结提炼麻省理工学院电气工程教育创新期的主要特征。第二次世界大战后,麻省理工学院不断平衡服务战争与学术自治的冲突关系,不断平衡电气工程与计算机科学的交叉关系,在人才培养、科学研究等方面积极创新,1975年麻省理工学院电气工程系更名为电气工程与计算机科学系,标志着电气工程教育与计算机科学教育从交叉发展走向融合发展。弗雷德里克·特曼等学者在电气工程教育方面的重要贡献,以及《科学:无尽的前沿》等一系列教育政策报告的出台,为第二次世界大战后麻省理工学院电气工程教育创新发展提供动力和引导方向。此时期形成了优化实验项目的科研范式,偏重科学理论研究。麻省理工学院电气工程教育重视多重教育影响因素,引入计算机科学课程,注重培养学生的研究能力,形成科教融合模式,跨学科发展的同时重视人文教育。

第四,探究跨越期的麻省理工学院电气工程教育。首先,从信息化时代和高等工程教育改革浪潮两个方面,分析麻省理工学院电气工程教育何以跨越式发展的背景;其次,从代表人物和工程教育政策报告角度,分析驱动麻省理工学院电气工程教育跨越的动因;再次,从师生境况、普通本科生课程、校企合作课程以及研究生教育等方面分析麻省理工学院电气工程教育在此时期的教学实践;另外,通过实验室升级背景、跨学科实验研究、实验室教学内容和校企合作研究角度,分析麻省理工学院电气工程教育提升实验内涵的科研范式;最后,总结提炼麻省理工学院电气工程教育跨越期的主要特征。麻省理工学院电气工程教育的组织形式趋于稳定,不仅继承过去的先进教育经验,还及时进行改革创新,在继承与革新中彰显其何以识变、应变与求变的演进逻辑,并在适切调整中实现跨越式发展。威尔伯·达文波特等人在电气工程教育方面的有益实践,以及《国家在危机中:教育改革势在必行》等教育政策报告的出台,带动麻省理工学院电气工程教育跨越式发展。此时期呈现了提升实验内涵的科研范式，旨在推进高质量的科学研究。麻省理工学院电气工程教育回归工程实践，形成了"大工程观"教育理念，注重对学生创新能力的培养，突出课程"设计"元素，并且校企合作模式进一步升华，学科深度融合后呈现交叉学科态势。

在上述研究的基础上，总结麻省理工学院电气工程教育的发展逻辑和启示。麻省理工学院电气工程教育近140年的发展历程，具有鲜明的历史逻辑、理论逻辑与实践逻辑。借鉴其发展经验，我国高等电气工程教育应积极回应社会需求、遵循"大工程观"理念、弱化学科边界、依托科研与企业平台等。

五、研究思路与方法

（一）研究思路

本书在美国高等工程教育场域内构建行文逻辑及撰写具体内容，对麻省理工学院电气工程教育发展历程进行系统研究。

首先，聚焦时代特点，分析不同时期麻省理工学院电气工程教育发展的背景。

其次，在分析背景基础上，分析各时期驱动麻省理工学院电气工程教育发展的动因，对不同时期在麻省理工学院电气工程教育方面产生重要影响的代表学者或人物、相关政策报告等要素进行解析。

再次，结合教育中的教育者、受教育者和教育影响三要素，以及大学所具有的人才培养、科学研究及社会服务三大职能对其教育教学实践和科学研究范式等进行探析，提炼不同时期麻省理工学院电气工程教育的主要特征。依据托马斯·库恩（Thomas S. Kuhn）指出的，对某一时期某一专业做仔细的历史研究，就能发现一组反复出现而类标准式的实例，这些实例就是共同体的范式，[①] 本书从第二章转型期开始通过或借助实例分析相应时期的科研范式。

最后，总结麻省理工学院电气工程教育的发展逻辑与启示。

（二）研究方法

1. 文献研究法

文献研究法是历史研究中的主要方法之一，侧重从过去的资料、文献中发掘事实和证据，它既包括资料的收集方法也包括对这些资料的分析方法。[②] 本书广

[①] [美]托马斯·库恩. 科学革命的结构（第四版）[M]. 金吾伦, 等译. 北京：北京大学出版社, 2012: 36.

[②] 袁方. 社会研究方法教程 [M]. 北京：北京大学出版社, 2013: 295-316.

泛收集了麻省理工学院电气工程教育发展相关的文献资料。首先，通过中国知网、谷歌学术、WOS（Web of Science，科学引文索引）等学术期刊网站搜索下载相关文献资料；其次，借助国家图书馆等机构及其相关数据库等查阅国内外相关文献；再次，通过美国工程教育协会（ASEE）和电气与电子工程师协会（IEEE）等国外相关的官方网站查阅相关文献资料；最后，通过麻省理工学院官方网站查阅相关文献资料。通过查阅上述数据库或者官方网站等，收集到了《麻省理工学院电气工程与计算机科学系百年：1882—1982》（*A Century of Electrical Engineering and Computer Science at MIT, 1882-1982*）和《电子和比特：麻省理工学院的电气工程与计算机科学系，1902—2002》（*The Electron and The Bit: Electrical Engineering and Computer Science at The MIT, 1902-2002*）以及一系列"麻省理工学院公报"（*Bulletin of the Massachusetts Institute of Technology*）等重要的文献资料，提升了本书的信度和效度，引文未标明出处者，均出自上述资料。通过对收集的文献资料进行分析探索，力图准确地探究麻省理工学院电气工程教育发展的历史规律。

2. 历史研究法

历史研究法是指对已经发生的历史进行考察、分析和解释，从而在了解研究对象的历史与现状的基础上，揭示其本质与规律，以此来指导和解决现实问题的方法。[①] 该方法强调忠实于历史资料并以开放的态度对历史事件、影响人物、现实境况进行解释，以严谨治学的态度客观地呈现事物发展规律。本书严格遵循"历史唯物主义"与"辩证唯物主义"相结合的历史原则，客观呈现麻省理工学院电气工程教育的发展历史和规律，进而映射美国高等工程教育的演进历程。本书首先在已有研究成果的基础上，总结前人已有研究经验与优秀成果，然后结合个人掌握的相关资料对麻省理工学院电气工程教育的发展时期进行客观划分，分别探究其不同发展时期的历史背景、动因、教学实践和科学研究等，并提炼不同时期的主要特征等。

3. 个案研究法

个案是对研究中选定的某一特定对象加以分析，弄清其特点及形成过程，从而得出较为深入而又全面的结论。[②] 个案研究法是在研究中对其选定的某一特定对象加以探究，并从中得出较为深入而又全面结论的方法。本书主要选择个案进行探究，麻省理工学院电气工程教育不仅能够充分代表美国高等电气工程教育的

[①] 陈露茜，张斌贤，石佳丽．近年来我国外国教育史研究进展［J］．高等教育研究，2017（8）：79-90．
[②] 顾明远．教育大辞典［Z］．上海：上海教育出版社，1992：1024．

发展轨迹，还是美国高等电气工程教育发展的典型案例。其一，麻省理工学院是美国最早开设电气工程课程的高校，一直走在美国电气工程教育改革前列，其在适应美国高等教育环境变化及挑战过程中，在电气工程教育方面具有引领性、前沿性和代表性，是世界高等电气工程教育发展的典范。其二，麻省理工学院电气工程教育凭借优良的教学效果，赢得了较高的社会声誉并培养了大批优秀学生，例如，第二次世界大战期间赫赫有名的科学家范内瓦·布什和硅谷之父弗雷德里克·特曼等，他们既是该专业的毕业生，又直接或间接传播着麻省理工学院电气工程教育模式或思想，其影响极为广泛和深远。麻省理工学院电气工程教育作为名副其实的可选择研究对象，能够清晰呈现美国高等电气工程教育发展的特征规律。

六、创新点与难点

（一）创新点

第一，研究内容的创新。已有研究方面，国内学者对麻省理工学院电气工程教育发展方面的相关研究多出现在对麻省理工学院整体发展的研究中，缺乏针对麻省理工学院电气工程教育发展的专门研究。截至目前，尚没有发现麻省理工学院电气工程教育发展研究的硕博论文或专著，仅有一篇学术论文是王孙禺等人的《从比较中探索高等工程教育——清华大学与美国麻省理工学院的电类课程设置比较》，此文仅在论述"电气工程系"的课程设置中涉及电气工程课程前几年的发展规律，且单就课程进行简单论述，并没有展开探讨电气工程教育的整体发展。由此可见，国内学者对麻省理工学院电气工程教育发展的系统研究较为匮乏，所以，本书能够拓宽、丰富学界在美国高等教育史方面的研究范畴和研究素材。

第二，研究视角的创新。麻省理工学院成立时间虽晚于哈佛大学、耶鲁大学等"常春藤"传统名校，却是美国最先开设高等电气工程课程的高校，并一直引领美国高等电气工程教育高效发展。国内外学者均未对麻省理工学院电气工程教育发展进行系统专门研究，本书从"历史"视角探究麻省理工学院电气工程教育发展历程及其在不同历史时序中的演进规律，在高等工程教育场域下，结合教育社会学理论、三螺旋理论等，剖析麻省理工学院电气工程教育在发展过程中的发展特征，旨在通过麻省理工学院电气工程教育窥见美国高等电气工程教育的演进规律，加强我国工程教育特别是电气工程教育理论研究的薄弱环节，丰富我国高等工程教育相关理论，拓宽国内学者对美国高等工程学科研究的视域。

（二）难点

本书是以麻省理工学院电气工程教育为主要研究对象的个案研究，由于收集到的文献资料存在一定局限性，现有专门针对麻省理工学院电气工程教育发展的研究较为匮乏，文章中的内容多依赖麻省理工学院历年公报，这也是本书主要的资料来源，参考文献资料的系统性和完整性有待加强。此外，由于电气工程教育本身具有较强的"实用性"，因此在考量不同时期麻省理工学院电气工程教育的演进历程时，首先需要关注相应时期内美国社会思潮、经济发展态势、政府政策导向等外部环境因素与麻省理工学院电气工程教育的培养理念、培养目标之间的交互作用；其次需要明确世界范围内知识生产方式的协同演化，比如单一学科研究范式向多学科、跨学科、超学科范式转变，厘清麻省理工学院电气工程教育与诸多要素之间的联动，剖析不同时期内各要素对麻省理工学院电气工程教育在教学实践、科研范式等方面的交互影响，其研究问题的复杂度是本书研究面临的另一个难点。

第一章　麻省理工学院电气工程教育的初创
（1882 年至 1917 年）

1882 年至 1917 年，即从麻省理工学院开设第一门电气工程课程至美国参加第一次世界大战，此阶段可称作麻省理工学院电气工程教育初创期。此时期人类社会步入"电气时代"，社会产业对电气工程技术人才的需求量持续增大，"电气工程师"社会地位不断提升。1882 年至 1902 年，电气工程教育隶属于物理系。1902 年，麻省理工学院"电气工程系"的成立是电气工程教育从"依附"物理系步入"自立"发展阶段的重要转折。麻省理工学院开设电气工程课程顺应了电气时代对电气工程师的需要，形成了麻省理工学院电气工程教育理念与实践，但其在师生规模和研究水平等诸方面尚处于初期发展阶段，本科生课程体系逐步构建，研究生教育偏重实践导向，尚没有形成一定的科研范式。

■ 第一节　麻省理工学院电气工程教育初创的背景

一、"电气时代"催生电气工程教育

（一）电报、电话与电视等电气产品的出现与普及

传统意义上的"电气"通"电器"一词，主要指 19 世纪后期出现的电报、电话、电灯、发电机等，这些真实存在的电器也是早期电气时代形成的"物质"凭证。电（electricity）的发明较早，"电报"是在其基础上发明产生的，也是最有效利用电能的工业活动之一，当时很多的电器产品与之相关联。[1]电话的出现是电气时代的又一重大发明和重要里程碑。19 世纪 70 年代中期，贝尔（Alexander Graham Bell）开始尝试用电复制声音，并于 1876 年 3 月获得

---

[1] The Institute of Electrical and Electronics Engineers. The Making of a Profession: A Century of Electrical Engineering in America: 1884-1984 [M]. New York: IEEE Press, 1984: 9-19.

电话的专利；1876年6月，他的电话模型得以在费城的百年展览会上展出；次年，美国大约已有778部电话投入使用。有学者指出，19世纪70年代，电报、电灯、发电机和电话等电器成为新一轮工程技术的代名词。① 19世纪80年代则是以电工技术方面的重大发明和成就而著称的，这些发明和成就又以其彻底改革的方式极大地促进了生产力的发展，甚至成为决定性力量之一，电工技术开始在人类社会中起着愈加重要的作用。② 19世纪70、80年代，作为科学家、实业家和发明家产物的五大电气设备和系统，即电报、电话、旋转机械、照明和电网日益重要。③ 从1874年富兰克林研究所举办的工业展览会到1884年举办的电气博览会，都呈现出电气工程技术迅猛发展的景象。④ 19世纪末20世纪初，电气工业已经基本发展成熟，电气产品成为美国居民生活中不可或缺的部分。不仅电报和电话得到广泛使用，一些美国街道、商店、住宅和建筑物也采用了电照明设备。此外，配电系统的发展使电能在相当长的距离内更为高效地传输成为可能，电动机也开始大量使用，无轨电车逐渐普遍，当时人们惊呼"蒸汽时代已经过去，电气时代悄然到来"。弗雷德里克·特曼曾指出："随着电报的引入，电气技术逐渐开始应用于火灾、防盗报警和铁路信号等，尽管这些事件很重要，但在当时人们并没有认识到电气工程师的重要性，对工程师的需求也并没有那么迫切。"⑤

"电"真正被转化到人们生活之中并为人类所用的重要媒介是"电磁"，19世纪电磁学的大量实验和理论成果成为通信技术飞跃发展的理论基础，而有线电报、有线电话、无线通信体现了通信技术的实际飞跃发展。⑥ 无线电技术发展成熟的标志之一是"电磁"与"电磁学"的发现。19世纪的后几十年里，电子通信技术持续发展，⑦ 电报和电话的发展无疑是通信技术进步的重要标志，但有

---

① M. D. Hooven. The Electrical Engineering Profession in the Past Century [J]. Electrical Engineering, 1952 (11): 973-977.

② [苏联] 拉皮罗夫. 爱迪生传 [M]. 南致善, 张德浦, 译. 北京: 商务印书馆, 2013: 103.

③ Paul Penfield, Jr. The Electron and the Bit: Electrical Engineering and Computer Science at the MIT, 1902-2002 [M]. Boston: MIT Press, 2005: 1-3.

④ The Institute of Electrical and Electronics Engineers. The Making of a Profession: A Century of Electrical Engineering in America: 1884-1984 [M]. New York: IEEE Press, 1984: 17.

⑤ Frederick E. Terman. A Brief History of Electrical Engineering Education [J]. Proceedings of the IEEE, 1998 (8): 1792-1800.

⑥ 江晓原. 科学史十五讲 [M]. 北京: 北京大学出版社, 2016: 217-221.

⑦ The Institute of Electrical and Electronics Engineers. The Making of a Profession: A Century of Electrical Engineering in America: 1884-1984 [M]. New York: IEEE Press, 1984: 10.

线通信同时存在一定局限性：第一，限于定点之间的通信；第二，导线需要消耗大量的金属材料；第三，虽然有线通信可靠性高、保密性好，但是自然和人为的原因常常造成线路故障。这些局限性促使人们思考是否可以不用导线来传输信息。"无线电"技术的迅猛发展普遍被认为是 20 世纪初的重要事件，1912 年无线电工程师协会成立，反映出美国在无线电技术方面夺得领先世界发展的契机，同年，"电子"选修课出现在美国大学课程表中。第一次世界大战之后，无线电技术进一步高速发展，并从无线电报迅速发展到无线电话。① 此外，该时期涌现出一批电气工程领域的杰出人物，如发明家及直流电热衷者托马斯·爱迪生（Thomas Edison）、交流电热衷者乔治·威斯汀豪斯（George Westinghouse）等，他们在各自研究领域取得了杰出的成果，极大地促进了电气工程技术的进一步发展。

（二）电气时代对电气技术人才的需求量持续增大

麻省理工学院电气工程教育正是在电气工程科技迅猛发展背景下产生并崛起的。美国电气工程师协会（AIEE）时任会长查尔斯·斯科特（Charles F. Scott）于 1903 年指出，伴随物理、商业、工业和社会的变化，以及新的条件、新的机遇和新的责任，人类进入了电气工程时代。② 1875 至 1885 年，电气行业蓬勃发展，不仅催生电气工程成为一个具有挑战性的职业，而且产生了对高等电气工程教育的社会需求，高等电气工程教育将为年轻人在这一新的、令人憧憬的活动领域或职业生涯做好准备。③ 塞缪尔·谢尔顿（Samuel Sheldon）通过数据指出，19 世纪末，关于美国电气工程师的重要性和影响力不足的看法，主要是因为电气工程教育的专门教育开展较晚，通过比较当年电气工程与土木工程领域著名人物的年龄分布进而说明电气工程领域的专门人员年龄偏小，电气工程师的平均年龄仅 46.2 岁，土木工程师的平均年龄则是 57.5 岁，所有相关著名人物统计的平均年龄为 53.3 岁。④ 电气工程及其相关专业的人员在职业划分类别中占有了相当的比例（见表 1-1）。

---

① 江晓原. 科学史十五讲 [M]. 北京：北京大学出版社，2016：224-226.
② The Institute of Electrical and Electronics Engineers. The Making of a Profession：A Century of Electrical Engineering in America：1884-1984 [M]. New York：IEEE Press, 1984：31.
③ Frederick E. Terman. A Brief History of Electrical Engineering Education [J]. Proceedings of the IEEE, 1998（8）：1792-1800.
④ Samuel Sheldon. Education for Leadership in Electrical Engineering [J]. A Paper to Be Presented at the 245th Meeting of the American Institute of Electrical Engineers, 1910（4）：381-393.

表 1-1 1900 年美国不同职业人员数量情况表

职业划分	人员数量/人	人数占比/%
所有职业（All occupations）	29 285 922	100.00
专业服务（Professional service）	1 264 737	81.06
电工（Electricians）	50 782	4.00
土木工程师（Civil engineers）	20 153	1.60
机电工程师（Mechanical and electrical engineers）	14 440	1.10
采矿工程师（Mining engineers）	2 908	0.20
工程师与电工（Engineers and electricians）	88 283	7.00
工程师（Engineers）	37 501	3.00
电报电话线工（Telegraph and telephone lineman）	14 765	0.05
电报电话接线员（Telegraph and telephone operator）	75 080	0.26
机械师（Machinists）	283 432	0.97
工程师和消防工程人员（Engineers and firemen）	224 546	0.76

（数据来源：Samuel Sheldon. Education for Leadership in Electrical Engineering［J］. The 245th meeting of the American Institute of Electrical Engineers，1910（4）：381-394.）

与此同时，美国在电气工程领域的总投资力度不断加大，促使电气工程师专业性的提高。正如 20 世纪初谢尔顿指出的那样，假设有一半机电工程师偏向于电气工程师的分类所属，那么，美国电工和电气工程师的数量占提供专业服务人员的 4.6%，美国总财富的 4.9% 投资于电气工业（Electrical Industries）。[①] 他还指出，当时美国具有影响力的电气工程师数量并不多，这与电气工程领域大量的资金占有和获得并不成正比。1907 年，美国 98 位著名电气工程师中有 19 位没有获得学士学位，有 35 位获得哲学博士学位，在没有获得学位的成员中有 11 人有大学教育经历但没有毕业，持有大学学位的工程师协会会员比例为 80.6%，接受过大学教育的会员比例为 90%，其名字出现在"名人录（Who's Who）"中的相应百分比分别是 56% 和 70%，因此，这些会员似乎具有不同寻常的扩大教育优势。[②] 这也充分体现了电气工程教育对于电气工程师及电气从业人员的影响和意义之大，但美国高等电气工程教育规模尚未与电气工程及其对电气工程师需求的

---

① Samuel Sheldon. Education for Leadership in Electrical Engineering［J］. A Paper to Be Presented at the 245th Meeting of the American Institute of Electrical Engineers，1910（4）：381-393.

② Samuel Sheldon. Education for Leadership in Electrical Engineering［J］. The 245th Meeting of the American Institute of Electrical Engineers，1910（4）：381-394.

迫切性相匹配，高等电气工程教育一度是美国社会急缺的资源，麻省理工学院电气工程教育建设迫在眉睫。此外，美国分别于1862年和1890年颁布《莫雷尔法案》，推动了美国工程教育的发展进程，19世纪末，电气工程师从机械工程师概念中剥离出来，后来高等电气工程课程相继出现，电气工程师协会也于1884年组织建立。[①]

二、麻省理工学院电气工程教育应时而生

（一）电气工程师及其早期培训存在不足

伴随电气工程技术及其产业的蓬勃发展，电气工程相关职业越来越多，对电气工程领域工作者的专业水平要求也越来越高，高等电气工程教育开展的初衷是培养电气工程师，因此顺应了社会对电气专业人才的需求。值得指出的是，早期"工程师"并不能与"医生""教师""律师"等传统职业同日而语。美国学者卡诺·邓恩（Gano Dumn）曾呼吁，"工程师"的名称内涵，必须应有更广泛而不包含或在较小程度上包含其他专业或职业名称中的意义。相较于土木工程师、机械工程师，电气工程师的出现虽不算早，但同样存在"身份认同"过程。进入20世纪，电气工程师的社会地位逐渐上升到与牧师、医生或律师同等的地位。人们越发认识到电气工程与生活息息相关，甚至电气工程越发成为人们生活的一种"方式"。[②] 换言之，人类生活已经离不开电，离不开电气工程，离不开电气工程师。伴随电报、电话等电气设备的增多，电气类从业者（electrical workers）——发明家（inventors）、电工（electricians）和操作员（operators）作为维持该行业的原始和常规技术活动的重要载体，其数量越来越多。[③] 19世纪末20世纪初，电气工程技术范畴相较于第一次世界大战后更为集中，基本指电报、电话、电车或电力的技术终端，当然，这一新兴行业的部分成员正在默默地为工业史上一个极具创新、增长和复杂性的时代贡献力量。[④]

电气时代引起和促使电气工程从业人员结构发生变化，一度产生的现象是：

[①] Hugh H. Skiling. Historical Perspective for Electrical Engineering Education [J]. Proceedings of the IEEE, 1971 (6): 828-833.

[②] Gano Dunn. The Relation of Electrical Engineering to Other Professions [J]. An Address Delivered at the 29th Annual Convention of the American Institute of Electrical Engineers, 1912 (6): 1027-1034.

[③] The Institute of Electrical and Electronics Engineers. The Making of a Profession: A Century of Electrical Engineering in America: 1884-1984 [M]. New York: IEEE Press, 1984: 9-10.

[④] Paul Wallich. Electrical Engineering's Crisis-When Does a Vast and Vital Profession Become Unrecognizably Diffuse? [J]. IEEE Spectrum, 2004 (11): 67-73.

电报电工逐渐淡出；发明家和企业家从中心走向边缘，传统电气专家逐步让位给受过正规教育的电力工程顾问，电力工程顾问设计和监督中央发电厂的建设；大学里，最初从物理系抽调来的教师后来演变成电气工程系教师，物理学家让位给了工程科学家等。1884 年，"电工"还经常被描述为一家公司的首席技术顾问，负责监督和评估新方法和新设备，并维护电力系统，因此，"电工"称号堪比那个时代的"科学家"，直到 1901 年，美国社会才出现"电气工程师"这一标准称谓。1903 年 6 月，查尔斯·斯科特（Charles Scott）在履职美国电气工程师协会主任的前一年考察加入该委员会的数千名新成员时发现，新工程师无一例外地受过电气工程教育，45% 的人拥有知名大学的学位，77% 的人在过去十年内毕业，他们绝大多数很年轻，将近 60% 的人在 25 岁到 35 岁之间，只有 10% 的人在 45 岁以上，他们主要集中在大公司工作，在那些受过教育并有经验的人中，有 55% 的人可以被归类为电气工程师。斯科特描述出一支专业的电气工程师队伍。1905 年之后，电气工程的专业性面临重大挑战，即"电气工程的理论与实践"关系问题，或者说"最佳工程实践"问题，然而在教育领域，参与者对此问题的看法不同，他们认为科学与实践在课程中的混合问题，以及随之而来的在工程工作中的问题才是至关重要和值得讨论的。[1] 这一切无不集中在对"电气工程师"的身份认同和对其培养质量的关注上，进而提升了"电气工程师"的社会地位。

麻省理工学院电气工程课程开设之前，电气工程师的职业已经出现。早期电气工程师的学习途径主要有两种，一是通过"自学"方式，更多的是一种非学校教育或基于个人兴趣的学习，多借助家庭实验室、小商店以及私人或公共图书馆等场所，有理想抱负的技术专家可以在那里了解电气领域复杂的理论知识，此时电气工程学习难免存在偶然性。例如，伊莱胡·汤姆森（Elihu Thomson）将他第一次对电的认知归功于他母亲在 1857 年送给他的一本有关魔术的书，他凭借此书学会了用酒瓶、皮革和木头制作静电发生器，早在 19 世纪 70 年代，他就在厨房桌子上做了相关实验。此外还包括埃尔默·斯佩里（Elmer Sperry）在家乡俄亥俄州科特兰（Cortland）的基督教青年会图书馆（YMCA library）阅读美国专利公报；发明家爱迪生在其职业生涯的早期，在其家里学习法拉第的相关电学知识等。另一种则是在中学水平的技工学校或者工厂学习相关知识，从

---

[1] The Institute of Electrical and Electronics Engineers. The Making of a Profession：A Century of Electrical Engineering in America：1884—1984 [M]. New York：IEEE Press，1984：33-59.

19世纪70年代开始，电气工程师的培训越来越多地出现在技工学校以及工厂。① "学徒制"的培养方式盛行，并一直延续至20世纪。1906年，美国工业教育促进协会成立，其被人们看作是培养技术人才的理想机构和职业学校，在教育界获得越来越多的认可，不过还是有人继续为组织合理的学徒制摇旗呐喊。②

此外，早期电气工程师的培训存在一定外界因素的阻力，电气工程课程出现在大学之前，电气照明与煤气照明势力长期抗争，那时的煤气照明相对于电气照明更方便和廉价。社会对煤气工业的资金投入也是巨大的，许多大都市有大量的煤气照明设备，直至爱迪生的白炽灯成为"有益的社会财产"，③ 电气灯与煤气灯的尴尬僵局才被打破。同时，19世纪中期，美国弥漫着重视"科学""工程"的氛围，电气工程师的培养一度浸润在工程教育茁壮发展的环境中。1862年，《莫雷尔法案》（Morrill Land-Grant Act）颁布，美国开始兴建"工业大学"，一些更为早期的"工业学校"被改为"工业大学"，当然，这些"工业大学"以培养工农业的从业人员为主。从1860年的4所增至1870年的17所，到1871年增至41所，到1872年增至70所，到1880年增至85所。④ 即使工业大学的数量快速增加，但是20世纪80年代之前的电气工程师培训仍然主要集中在工程学校，而工业大学主要培养机械工程师、冶金工程师等其他类型工程师。

（二）麻省理工学院初步探寻电气工程教育

19世纪末20世纪初，电气工程风靡全球，"电气时代"汹涌而至，电气工程逐渐引发高等教育界关注，只是这种关注集中于包括麻省理工学院在内的少数研究型大学，这些高校对开展电气工程教育产生现实诉求。此时期美国工程教育已参与到日益复杂的产品加工和设备的维护、保养与改善过程中，电力工业和工程管理学也是在这一阶段发展起来的。⑤ 不仅美国，包括英国、法国、德国在内的多个西方国家均在19世纪末将电气工程课程纳入大学，反映出全球对电气工

---

① The Institute of Electrical and Electronics Engineers. The Making of a Profession: A Century of Electrical Engineering in America: 1884-1984 [M]. New York: IEEE Press, 1984: 43-44.

② [美]劳伦斯·A·克雷. 美国教育史3：城市化时期的历程 [M]. 朱旭东，等译. 北京：北京师范大学出版社，2002：535.

③ [苏联]拉皮罗夫. 爱迪生传 [M]. 南致善，张德浦，译. 北京：商务印书馆，2013：92-93.

④ Charles Riborg Man. A Study of Engineering Education [M]. Boston: D. B. Updike · The Merrymount, 1918: 6.

⑤ 崔军. 中外高等工程教育课程研究 [M]. 南京：南京大学出版社，2013：56.

程教育的需求程度之大。由此可见，麻省理工学院创设并发展电气工程课程顺应"电气时代"潮流。麻省理工学院在开设专门电气工程课程之前，物理系课程已涉及相应电学课程——普通物理电学（General Physics，Electricity），这门课程并非是真正意义上的电气课程，只能称得上是介于电气培训与电气教育之间的课程。通过在物理系开设相关课程，起到早期电气工程师培训与正式电气工程师培养的桥梁作用。可以说整个19世纪是美国工业化和城市化的重要时期，此时企业逐渐开始注重对高等教育的投入，并且投入的力度不断增大，不可否认的是，参与捐助的企业家们主要是出于商业目的，通过与大学合力培养更加适合企业的专业人才进而实现本企业利益的最大化，这样明确的目的，使得企业能够有明确的校企合作办学主张，"学以致用"的教学旨向，一度在大学教育中开始明晰。美国高等电气工程教育的出现和发展不仅与社会发展需求有直接的联系，还与美国高等教育本身的发展需要有重要的关系。19世纪末，美国高等电气工程教育开始受到高等教育工作者的关注并越来越被重视，进入大学已经成为必然。麻省理工学院电气工程教育的课程设置正是在这种大环境和高等工程教育地位逐渐提高的趋势下形成的，1882至1883学年，电气工程课程设置在二年级的第二学期。

值得指出的是，此时期的美国电气工程教育整体处于初步发展阶段，未能培养足够的电气工程师服务社会。于19世纪90年代建造的尼亚加拉瀑布水力发电中心的交流发电机在很大程度上归功于欧洲电气工程师，多数美国电气工程师缺乏足够的物理和数学知识背景来设计这些设备。[1] 此外，19世纪80年代末至20世纪初，支持直流电的爱迪生与支持交流电的威斯汀豪斯各持己见、争斗不已，最终交流电以廉价且更高效的电力利用模式赢得了这场"战斗"。[2] 由于对电气工程教育的现实诉求，麻省理工学院率先开辟了美国电气工程教育，康奈尔大学、威斯康星大学和斯坦福大学分别于1885年、1891年和1892年开展电气工程教育。[3] 多所大学相继开设电气工程课程、电气工程系的局面得以形成，凸显了高等电气工程教育的重要性和必要性。

---

[1] National Academy of Engineering of the National Academies. Educating The Engineer of 2020：Adapting Engineering Education to the New Century [M]. Washington：The National Academies Press, 2005：115-116.

[2] Faraz Yusuf Khan, Shrish Bajpai. Electrical Engineering Education in India：Past, Present & Future [J]. Comparative Professional Pedagogy, 2018（8）：72-81.

[3] Frederick E. Terman. A Brief History of Electrical Engineering Education [J]. Proceedings of the IEEE, 1998（8）：1792-1800.

第二节 查尔斯·克罗斯等学者的探索与电气工程师协会的作用

麻省理工学院电气工程教育的初期建设既受益于查尔斯·克罗斯（Charles R. Cross）、杜加尔德·C·杰克逊（Dugald C. Jackson）两位学者，又得益于美国电气工程师协会会长及成员。克罗斯是麻省理工学院电气工程课程的开创者和推动者；杰克逊凭借担任系主任期间的杰出领导，使电气工程教育保持了正确的发展方向。查尔斯·斯科特、查尔斯·施泰因梅茨等电气工程师协会会长对电气工程教育的主张以及威廉·埃斯蒂、亚当斯等电气工程师协会会员对电气工程教育理念的探讨均有助于其更加合理的发展。

一、查尔斯·克罗斯等学者在麻省理工学院电气工程教育方面的积极探索

（一）查尔斯·克罗斯：电气工程教育的开创者

电气工程科技的突飞猛进，促使其衍生行业适时做出改变，此背景下，高等电气工程教育问题日益突出，并直接关系到美国电气工程师培养质量。1882年，时任麻省理工学院物理系主任的查尔斯·克罗斯认为美国需要提供电气工程学位课程，他在物理系开设了"VIII-B"课程，开启了美国第一个电气工程学位项目，两年后，甚至在第一批学生尚未毕业前，该课程即被重新命名为第VI课程[①]。第VI课程的出现标志着麻省理工学院电气工程学位教育的正式开展。事实证明，克罗斯在正确的地点和时间选择了正确的方向，电气工程系一度发展成为麻省理工学院规模最大和实力最强的工程系。1900年，克罗斯开始争取创立一个新的电气工程系，当麻省理工学院电气工程系于1902年正式成立时，他并没有直接加入该系，而是又继续担任了15年的物理系主任。但这并没有影响他在协助电气工程教育发展中发挥的积极作用，克罗斯也是电气工程师协会会员，这一身份为其发展电气工程教育理念和思想提供了平台。克罗斯的多重身份无疑都与麻省理工学院电气工程教育的发展密切相连，克罗斯在电气工程课程建设方面发挥着创立者的作用，更多体现在幕后的默默支持。例如，虽然克罗斯没有担任电气工程系教师，但他通过协调物理系师资、实

---

① 在麻省理工学院早期的"公报（Bulletin）"中，用罗马数字对应某一学科的课程，从1884至1885学年开始，电气工程课程被确定为课程"VI"，并演变为当前的"Course 6"。

验室等方面的资源优势进而辅助电气工程系的发展，助力电气工程系发展壮大。

高等电气工程课程之所以最先出现在麻省理工学院，与麻省理工学院首位校长威廉·巴顿·罗杰斯（William Barton Rogers）的办学理念密切相关。在麻省理工学院成立之前，应用科学在传统大学中并没有得到应有重视，罗杰斯认为，美国有必要建立一所以科学和艺术为基础，致力于"实际应用"的新型学校，在他本人看来，这种新型学校应是一种和古典学校有着同等重要地位且优于普通商学院的一类高校。创校伊始，罗杰斯本人重视"通识教育"理念，并主张将其贯穿于学校各专业教育教学之中，建立在已有课程基础上，帮助学生能够更好地适应未来社会及相关工作，也为培养适切社会需要的专业人才明确了教育方向。正是罗杰斯的工程教育办学理念所发挥的巨大推动作用，才使得美国电气工程教育的出现成为可能。克罗斯无疑继承和发扬了罗杰斯的教育理念，麻省理工学院电气工程在后续教育教学实践中，也承载着罗杰斯的教育思想理念，并最终将电气科学与电气工程进行了有机融合。

（二）杜加尔德·C·杰克逊：电气工程教育的领航者

在其他学校纷纷效仿麻省理工学院开设电气工程教育的背景下，麻省理工学院如何引领电气工程教育的发展方向尤为重要。此时期担任麻省理工学院电气工程系主任的杜加尔德·C·杰克逊，在很大程度上决定了它的发展方向，实践证明，麻省理工学院电气工程教育引领的发展方向是正确的。杰克逊于1907年来到麻省理工学院担任电气工程系主任，任职长达28年，始终扮演着一位优秀的教育"活动家"角色。他率先为麻省理工学院电气工程专业的学生制定通用电气"合作培训课程"，该课程一度发展成为当时著名的课程。杰克逊开设此课程的初衷是让学生在大学期间获得工业经验，合作课程中的工科学生会在教室和工厂之间轮流上课。但是，很多学者对杰克逊的批评挫伤了他最初改革的热情，与此同时，通用电气经济衰退推迟了这一计划，直到1917年美国参加第一次世界大战，该合作课程才正式开展实施。尽管如此，杰克逊还是始终坚持在麻省理工学院构建一个完善的电气工程课程体系。[1] 杰克逊一度将工程学视为管理学，认为工程师是企业领导，希冀工程教育能够为美国产业培养未来的企业家，他通过改革电气工程课程，旨在将麻省理工学院变为一所与产业目标紧密相关的精英技

---

[1] The Institute of Electrical and Electronics Engineers. The Making of a Profession: A Century of Electrical Engineering in America: 1884-1984 [M]. New York: IEEE Press, 1984: 70-79.

术学校，促进美国向强大工业国转型。① 另一个能够印证杰克逊对麻省理工学院电气工程教育做出方向性发展贡献的实例是其对麻省理工学院电气工程系工程师委员会的影响。在他担任系主任的前一年，由分别来自通用电气公司、波士顿爱迪生照明公司、电话电报公司、芝加哥爱迪生公司和西屋电气制造公司的五位杰出校友组建成该系工程师委员会。他上任伊始便不失时机地利用这一杰出工程师委员会对麻省理工学院电气工程系的课程进行了全面修订，杰克逊的工程教育理念不仅与麻省理工学院创始人罗杰斯的教育目标不谋而合，还切合了麻省理工学院历史上最初40年发展衍生的教育传统。杰克逊博览群书、周游世界，对各种文化有深刻见地，对多种文化的掌握和了解使他对政治、经济、科学、工程、艺术和哲学等作为社会组成部分的评价更加敏锐，尤为重要的是，在这种广泛的兴趣、认识范畴下，他能够专注于自己的专业工程教育领域的方方面面，形成了一套清晰的电气工程实践、研究和教育理念。

杰克逊对电气工程师的角色属性有清晰的愿景，他认为工程师与科学家、技术人员应该有本质不同：技术人员应用已知技术，工程师不仅应用已知技术，还在需要时开发新技术；科学家发展新科学，工程师则应用已知科学。杰克逊作为电气工程系的教师，讲授的课程包括写作技巧、绘画技巧、数学、化学、物理、应用力学、实验室、手册培训等。② 他希望学生能够凭借良好的沟通技巧和科学知识，在数学、化学、物理和应用力学等行业中占据领导地位、掌握社会运作方式以及了解商业规律，他对培养实用型工程师而不是科学家更感兴趣。

在麻省理工学院工作的前两年，杰克逊即制定了详细的电气工程教育教学准则：第一，教育过程不是一门精确的科学，但必须通过合理的判断和试验新的方法加以指导和改进；第二，应明确界定教育目标，院系应配备足够的人员和设备，以实现这些目标；第三，每一位教师都应该有一个重要而有潜力的工作研究领域；第四，应鼓励和承认校外兼职教师身份，在职级和薪资方面给予应有的保障；第五，教师若想通过接受在电气工程系以外服务的途径来提高其效力和实现其个人抱负，可在履行学校义务后自由选择，除了以最有效可行的方式进行教学和研究之外，可能要在其他地方承担更大的教学或科研责任，这是教师应尽的责

---

① ［美］戴维·凯泽. 麻省理工学院的成长历程：决策时刻［M］. 王孙禺，等译. 北京：清华大学出版社，2015：63-64.

② The Electron and the Bit: 100 Years of EECS at MIT. author: Paul L. Penfield, Department of Electrical Engineering and Computer Science, Massachusetts Institute of Technology, MIT published: March 27, 2012, recorded: May 2003, views: 2773 ［EB/OL］. http://videolectures.net/mitworld_penfield_ebyem.

任，同时也有助于促进工程教学；第六，应鼓励教师访问美国国内外的其他相关教育机构和行业，以便及时了解最新情况，并应为此类访问提供财政援助；第七，教师应参加专业工程协会的年度会议，这应该是一个固定的制度问题，这样的制度无疑会给本科教学增加活力，而且对改进电气工程实践大有裨益；第八，教师应参加美国电气工程师协会的会议，以便与来自全国各地的工程师进行经验交流；第九，电气工程系应提供资金，用于适当支付参加会议的代表费用；第十，进一步扩大和发展研究生教育，鼓励每一个有能力的本科生继续他们的学习；第十一，电气工程系应组织其他系教师讲授数学、物理、力学和热力学等辅助学科，以便让学生接触这些领域最为优秀的教师；第十二，提供学生之间以及学生和教师之间的社交场所和设施等。[①] 杰克逊认为自己对工程教育的主要贡献包括与工业界合作开设的 VI-A 课程、特长生的荣誉团体建设、根据学生的学习水平分步进行的课程教学。职业生涯后期，杰克逊在其一系列论文中阐述了他在麻省理工学院建设电气工程教育时所遵循的原则，在他看来，工程技术不能停滞不前，也不能依赖于试验性常识或死记硬背教科书公式，在杰克逊等人的努力与坚持下，"科学研究"逐渐成为麻省理工学院电气工程教育的重要部分。

二、电气工程师协会助推电气工程教育理念的形成

美国电气工程师协会（AIEE）成立于 1884 年，最初由 71 人组建，协会领导成员包括发明家、企业家、物理学家、教师、通信和电气制造业的管理人员，以及一支规模庞大的电信电工队伍等。[②] 除却亚历山大·格雷厄姆·贝尔和托马斯·爱迪生等著名发明家担任协会的领导之外，该协会普通成员还包括麻省理工学院物理系教授克罗斯、密尔沃基西部电力公司工程师，以及乔治·汉密尔顿和富兰克林·波普两位资深的电报电工等。该协会的成立预示电气工程师身份达到美国社会足够程度的职业共识和认同。[③] 20 世纪前十年该协会会员人数增加了数倍，截至 1912 年已有 7 500 名会员。[④] 该协会的成立对电气工程教育理念的形成

---

① Wildes. Karl, Nilo A. Lindgren. A Century of Electrical Engineering and Computer Science at MIT, 1882-1982 [M]. Boston: MIT Press, 1985: 45-46.

② The Institute of Electrical and Electronics Engineers. The Making of a Profession: A Century of Electrical Engineering in America: 1884-1984 [M]. New York: IEEE Press, 1984: 28.

③ Frederick E. Terman. A Brief History of Electrical Engineering Education [J]. Proceedings of the IEEE, 1998 (8): 1792-1800.

④ Gano Dunn. The Relation of Electrical Engineering to Other Professions [J]. An Address Delivered at the 29th Annual Convention of the American Institute of Electrical Engineers, 1912 (6): 1027-1034.

具有一定监督作用，担负电气工程教育初创期发展的社会督导者角色。1892年，在该协会第一次关于电气工程教育的正式会议上，与会者一致同意高等电气工程教育是基础物理科学的应用教育。加之该协会多位会长关于电气工程教育理念的主张、该协会诸多普通成员就电气工程教育理念的思考和讨论等，丰富了学界对高等电气工程教育理念形成的科学依据和普遍共识，直接或间接影响着麻省理工学院电气工程教育理念的积极探索与形成。

（一）协会会长关于电气工程教育理念的阐释

作为美国电气工程师协会会长之一的查尔斯·斯科特（Charles Scott）认为，解决电气工程领域现实问题的关键在于确定电气工程课程的核心内容，主张高等电气工程课程应重视科学和人文以及技术问题，电气工程师需要大量的理论和实践工作，他还认识到电气工程教育必须建立在理论和实践研究相结合的课程基础上。电气工程实践主导电气工程教育，这绝不是强制性结果，而是因为行业的客观要求。1902年，查尔斯·施泰因梅茨（Charles Steinmetz）在其协会会长卸任大会上的讲话中表示，应认识到实验和理论在培训电气工程师方面的基本作用，他强调年轻工程师要及时了解电气工程和相关科学的基本原理，并对处理工程问题的方法有充分了解。在他看来，使学生适当地适应知识进而确保科学和工程的持续进步至关重要，"现代科学"的主流是"经验科学"，如果没有一支训练有素的工程师队伍对这门新科学进行同样的批评改进，那么所获得的一切科学都将处于危险之中，这也是科学不断进步的最大危险。施泰因梅茨构思了一组能传授理想知识的课程，该组课程包括数学、立体几何、代数、分析几何和微积分等，在他看来，电气工程专业的学生还应获得全面的基础物理知识，特别是能量守恒定律以及化学，尤其是理论化学和化学实验原理等。① 尽管物理科学方面的全面培训是必不可少的，但施泰因梅茨认为大学不应该试图培养毕业生离开学校立即成为一名"正式的工程师"，大学应该培养学生尽可能有效地承担工程岗位的责任，学生要接受广泛的教育，而不是狭隘的培训，学生的最终目标必须是在工业环境中适应工作。

（二）协会成员对相关电气工程教育理念的认知与讨论

杰克逊认为物理科学的研究对于电气工程的成功愈加重要，尽管他承认即使没有学院的帮助，社会实践也能造就成千上万的优秀工程师，但他更坚信工程师

---

① The Institute of Electrical and Electronics Engineers. The Making of a Profession: A Century of Electrical Engineering in America: 1884-1984 [M]. New York: IEEE Press, 1984: 67-70.

会因为接受数学和物理科学课程的学习而变得更加杰出。威廉·埃斯蒂（Willian Amesty）强调工程师、制造商和学院之间的密切关系，实际教学应涉及电气工程课程中的两个项目，即设计和实验室工作。卡姆特·亚当斯（Comfort A. Adams）认为教学设计并不是要培养出完全意义上的设计工程师，而是要教给学生发电机设计中的原理，并培养他寻找原理的思维习惯。赛普鲁·迪曼（Cyprien Mailloux Demon）则希望电气工程学科能为学生提供一定的实践训练，在教学计划中，学生不仅能凭借实验室的经验来执行操作和完成工程师的日常任务，而且能够用"理论"解决实践难题。上述四位电气工程师均属于电气工程师协会成员，此外，该协会成员对关于施泰因梅茨摒弃设计课的建议见仁见智。在施泰因梅茨看来，大学设计课是非常次要和令人厌烦的，而在工业环境中，尤其是在制造业公司的工程部门中设计课的教学效果更好，大学不必要开展设计课，并且只有极少数的大学毕业生真正进入设计领域。结果是，多数协会成员不同意施泰因梅茨把"设计"排除在课程之外的观点。在协会众多成员的思考和讨论中，电气工程教育逐渐有了一个明确的发展方向，即从理论和实践方面共同培养工科学生，到提供一套更为直接针对已有选择标准的实践教学课程体系。[①]

第三节 麻省理工学院电气工程教育初创期的教学实践

麻省理工学院电气工程教育初创期的教学实践不仅体现在师资队伍逐渐发展壮大、人才培养模式逐渐形成等方面，还体现在本科生课程应用导向的演进以及面向培养实践型工程人才的研究生教育等方面。

一、人才培养模式初步建立

（一）教师队伍规模逐步扩大

1882年至1883年，电气工程教育只是物理专业课程体系中的一个分支，1884年至1902年，麻省理工学院制定了一套专门用于培养电气工程师的课程体系，但在上述两个时间阶段，麻省理工学院电气工程专业的课程教学任务均由物理系的教师来承担，其师资、设备和学生获得学位形式等均与物理专业的学生并无二致，学校也没有提供专门的电气工程学位。麻省理工学院电气工程课程由物

[①] The Institute of Electrical and Electronics Engineers. The Making of a Profession: A Century of Electrical Engineering in America: 1884-1984 [M]. New York: IEEE Press, 1984: 66-70.

理系主任克罗斯管理，学生从物理系毕业。麻省理工学院电气工程学科的首批教师多数是物理学家，早期从事电气工程教育教学的教师也多数是从物理学专业人才中招聘而来。除此之外，还包括哈佛大学天文台的雷纳·埃德蒙斯（Rayner Edmands）等其他高校的教授以及来自企业的成功人士，这部分教师主要采用兼职、讲座方式开课，例如，电话的发明者及贝尔公司的创始人贝尔，汤姆森—休斯顿公司的伊莱胡·汤姆森等，当时社会中的发明家或者企业家担任电气工程学科教师是一种普遍现象和潮流。

1902年电气工程系的成立，真正代表电气工程教育的独立。麻省理工学院电气工程系从成立至第一次世界大战前，教师队伍呈明显增长趋势。1903至1904学年，电气工程系成立初期的教师数量非常有限，仅有1名教授、3名副教授、2名讲师和2名助教，共8名教师，1908至1909学年，也仅有2名教授、4名副教授、3名讲师和5名助教，共14名教师。截至美国参加第一次世界大战前的1916至1917学年，师资队伍规模达到34名教师，包括5名教授、5名副教授、7名讲师、11名研究助理和6名普通助理。此外，电气工程专业的师资队伍与企业存在密切的双向联系。一方面，从事麻省理工学院电气工程教育的教师在大波士顿都市区的相关企业担任顾问；另一方面，麻省理工学院的管理者聘任在职工程师担任麻省理工学院电气工程教育的兼职教师，例如，1901年，包括美国电话电报公司工程师教授在内的40名在职工程师在麻省理工学院授课，他们时常在课堂讨论各自产业的最新技术发展。[①]

值得指出的是，此时期麻省理工学院电气工程教育的师资队伍并不稳定，例如，在杰克逊任职系主任期间，电气工程系教师流失的现象时有发生，当然，该系也能够迅速挖掘和引进新人才来增补因流失教师而产生的空缺岗位。比如，1909年，前系主任克利福德和该系副教授沙德（Shaad）辞职去了其他学校，而时任主任杰克逊迅速引进当时已有名气的彭德（Dr. Pender）博士和威肯登（Dr. Wickenden）博士，分别替代两位流失教师的位置，避免了因教师流失对教育质量造成的更大损失，麻省理工学院电气工程系的师资队伍处于不断平衡的状态。

（二）学生规模不断增长

1884至1885学年，电气工程被列为麻省理工学院相对独立的第Ⅵ课程体系，此时的电气工程课程虽然依附于物理系，但丝毫未影响学生们的求学热情，

---

① ［美］戴维·凯泽. 麻省理工学院的成长历程：决策时刻［M］. 王孙禺，等译. 北京：清华大学出版社，2015：61.

到 1886 至 1887 学年，有 10 名电气工程专业的学生毕业，1893 至 1894 学年，电气工程专业注册学生数达到 141 人。然而，在随后的几年中，由于土木工程和机械工程等专业恢复优势的趋势，使得电气工程专业的招生规模略有缩减。1902 年之前的电气工程课程及其毕业生由物理系全权负责管理，电气工程课程在该系运行了近 20 年，直到 1902 年电气工程专业独立成系。学生人数的增长能够直观体现该课程或者专业的受欢迎程度。这一时期麻省理工学院电气工程课程的注册学生数量整体呈增长趋势，中间虽有短暂缩减情况出现，但也是相对而言的缩减，并未影响其高效发展势头。到 20 世纪 20 年代，电气工程系一举发展成为麻省理工学院规模最大的系。

电气工程课程开设以来一度受到学生们的青睐，截至 1892 年，麻省理工学院 27% 的本科生都是电气工程专业，并且毕业生人才济济，其中包括查尔斯·斯通（Charles A. Stone）和埃德温·韦伯斯特（Edwin S. Webster），二人共同创建了斯通—韦伯斯特（Stone and Webster）公司，该公司负责建造了麻省理工学院的新剑桥校区，还包括阿尔弗雷德·斯隆（Alfred P. Sloan）——通用汽车公司的总裁和麻省理工学院的主要赞助人等。

（三）学生选拔机制更加严格

新生入学条件是衡量学生生源的重要标准，适切合理的入学条件是学校层面和院系层面共同关注的重要环节，也是学生选拔机制的重要环节，还是一个学科专业发展的重要前提。麻省理工学院电气工程专业的学生入学考试科目能够综合体现其入学条件的严格程度。1918 年发布的《曼恩报告》（*A Study of Engineering Education*）列举了麻省理工学院和伊利诺伊大学工程类课程中"入学标准"的发展情况。报告中提到，算术和地理不再是必需课程，可能是因为假定它们在文法学校已经圆满完成了。① 除却其他因素的影响，通过这些课程能够对比说明入学条件情况。

由表 1-2 和表 1-3 可见，麻省理工学院与伊利诺伊大学的入学考试科目基本相同，但相对而言，麻省理工学院的入学考试科目增加趋势更为明显，考试科目愈加全面。在麻省理工学院看来，学生通过学习数学可进行良好的思维训练并为后续专业课程的进一步学习提供必要的基础，因而数学受到麻省理工学院的一贯重视，不仅入学考试涉及数学，开学后第一学年，学校还明确规定所有学生要继

---

① Charles Riborg Man. A Study of Engineering Education [M]. Boston：D. B. Updike·The Merrymount，1918：21.

续学习代数、立体几何、平面和球面三角形，在随后几年中，大部分课程的学生也需接受解析几何、微积分的课程学习等。这些变化及其模式的确立在一定程度上说明麻省理工学院电气工程专业的新生入学条件逐渐提高并趋于稳定。

表 1-2　1882 年麻省理工学院与伊利诺伊大学新生入学考试科目

麻省理工学院	伊利诺伊大学
算数	算数
地理	地理
代数	代数
平面几何	平面几何
英语语法	英语语法
德语	美国历史

（资料来源：Charles Riborg Man. A Study of Engineering Education [M]. Boston：D. B. Updike·The Merrymount，1918.）

表 1-3　1914 年麻省理工学院与伊利诺伊大学新生入学考试科目

麻省理工学院	伊利诺伊大学
代数 A	代数 A
代数 B	代数 B
平面几何	平面几何
立体几何	立体几何
英语作文	英语作文
英国文学	英国文学
物理	物理
法语	选修课
德语	—
选修课	—

（资料来源：Charles Riborg Man. A Study of Engineering Education [M]. Boston：D. B. Updike·The Merrymount，1918.）

（四）人才培养目标逐渐明晰

美国工程教育最初一度被认为属于技术教育范畴，整体发展水平自然受技术教育范畴的制约，如首位系主任路易斯·邓肯（Louis Duncan）在其 1903 年发表的论文中指出，包括麻省理工学院电气工程教育在内的美国技术教育的弊端在于技术性太强、教学太多，而工程教育的目的不应单单是获取知识，而应是如何应用知识。此时期麻省理工学院电气工程系的招生规模、生源质量和设备条件等方面虽然处于初步发展阶段，但相较于其他同类高校尚属可观，伴随其本科生课程重在探索理论结合实践机理以及研究生教育主要面向培养实践型工程人才等教育教学实践，其人才培养目标逐渐明确。例如，尽管"电报工程师在某种程度上确实是一名电气工程师"，但是，电气工程建立在电报电工能力之外的"科学和数学"工作水平上，简言之，这个职业更多地归功于训练有素的科学家，而不是自学成材的电工。①

专业工程师们普遍认为，大学课程设置的目标应该是在工程科学方面进行广泛而完善的培训，而不是在某一条狭窄的路线上进行高度专业化的培训，应该相当重视人文学科，如英语、经济、社会学和历史等。② 麻省理工学院自成立以来逐渐肩负培养科技企业未来的设计者和管理者的使命。③ 麻省理工学院电气工程教育既有学校工程专业人才培养的共性特征，又有自身有别于其他工程专业教育的特性，并且这种特性的形成经历了一定的过程演进。值得指出的是，最初麻省理工学院电气工程教育作为物理系中的几门课程存在，只能依据物理系的人才培养目标进行电气工程人才培养定位，并且电气工程教育没有对应的学位。后续发展中，尤其是麻省理工学院建立电气工程系以后才使其人才培养目标有了质的跃迁。

（五）学生培养方式注重实践

此时期的麻省理工学院逐渐明确了应切实培养实践型电气工程师，并且在教学实践与实践教学的双向互促基础上，明确了理工结合以及理论结合实践的人才培养目标。弗雷德里克·特曼曾指出，电气工程课程在19世纪80年代初首次出现在美国，最初作为物理学的选修课程，旨在为学生进入快速发展的新型电气制造业做好准备。随着电气工程行业的迅猛发展，电气工程教育也在快速发展，十年内就在传统工程系中占据了一席之地，其课程在第一次世界大战之前主要集中在直流和交流电路、设备和相关的配电系统等方面。④ 此外，学生通过工厂见习

---

① The Institute of Electrical and Electronics Engineers. The Making of a Profession：A Century of Electrical Engineering in America：1884-1984 [M]. New York：IEEE Press，1984：40.

② Charles Riborg Man. A Study of Engineering Education [M]. Boston：D. B. Updike · The Merrymount，1918：88.

③ ［美］戴维·凯泽. 麻省理工学院的成长历程：决策时刻 [M]. 王孙禺，等译. 北京：清华大学出版社，2015：37-38.

④ Frederick E. Terman. A Brief History of Electrical Engineering Education [J]. Proceedings of the IEEE，1998（8）：1792-1800.

即车间工作（workshop）等获得实践经验，进而更好地理解和学习课堂上的理论知识，并且重视对学生工厂见习表现的测评和考核。例如，在匹兹堡西屋电气和图灵制造公司杜莉（C. R. Dooley）先生的帮助下，测试了在麻省理工学院参与见习的40名包括电气工程系在内的工程专业学生，他们作为学徒被赋予各种各样的工作任务，由专门人员负责观察他们是否能够获得相应稳定的工作，并由每个见习领班根据一系列基本特征给予这些学生客观的评分。这些评分采用的基本指标包括体格、个性、知识、常识、可靠性、开放性、机智、主动性、态度、独创性、勤奋、热情、彻底性、系统性、分析性、决策性等。① 这些具体而多元化的测评指标在一定程度上促使麻省理工学院电气工程教育进一步明确人才培养目标，进而对其深入思考并不断完善实践教学环节。

1910年，麻省理工学院电气工程系三年级和四年级的学生在教师指导下，对波士顿众多工业活动进行了见习，并对电气现象进行相关测试实践，有部分四年级学生还到纽约市、斯克内克塔迪和尼亚加拉瀑布的工业企业进行了更多的见习。直到进入高年级才能选择相应的实践课程，既是一种进步教育表现，但也有其相应弊端。正如《曼恩报告》中指出的，美国工程专业大多数的学生在本科生一年级和二年级时即被淘汰，而本科生一年级和二年级正是学习英语等基础课程的时间，换句话说，这些被淘汰的学生还没有真正选择修读自己的专业课时就被淘汰，根本无法显示个人在其专业课中的潜力。②

（六）学位授予以学士为主

学位授予情况代表着学校教育的正规及合规程度，能够衡量一个学科专业教育质量的高低，尤其能够说明社会或者一个国家对于某个学校专业的认可度，也预示着该学科专业教育是否具有足够的含金量和价值。尽管通用电气和威斯汀豪斯等公司内部较早开始致力于培养电气工程师，但到了19世纪末20世纪初，包括麻省理工学院在内的研究型大学的电气工程教育无论是在教学实力还是在社会声誉方面，均优越于企业的电气工程师培训方式。具体学位授予方面，此时期的麻省理工学院规定本科生学制为四年，期间学生必须完成所有规定科目的相应考试与考核，并通过最终的期末考试。此外，学生还必须准备一篇关于所学课程中某一主题的论文，或者个人做的一些研究报告，或者关于某些诸如机器、工程、

---

① Charles Riborg Man. A Study of Engineering Education [M]. Boston: D. B. Updike · The Merrymount, 1918: 71.

② Charles Riborg Man. A Study of Engineering Education [M]. Boston: D. B. Updike · The Merrymount, 1918: 33.

工业调研的原始报告，抑或是一个带有说明性回忆录的原创建筑设计等，学生的论文或毕业设计必须获得学院认可方能获得对应的学位，每门本科生课程对应的学位名称都是理学学士（Bachelor of Science）。

1885年麻省理工学院有2名因修习完电气工程课程并达到毕业要求的本科生，之后毕业生数量一直呈增长趋势，截至1916年，共有1041名学生获得麻省理工学院电气工程学士学位，并于1916年达到学年最高毕业人数53人，仅次于机械工程专业的毕业人数。相较于其他科系专业的毕业生，电气工程专业的人数有相对持续增长的趋势，增幅也是最大的。麻省理工学院有越来越多的学生趋向于选择就读电气工程专业，在一定程度上说明了该专业适应社会需求。

二、本科生课程体系逐步构建

从麻省理工学院电气工程课程开设以来，其他大学电气工程课程如雨后春笋般涌现，这些高校存在较为普遍的问题：第一，来自物理或数学系的学生，往往偏重科学或理论，而忽视实践应用；第二，一些课程是为迅速发展的电气行业培养人才，偏重教授现代技术而忽视基础科学。麻省理工学院电气工程教育则在其中扮演了引领探索最佳教育路径的角色，一直尝试寻求理论与实践的有效结合，力求避免上述情况的发生。

（一）本科生课程设置方案偏向应用性

最初开设电气工程本科生课程是为了满足年轻人希望从事各种电学应用行业的需求，通过讲座和实验室练习提供有关光度测定过程的指导、特别是电灯测量的过程指导、电气测量方面的高级指导，包括使用发电机和电动机，此外，还开设电报线路电气测试课程。因此，完成此类课程的人可以获得电力在陆地电报、海底电报、电话、电力照明和电力传输方面的技术应用知识。1882年至1883年，麻省理工学院将电气工程本科生课程定义为一门旨在为希望进入电气工程任何领域的学生提供帮助的物理课程。1884年，这门课程由原来的物理第二课程更名为电气工程课程，此时它仍然由物理系开设，直到1902年麻省理工学院成立独立的电气工程系。麻省理工学院物理系原本提供的课程主要以数学和物理科学为基础，为将来希望从事各种物理学应用和电气工程领域工作的人提供适切准备。[①]

---

① Massachusetts Institute of Technology. Annual Catalogue of the Officers and Students, With a Statement of the Courses of Instruction, And a List of the Alumni, And of the Members of the Society of Arts, 1882-1883 [Z].Boston: MIT Press, 1882: 41-42.

1882年的电气工程本科生课程，清楚呈现其与物理学的密切关系。值得称赞的是，其中属于人文社会科学类的课程非但不是选修课，反而是必修课，并且数量较多。在随后数年发展历程中，该类课程不断改变，重点放在直流和交流电路、电动机、发电机、变压器、配电系统等的特性以及电气设备的测量等方面。一些涉及通信系统、电池、电气铁路、照明等学科的课程通常作为专业选修课，其他少数美国高校还开设"无线"电报课程。[①]

截至1916年，课程设置标准中规定，学生入学后要重视数学、化学、物理和应用力学的学习，从第二年开始要在课程中贯穿电磁学理论的学习，还要注重蒸汽工程、水利工程、结构和机械设计以及政治经济学等基本原理的学习，本科生三年级和四年级开展的电气工程讲座具有鲜明的专业性质，涉及电力在铁路工程、发电站设计、电力传输、照明、电话等方面的应用。理论与实验室的延伸课程并行，该课程从化学和物理科目开始，并延伸到所研究的所有科学分支领域。电气测试实验室和电机专用实验室由系内教授负责，这些实验室广泛配备适合本科生和进修需要的仪器。进行实验室实验的目的是培养学生准确观察的能力，并使其不仅考虑最重要的方法和测试，而且考虑时间经济性和结果准确性。每月举行相关学习会议，报告和讨论正在从事的研究进展，强调科研工作的重要性，电气科学和工程的发展前沿问题将在每月召开的电气工程研讨会上进行讨论，该会议对麻省理工学院所有学生开放。

（二）本科生课程体系不断优化

1882年至1916年的课程设置中，仅在1884年电气工程课程脱离物理课程体系时变化比较明显，其他年份虽然也有些许变动，但均是增减某门课程或者选修课。当然，麻省理工学院电气工程本科生课程也正是在不断调整中逐渐完善：1886年在常规课程的基础上增加了四元法、物理实验和电势理论三门选修课；1889年第三学年第一学期增设蒸汽工程课程：阀门齿轮、热力学，并在第四学年第二学期增设关于测量精度的讨论课（Discussion of the Precision of Measurements）；1890年，第三学年第二学期增设商法课；1892年，第四学年第二学期增加了论文环节，将选修部分的电势理论改为电学数学理论；1895年新开设的课程包括工业电力要素、交流电理论、企业经济学；1901年，第四学年第一学期取消了最小二乘法，重新增加了两门选修课：铁路信号课和电波传播课；1902

---

① Frederick E. Terman. A Brief History of Electrical Engineering Education [J]. Proceedings of the IEEE, 1998 (8): 1792-1800.

年，第四学年第一学期开设了直流发电机、蓄电池及其应用、理论水力学课程，第二学期新开设了直流实践课和电力铁路课；1904年，取消了第四学年第一学期的选修课，分别在第四学年第一学期和第二学期开设了测量学；1905年，在第三学年增加了通识研究、普通研究选修课，其中普通研究选修课涉及经济学、历史学、现代语言、英语等学科主题；1906年，第四学年课程中，均增设会议期刊与工程前沿（Journal of Meetings and Engineering Excursions）这门课。相较于1906年，1907年和1908年均取消了测量课程，并在两个学期增加电灯与电力传输课；相较于1908年，1909年第四学年两个学期均增加论文课和选修课，选修课包括普通研究、中心电站、发电机设计、照明和光度测定、声学与电话、电话工程、电气化铁路等；1916年，第三学年两个学期均增设电气工程原理课，并在第四学年第二学期增加了两门选修课，分别是动力学和立体结构学。此外，此时期第一学年课程中，从未间断军事方面的授课安排，这与麻省理工学院的建校理念和办学目标有直接关系，并且第一学期旨在提供军事演习课，第二学期改为军事科学课，从实践层面发展至理论层面，麻省理工学院对军事教学内容的重视程度只增不减，这在一定程度上奠定了麻省理工学院电气工程教育在两次世界大战中服务战争功能的基础。表1-4、表1-5、表1-6、表1-7中列出部分学年电气工程本科生课程表供参考。

三、研究生教育偏重实践导向

（一）以实践型工程人才为培养目标

20世纪初期的麻省理工学院是一所带有较强实践性的院校，其首要目标是为工业界培养合格工程师，开设科学课程和应用型工程课程，同时提供专门的技术培训，所有学生需要学习一年微积分、两年物理，培养方案的大部分课程是概论性的，强调涉及大量技术操作的工程实践与培训。[①] 在杰克逊任职系主任期间，麻省理工学院电气工程系以高度创造性的方式研究电学现象，研究生学位论文限于测量旋转机械中的电枢作用机制或气隙磁通密度、在工厂使用电机驱动的可行性或私有发电机安装而不是从中央发电站购买电力的可行性等。此外，有关工商管理方面的论文也占一定优势。杰克逊和该系其他成员致力于此类问题的研究，此类研究需要工程方法，促使有人在1912年建议设立一个工程管理系，经讨

---

① ［美］戴维·凯泽. 麻省理工学院的成长历程：决策时刻［M］.王孙禺，等译.北京：清华大学出版社，2015：60.

表 1-4 1882 至 1883 学年麻省理工学院电气工程本科生课程表

	第一学年		第二学年		第三学年		第四学年	
	第一学期	第二学期	第一学期	第二学期	第一学期	第二学期	第一学期	第二学期
代数	平面和球面三角	物理讲座	物理讲座	物理实验：光度测定的特殊方法	物理实验：电气测量和测试	物理实验室、电气测试和仪器施工	物理研究
立体几何	普通化学	物理实验	物理实验	普通物理、电学、测光学	普通物理、电学	普通物理、应用于电报、电话、电灯等	普通物理、电的应用
普通化学	定性分析	解析几何	微分学	应用力学	高等物理学、回忆录等	摄影	高等物理学、回忆录等
化学实验	化学实验	画法几何	定量分析、讲座和实验室工作	机械工、蒸汽机等发动机的理论和实践	自然科学史	物理科学史	科学调研的原则
修辞	英国历史	定性分析	植物学	机械实验室、测力计、指示器等的使用	应用力学	机修工、工程、实验室	高等数学
英语写作	英国文学	描述天文学	自然地理	宪法史	机械工程	应用力学、工程、热力学、水力学等	
法语	法语	英国历史与文学	英国历史与文学	德语	机械实验室		
机械制图	机械制图	德语	德语		政治经济学		
手绘	手绘		普通物理学		德语		
军事演习	军事演习		个性阅读				

（资料来源：Massachusetts Institute of Technology. Annual Catalogue of the Officers and Students, With A Statement of the Courses of Instruction, And a List of the Alumni, And of the Members of the Society of Arts, 1882–1883 [Z]. Boston: MIT Press, 1882.）

表1-5 1884至1885学年麻省理工学院电气工程本科生课程表

第一学年		第二学年		第三学年		第四学年	
第一学期	第二学期	第一学期	第二学期	第一学期	第二学期	第一学期	第二学期
代数	三角学	物理：讲座	物理：讲座	物理：讲座和实验室	物理实验室：电、热、光度测定的特殊方法	物理实验室：电气测试和仪器施工	物理研究
立体几何	普通化学	普通物理力学	普通物理力学	电：阅读	电：阅读	电报线路，发电机等测试	电的技术应用
普通化学	化学实验	解析几何	解析几何	积分学	运动学和动力学	电报、电话、电灯等方面的电力技术应用：讲座	高级物理，回忆录等
化学实验	现代史	画法几何	画法几何	一般静力学	材料的强度	机械工程	微分方程
修辞	英国文学	木工和木材车削	自然地理	机械工程	机修工程	机修工程实验室	概率论
英语作文	法语	现代史	现代史	绘画	机修工程实验室	应用力学，热力学，水力学等	最小二乘法
法语	机械制图	德语	德语	宪法史	绘画		变分法
机械制图	军事演习	机械	声学：讲座	德语	政治经济学		机械工程
军事演习		绘画	机械		德语		机修工程实验室
			绘画				

（资料来源：Massachusetts Institute of Technology. The Massachusetts Institute of Technology Bulletin 1884–1885: General Catalogue Issue [Z]. Boston: MIT Press, 1884.）

表1-6 1900至1901学年麻省理工学院电气工程本科生课程表

	第一学年		第二学年		第三学年		第四学年	
	第一学期	第二学期	第一学期	第二学期	第一学期	第二学期	第一学期	第二学期
代数	解析几何	物理：力学，波动，电学（讲座）	物理：电学，光学（讲座）	物理：热（讲座）	电话，电气照明，发电机技术应用	电技术应用，电话、直流电实习、交流电实习
平面三角学	方程理论	声学	物理实验：力学，光学	物理实验：（光学、热学）	物理实验：电学、电流周期	发电机测试方法（讲座）	发电机设计原理（讲座）
普通化学与化学实验	普通化学、定性分析、化学实验	机械原理	物理测量（讲座）	电学理论	电学理论、电流周期	一般电气测试	发电设计原理
机械制图	机械制图与画法几何	微分学	电学理论	电报方法	电气测量仪器与方法（讲座）	电气工程实验：发电机测试	电话工程
手绘	手绘	画法几何	机械装置：齿轮；机床	工业电要素	蒸汽工程：锅炉	电气测量仪器与方法（讲座）	电气工程实验，发电机和电机的特殊测量方法
修辞与英语写作	美国历史	木工和金属车削	绘画	蒸汽工程：齿轮，热力学	工程实验	电流周期理论	交流电机理论
军事	军事科学	英国文学	积分学	绘画	绘画	光度测定	测量精度讨论
法语或德语	法语或德语	欧洲历史	木工和木工车削	微分方程	运动学和动力学	蒸汽工程	工程实验
		德语或法语	英国文学写作	一般静力学	政治经济学与工业史	机械动力学	企业经济
					商业法律		

第一章　麻省理工学院电气工程教育的初创（1882年至1917年）

续表

第一学年		第二学年		第三学年		第四学年	
第一学期	第二学期	第一学期	第二学期	第一学期	第二学期	第一学期	第二学期
			德语或法语	政治经济学	德语或法语	水力学	论文
				德语或法语		工程实验	
						材料强度与摩擦力	
						最小等式法	
						铁路信号（选修）	
						电波传播（选修）	

（资料来源：Massachusetts Institute of Technology. The Massachusetts Institute of Technology Bulletin 1900–1901：General Catalogue Issue [Z]. Boston：MIT Press, 1900.）

表 1-7 1915 至 1916 学年麻省理工学院电气工程本科生课程表

第一学年		第二学年		第三学年		第四学年	
第一学期	第二学期	第一学期	第二学期	第一学期	第二学期	第一学期	第二学期
数学	数学	物理	能量转换	电气工程原理	电气工程原理	交流电机	交流电机
平面三角学	无机化学；实验；讲座；复习课	物理实验	物理	物理：热	物理实验	电气工程实验及报告	电气工程实验及报告
无机化学，实验室讲座，朗诵，化学实验	机械制图与几何画法	机械装置	物理实验	物理实验；热	电气测量技术	电力传输和配电	期刊会议
机械制图与几何画法	手绘	机械工程制图	测量精度	电气工程实验及报告	电气测量技术和实验	电气测量技术和实验	工程实验
手绘	德语	几何画法	机械装置	电气测量实验	热工程	水力理论	固体结构
德语	英语	金属车削	应用力学	热工程：热力学	工程实验	工程实验	水力工程
修辞和英语写作	历史	数学	数学	应用力学	数学	企业经济学	动力学（选修）
军事	军事	高级德语	测量	材料测试实验	机械制图	铁路信号（选修）	立体结构学（选修）
体育训练	体育训练	英语文学	金属车削	历史	商业法律	电波传播（选修）	论文
			英国文学	政治经济学	一般研究		
				一般研究			

（资料来源：Massachusetts Institute of Technology. The Massachusetts Institute of Technology Bulletin 1915-1916: General Catalogue Issue [Z]. Boston: MIT Press, 1915.）

论，理查德·麦克劳林（Richard C. Maclaurin）校长宣布开设一门新课程体系即"工程与管理"，其中对应电气工程、土木工程和化学工程三个选项，学生可以根据自身需求予以选择。截至1915年，有57名学生注册该课程，此时期的工程管理系还没有成立，该课程是在电气工程系主任的指导下实施的，因此，此时期麻省理工学院对工程管理的研究也并未脱离电气工程系。[①]

杰克逊一直关注那些有潜力成为电气工程领域领袖的年轻人，这些人往往能够为研究创造价值，特别是在研究生层面。他通过对人员的选择、敏锐的技术判断力和广泛的人脉，建立了一个世界上首屈一指的电气工程研究生培养模式，并在担任系主任期间，促使一些开创性的研究项目得以进行。实际上，经过他栽培成长起来的具有影响力的教师和研究人员，从理论和实践两个方面对输配电的重大问题进行了深入的研究。他强调除了给学生提供新的理论知识之外，还必须认真组织学生从事具体研究工作，并将其作为本科和研究生教育的一种重要培养手段。在杰克逊任职时期，麻省理工学院还首次开发了重要的仿真系统，以协助解决电力系统的不稳定性，这项工作反过来又促进了麻省理工学院第一台模拟计算机的发明。这期间麻省理工学院的学生在电力稳定增长方面所做的学位论文也反映出这些年来电气工程领域的问题和变化。

（二）以应用型为培养过程导向

整体而言，此时期麻省理工学院电气工程研究生课程远不及本科生课程变化幅度明显，尤其是内容及培养目标方面均无明显变化，相应变化多集中在提供课程的数量方面，加之此时期对研究生教育的重视程度有限，其改进成效也不显著。例如，1905至1906学年相较于1900至1901学年的课程保留并增强了应用科目，删减了较为基础的理论课程，如表1-8、表1-9所示，这在一定程度上说明麻省理工学院电气工程研究生课程具有面向实践培养高层次工程人才的特点和演变趋向。

表1-8　1900至1901学年麻省理工学院电气工程研究生课程表

第一学期	第二学期
理论电学：多相传输线的先进理论	理论电学：先进的多相理论
电气测量实验室：电气测试的高级工作	输电线路

---

① Wildes. Karl, Nilo A. Lindgren. A Century of Electrical Engineering and Computer Science at MIT, 1882-1982 [M]. Boston: MIT Press, 1985: 45-46.

续表

第一学期	第二学期
电气工程实验室：先进的直流和交流工作	电气工程实验：高级多相工作
车站和配电系统及其先进发电机设计	车站和配电系统的设计
热量测量	规格和合同
材料强度	机器设计
绘图与机械设计	傅里叶级数
电化学	论文
傅里叶级数	—

（资料来源：Massachusetts Institute of Technology. The Massachusetts Institute of Technology Bulletin 1900-1901：General Catalogue Issue［Z］. Boston：MIT Press，1900.）

表1-9　1905至1906学年麻省理工学院电气工程研究生课程表

第一学期	第二学期
理论电学	理论电学
电气测试实验室	电气工程实验室
电气工程实验室	车站和配电系统的设计
车站和配电系统的设计	机器设计
发电机设计	论文
绘图和机械设计	—

（资料来源：Massachusetts Institute of Technology. The Massachusetts Institute of Technology Bulletin 1905-1906：General Catalogue Issue［Z］. Boston：MIT Press，1905.）

此时期麻省理工学院电气工程研究生的学位论文题目及其研究方向也能够在一定程度上体现其重视实践型工程人才培养的特点。1904年，赫伯特·莫利（Herbert M. Morley）在帕弗（Puffer）的指导下完成了题为《双电流发生器运行机制研究》的论文，沃尔德马尔·克雷默（Waldemar R. Kremer）在克利福德（Clifford）的指导下完成了题为《高电压下挪威钢铁和英国钢铁的渗透性变化》的论文，并获得理学硕士学位，此二人也是该校最早一批获得电气工程领域理学硕士学位的学生。

1909年，彭德和威肯加入该系任教，杰克逊希望他们重视研究生教育。但是，当时的制造业公司和公用事业单位大量招聘本科毕业生，并不鼓励学生继续升学深造和攻读更高的学位。不仅如此，大部分留任实验室助理的毕业生在完成理学硕士课程之前就被鼓动进入工业界工作。杰克逊急于让博士项目有一个良好的开端,所以他一直在寻找有科研潜质的学生,并使其顺利进行博士研究,1908年,他发现了一位有潜质的候选人——哈罗德·奥斯本(Harold S. Osborne)。奥斯本也确实有科研潜力,曾于1908至1909学年获得亨利·萨顿·斯塔尔研究生奖学金。并于1909至1910学年获得奥斯汀研究生奖学金。1910年6月,哈罗德·奥斯本顺利取得了麻省理工学院工程系的第一个博士学位,他的博士论文《电介质中的潜在作用力》在各个方面都被证明是优秀的,为后来的数千篇工程博士论文提供了参考标准。该系将其第二个工程博士学位于1911年授予雷金纳德·琼斯(Reginald L. Jones),他的论文题目是《热和磁化对铁磁性的影响》。

罗伯特·赫钦斯(Robert Maynard Hutchins)曾指出,20世纪初,包括麻省理工学院在内的美国大学里存在两个目标冲突,一个是纯粹对真理的追求,另一个是为学生毕生的工作做准备,几乎每个系科都在开办专业训练,而纯粹对真理的追求即便存在也是偶尔有之。[①] 此时期麻省理工学院电气工程研究生教育发展切合赫钦斯的观点,面向应用、注重专业化培养研究生,一度表现出"重术轻学"的现象,这也是此时期麻省理工学院电气工程教育的不足之处。

第四节 麻省理工学院电气工程教育初创期的主要特征

麻省理工学院电气工程教育初创期历经从依附到自立于物理系的组织演进过程,具有适应社会对技术人才的需求进而调整学科组织结构、重视本科生教学并兴建研究生教育、注重实践教学的同时建立校企合作模式、传承学科"代际关系"且学科间密切联结等特征。

一、适应社会需求,调整学科组织结构

电气时代的到来引发社会对电气工程师的需求,麻省理工学院开设并积极发展电气工程教育顺应了时代发展潮流,开辟了美国建设高等电气工程教育的先河。麻省理工学院自1868年首次开学至1882年开设电气工程课程期间,培养的所有毕业生中,仅有少数毕业生从事电气工程领域的工作。因此,麻省理工学院

---

① [美]罗伯特·M·赫钦斯. 美国高等教育[M]. 汪利兵,译. 杭州:浙江教育出版社,2001:20-22.

物理系的课程体系中增设电气工程课程，其实更多的是为了预期未来社会将要重点发展的领域，而不是基于以往的教育经验。截至1890年，注册此课程的人数虽未超过土木工程和机械工程领域的人数，但已有了相当可观的规模，在1892年麻省理工学院所有毕业生中有27%的人成为电气工程师。

1902年，对麻省理工学院电气工程教育而言是较为特殊的一年，伴随电气工程系的成立，电气工程学科组织得以初步建立，意味着电气工程教育从依附于物理系走向相对自主发展阶段。此调整更加顺应了该专业学生规模日益增大的趋势，有利于更好地培养电气工程师。当然，由于学校等多方面客观条件限制，此时期电气工程系的进一步发展受到限制，整体发展并不和缓顺畅，教学内容、教学方式和教学效果等并未有显著改善，尤其面对"电子工程"技术的突飞猛进，其课程和教学理念不得不应时调整，在充斥着诸多挑战与机遇的环境中摸索前行。但值得肯定的是，麻省理工学院受益于电气时代而生发，适切社会发展潮流的同时反哺经济社会的发展，不过它又不得不受限于此时期工程教育所面临的技术难题，因此难以完成期望达到的教育水平。然而，正是这种矛盾刺激了社会对电气工程技术人才的更大需求，同时也为电气工程系夯实自身发展奠定了基础。

二、重视本科生教学，兴建研究生教育

麻省理工学院电气工程教育最初是在物理系进行的，负责电气工程教育的主任通常都是物理学家，偏向基础科学知识的传授，但随着时间推移，电气工程教育变得越来越侧重实用性，人们的兴趣集中在设计和计算的程序上，而远离了基础科学，以至于很长一段时间内，教师和绝大部分雇主认为，当一个人获得电气工程学士学位时，已经掌握了电气工程原理。① 此环境下，大学电气工程系或者说电气工程教育也很少进行基础研究。恩斯特·韦伯（Ernst Weber）指出，一般来说研究生对工程学特别是电气工程的学习缺乏兴趣，事实上，即便到了1921年，40所美国工科院校的研究生招生总数也仅为368名，而124所工科院校的本科生却超过6.4万人。② 不得不说，此时期包括麻省理工学院电气工程教育在内的美国工程教育整体集中于学士学位层次的教育。

第一次世界大战之前，麻省理工学院电气工程研究生教育出现但发展颇为缓

---

① Frederick E. Terman. Electrical Engineers are Going Back to Science! [J]. Proceedings of the Ire, 1965 (6): 738-740.

② Ernst Weber. Graduate Study in Electrical Engineering [J]. Journal of Proceedings of the Ire, 1961 (5): 960-966.

慢。人们的普遍态度是电气工程专业的学生获得学士学位后应该找到一份工作并获得实践经验，事实上，直到 20 世纪 20 年代，在多数研究型大学校园里，除了学士学位之外，几乎没有什么有组织的研究生教学方式。此时，大型制造企业，特别是通用电气公司和西屋电气公司，已经为大学毕业生进入电气工程领域制订了相应的培训计划，这些由公司赞助的活动被人们视为电气工程职业发展中非常理想的垫脚石，而在公共事业中，应届大学毕业生通常被分配到起草委员会或相关建筑项目中，从而以不同的方式获得实践经验。在此期间，一些雇主认为，拥有硕士学位的大学生对企业生产的价值甚至不如仅拥有学士学位的人，因为在他们看来，前者浪费了一年时间在大学里闲逛，进而耽误了进入现实世界的时间。硕士研究生学位具体授予方面，1916 年有 4 名电气工程专业学生同时申请授予硕士学位。同时，此时期的美国工程学校很少授予博士学位，甚至拥有电气工程博士学位的人被认为是受教育过度的表现，多数雇主也根本没有雇佣博士生的打算。[1] 此时期美国高等电气工程教育普遍面临的问题就是大学中电气工程系的实验平台水平较低，表现在简陋的实验设施等方面，麻省理工学院电气工程系的研究平台难以很好地支撑研究生学位层次的教育。

三、注重实践教学，建立校企合作模式

麻省理工学院电气工程教育强调理论与实践教学并重，诠释着"手脑并用"的校训精神。麻省理工学院建校伊始，就开创了基于实验室的教学方法，并率先提出"新式教育"理念，让学生在掌握一定理论知识的基础上，从事相关实际问题的解决，进而更好地将理论知识应用于实践之中，并尝试探寻两者的平衡，实现前后两者的有机结合和更优效果。在通用电气工程师大卫·拉什莫尔（David B. Rushmore）看来，此时期构成了一个"组织时代"，他敦促教授们根据市场新局面来确定他们的教学目标，希望大学能够帮助年轻的工科学生了解并满足大型工业企业的实际需求。[2] 1909 年，芝加哥联邦爱迪生公司的工程师兼副总裁路易斯·弗格森（Louis A. Ferguson）在其电气工程师协会会长演讲中，将这一时期描述为"集权时代（Age of Centralization）"。弗格森关注的是工程师在工业领域的责任，他指出电气工程师的职责是帮助公司实现"通过大规模生产和集中

---

[1] Frederick E. Terman. A Brief History of Electrical Engineering Education [J]. Proceedings of the IEEE, 1998（8）：1792-1800.

[2] The Institute of Electrical and Electronics Engineers. The Making of a Profession：A Century of Electrical Engineering in America：1884-1984 [M]. New York：IEEE Press, 1984：61-62.

化方向"向经济转化,他要求电气工程师充分理解"集中化促成标准化"的意义,并在实现这一目标方面进行工业与教育的通力合作。①

杰克逊成为此时期麻省理工学院电气工程教育思想和制度的主导者,他开发了一个直接将课程与行业技术需求相匹配的电气工程课程,"最佳工程实践"这一教学理想应运而生。② 罗杰斯物理实验室则在麻省理工学院电气工程实验教学方面起到重要作用。电气工程专业的学生在物理学讲座结束后,所有学生往往都被要求进入这个实验室,接受使用各种物理测量仪器的培训,并验证许多基本的自然法则,这些实验的选择对于一些诸如带有显微镜和电气测量仪器的实验具有直接的技术价值;另一些则是为了在头脑中确立某些原则,培养手工技能或锻炼推理能力,并展示物理、数学知识在具体问题中的应用等。因此,本课程的价值超越了实验的直接目的,而是旨在教会学生从观察到的事实中得出结论,并向学生展示各种实验研究方法,甚至促使部分学生从事更具技术性的高级工作。截至1916年,该实验室根据研究主题、方向又细化为相应的专业分支实验室,这些分支实验室包括技术电气测量实验室、高压研究实验室、发电机实验室、传输实验室以及各种致力于光度测量和特殊研究的实验室,进而为电气工程系的师生提供更优质的教学和科研实践的条件。③

工程实践是校企合作模式的最初样态,此时期的校企合作模式尚处于较低水平的见习甚至观摩流程。在美国工程院校,工厂见习课程是实践课程的一种,工厂分为学校工厂和社会工厂两种,在工厂里,学生暂时以普通工人的身份工作,但他们的工作性质和每一份工作的时间长短须经大学批准,学校学习的重点则是理论和原理。④ 类似于上述这种工厂与大学的合作模式,麻省理工学院电气工程系最初规定本科生四年级的学生需要到工厂实习几个月。麻省理工学院电气工程专业教师通常组织学生参观工厂、参加暑期学校或在企业中见习。

麻省理工学院和企业逐渐建立起电气工程教育合作办学的模式:一方面,学生可以将理论知识用于实践,真正学以致用;另一方面,工厂为学生提供相应的劳动报酬,工厂受益于学生的劳动付出,学生也通过劳动所得支付自己的学费,

---

①② The Institute of Electrical and Electronics Engineers. The Making of a Profession: A Century of Electrical Engineering in America: 1884-1984 [M]. New York: IEEE Press, 1984: 62.

③ Massachusetts Institute of Technology. Massachusetts Institute of Technology Bulletin Catalogue Issue for 1916-1917 [Z]. Boston: MIT Press, 1916: 371-377.

④ Charles Riborg Man. A Study of Engineering Education [M]. Boston: D. B. Updike · The Merrymount, 1918: 79.

实现了一定程度上的双赢。同时,学校也可以通过利用社会工厂进行实习教育,补充了学校的实践教育资源,学校没有必要也不可能完全建立这般数量、规模和质量的社会工厂,从而大幅降低了学校的教育成本。例如,杰克逊与通用电气公司签订了合作教学计划,学生可以分时段在通用电气公司工作和在麻省理工学院交替式学习。此外,盛行的"工厂实习"现象,为后来麻省理工学院"高校工业实验室(Industrial Research Laboratories at Universities)"的出现奠定了基础。实践中,有过工厂实习经历的学生产生了较好的社会效果,工业界看重的恰恰是毕业生有无工厂实习经历,而不单纯是其学校理论课的学习成绩。这在一定程度上表明了这一时期的企业与学校合作的重要性,也说明了这种培养模式的成功建立。此时期,践行校企合作模式是麻省理工学院电气工程教育的应然选择和实然之策,有力提升了麻省理工学院电气工程教育的水平和质量。

四、传承学科"代际关系",学科间联结密切

此时期麻省理工学院电气工程课程作为物理系的衍生课程,强调与物理学课程的密切联结,呈现出明显的学科"代际关系",主要体现在师资共有、学位一致以及组织所属等方面。在麻省理工学院,自从电气工程课程作为物理系的一个新兴教学和研究领域出现以后,电气工程与物理科学之间就有了一种跌宕起伏的关联。随着电气工程课程和专业教育的发展,电气工程教育与物理学的联结时强时弱,但在早期形成时期、20世纪20年代初和第二次世界大战后的一段时间,两者间的这种紧密联结较为明显,与此同时,电气工程教育的理论基础也越来越深厚。麻省理工学院电气工程教育建设伊始,其与物理学的联系就远比物理学与土木或机械工程之间的联系更紧密,当然,在麻省理工学院电气工程教育和机械工程教育之间也有密切合作,但这些合作很难同电气工程教育与物理学教育的互动关联相提并论。实际上,麻省理工学院物理系的教师不仅在学校教学中直接推动电气工程教育的发展,在校外亦能发挥其在电气工程发展方面的助力功能。

此外,麻省理工学院电气工程专业尤为重视数学课程的设置。电气工程教育与数学等其他学科亦有密切联结。电气工程教育的理论源头是由英国物理学家、数学家麦克斯韦(Maxwel)创立的,他在1864年用数学形式精确、严谨地阐述了电气科学的基本规律。在麦克斯韦的领导下,受过类似数学训练的研究人员发掘并应用海维赛德、拉普拉斯、傅立叶、柯西等人的方法进一步发展了电学理论。数学方法一直在电气工程中被广泛使用,并为专业人员提供了一种交流媒介

和分析方法,对电气工程师来说,他们有能力在逻辑和电路方面帮助和支持电子计算机的发展,或将数学逻辑应用于转换问题,或将定量方法应用于信息技术,并且毫不逊色于一般的人员通信。[1] 电气工程师在实际工作中也需要广泛使用科学和数学知识。[2] 合格的电气工程师必须具有良好的高等数学、化学与物理的知识基础,以及动手实践能力,[3] 足可见数学知识对于电气工程专业学生的重要性。麻省理工学院始终坚持将数学知识贯穿于电气工程教育之中,同样遵循着学科间代际关系的规律。

---

[1] J. D. Ryder. Future Trends in Electrical Engineering Education [J]. Proceedings of the Ire, 1962 (5): 957-960.

[2] Committee on K-12 Engineering Education; Linda Katehi, Greg Pearson, and Michael Feder, Editors. Engineering in K-12 Education: Understanding the Status and Improving the Prospects [M]. New York: The National Academies Press, 2009: 43.

[3] Dugald C. Jackson. The Technical Education of the Electrical Engineer [J]. A PaperPresented at the General Meetingof the American Institute of Electrical Engineers, Chicago, 1892 (6): 476-499.

第二章　麻省理工学院电气工程教育的转型发展（1917年至1945年）

1917年至1945年，从美国参加第一次世界大战至第二次世界大战结束可称作麻省理工学院电气工程教育的转型期。此时期麻省理工学院电气工程教育在服务战争的基础上集中完成了从强调工程实践向偏重科学研究的过渡转型。两次世界大战对世界人类文明造成了严重破坏，但在一定程度上促进了美国经济社会和高等教育的发展，麻省理工学院由于具有服务军事职能定位等特点，使其迎来充分发展的机遇，并进入快速转型阶段。相较于上一时期，此时期的电子工程技术发展更为迅猛，电子工程技术的发展倒推电气工程教育做出相应变革。此时期的麻省理工学院电气工程教育教学实践中创立并初步发展了校企合作课程，研究生教育也受到重视且平稳发展，形成了依托军工实验室的科研范式，为其后续进一步发展奠定了坚实的教学与科研基础，其主要特征是侧重适应军事服务职能前提的科学化转向。

第一节　麻省理工学院电气工程教育转型发展的背景

一、两次世界大战促使麻省理工学院电气工程教育转型

（一）第一次世界大战促进麻省理工学院电气工程教育转型

美国参加第一次世界大战以来，麻省理工学院积极履行其为军事服务的办学宗旨，发挥自身教育资源优势，通过教育培训等方式积极服务政府的军事之需。第一次世界大战及其之后在多方面深深影响着包括麻省理工学院电气工程教育在内的美国高等教育发展，并促进美国高等教育的整体转型。

首先，第一次世界大战引发的战争危机使美国教师面临前所未有的挑战。美国联邦政府担心新移民对国家不够忠诚，尤其担心人们受反战主义思想的影响而对美国参战态度不够积极，要求国民举行庄严的忠诚宣誓仪式，呼吁购买战争债

券,成立爱国主义社团等。战争引发的狂热使美国自由受到威胁,而大学易受公众舆论的影响,因此不可能逃避这种狂热思想带来的影响。美国参加第一次世界大战后加强了对教师"忠诚"问题审视的程度和力度,无时无刻不对大学教师群体的思想观念进行窥探。例如,1917年,弗吉尼亚大学新闻学院院长利昂·惠普尔(Leon Whipple)被指控对国家不忠诚,原因是他在某次演讲中宣称"只有解放德国友好人士的民主精神,美国才能赢得战争胜利""战争并不能解除独裁威胁,也不能保障世界民主安全"等。虽然弗吉尼亚大学校长也钦佩惠普尔院长的热情、才能和作为教师的责任,但认为他的演讲是"不忠于国家的表现",经过董事会讨论,惠普尔院长终究被解聘。[①] 一系列高校教师所谓的"不忠诚"事件,造成大学教师和学术界的恐慌,进而对美国高等教育学术自由造成一定阻力和消极影响。

其次,第一次世界大战促使人们对科学的整体认知发生转变。科学家在第一次世界大战期间的作用有目共睹,这也提升了科学家的社会地位和重要性,人们普遍认识到科学的实用价值,这种影响在第一次世界大战结束后有增无减。与之相应,不同学科间的合作效能获得了大家的普遍认可,第一次世界大战后,跨学科研究一度成为一种热潮和共识。再就是科学通过服务战争取得的实践成果是显而易见的,直接影响到人们对工业与高校科研的双向关系的重视,人们坚信大学既能够助力工业生产,工业也能够助推高校科研进步。在电气工程教育方面,许多电气工程教育者将电子课程纳入教科书籍,具体内容包括在第一次世界大战中发展起来的真空管理论与技术、无线电工程与电子学等,如弗雷德里克·特曼于1937年撰写的《综合无线电工程》,基思·亨尼(Keith Henney)于1933年起使用的《无线电工程手册》一书等。[②]

最后,第一次世界大战对校企合作关系的扭转与助力。保持与大型公共和私人利益的密切关系一直是电气工程史上的重要组成部分。美国参加第一次世界大战后的前两年里,美国政府和军事领导人呼吁电气工程师针对战争中出现的具体军事问题组织开展研究,具体研究过程有时通过电气工程专业协会完成,有时则通过个别电气工程师完成,战争开始为电气工程师创造并确立一种新的合作关系,预示着一个军事研究和发展的新时代。第二次世界大战之后,此模式成为大学和工业合作的主要形式。因此,战争导致政府对科学和技术的参与发生了根本

[①] [美]沃特梅兹格. 美国大学时代的学术自由 [M]. 李子江,罗慧芳,译. 北京:北京大学出版社,2010:252-254.

[②] Ithaca. World War II: A Watershed in Electrical Engineering Education [J]. IEEE Technology and Society Magazine, 1994 (6): 17-23.

性的转化,用历史学家的话说,纯科学探索已经让位,取而代之的是将科学应用于战争武器。这一转变最终将大量电气工程师拉进了战时科技研究领域,经过一代人的努力,战争需要的知识成为电气工程专业基础的主要部分,这种早期的尝试是通过国家协调基础和应用研究与开发项目来促进技术的发展,当然,这种努力还包括后来广泛的校企合作形式。①

美国参加第一次世界大战,使得作为办学之初即具有服务军事属性的高校,麻省理工学院能够在众多美国高校中独树一帜,直至1945年第二次世界大战结束。麻省理工学院借助服务战争的平台,充分发挥自身优势并发展壮大,这其中,麻省理工学院电气工程系在发挥积极作用的同时得以快速发展,可谓搭载服务战争的"快车道",实现了"弯道超车"。关于战争对美国高等教育的整体影响,20世纪初,美国经济学家、社会批评家索尔斯坦·凡勃伦(Thorstein Veblen)认为,"参加第一次世界大战后,美国学术界便由于战争所带来的机运享有了一个新的特殊地位,战争的进展和前景寄予了人们一种新的期望和从未有过的责任,也是一个绝无仅有的机遇,当时的美国似乎将被置于世界整个学术领域的核心地位"。②

(二) 第二次世界大战引领麻省理工学院电气工程教育转型

第二次世界大战中,美国相较于以传统军队力量为国防动员核心的其他众多参战国的一大特征是最大限度地以科学的方式动员科教力量,并且这种科教力量主要依托于研究型大学。美国参与第二次世界大战后,麻省理工学院的一项重大行动是为美国赢得战争提供服务。③ 第一次世界大战之前,美国联邦政府对科学研究的资助主要是以单个小型项目为主;第一次世界大战中,联邦政府对科研的资助有了明显的转变,即建立大型的科研资助机构,用以更好地指导大型科研相关项目,并服务战争需要。伴随第一次世界大战的结束,这种以建立大型科研资助机构的方式在经历短暂的运行后基本停止,直到第二次世界大战期间,联邦政府的科研资助方式有了明显的转型,不仅资助力度提升,还主要集中在对大型项目的资助方面。与此同时,第二次世界大战期间建立了相当数量的大规模军事实

---

① The Institute of Electrical and Electronics Engineers. The Making of a Profession: A Century of Electrical Engineering in America: 1884-1984 [M]. New York: IEEE Press, 1984: 136-137.
② [美] 索尔斯坦·凡勃伦. 学与商的博弈: 论美国高等教育 [M]. 惠圣, 译. 上海: 上海人民出版社, 2008: 80.
③ 曾开富, 王孙禺. 战略性研究型大学的崛起: 1917—1980年的麻省理工学院 [M]. 北京: 科学技术文献出版社, 2015: 13-150.

验室，其相关研究主要用以服务战争，在此过程中，联邦政府建立了新的科研资助模式，麻省理工学院的相关教育教学活动以及科研境况等也随之改变。事实证明，联邦政府的政策转变及麻省理工学院的相应转型得以有力地服务战争，取得了良好的效果。

有学者指出，承接时运是一流学科的机遇，第二次世界大战的爆发给整个美国高等教育发展带来一定时运，促使美国高校的一系列学科建设在第二次世界大战期间以及之后取得如此大的进展。①第二次世界大战几乎以任何可能的方式永久地改变了麻省理工学院，包括"军—产—学复合体"探索的新手段；对科学和技术的热情把研究的地位抬升到了教学之上，把研究生的地位抬升到了本科生之上，把新教师的地位抬升到了老教师之上，甚至把政府的地位抬升到了工业之上等。② 人们常说，第二次世界大战是有史以来技术战争最多的一次，实际上，许多战争带来的新技术后来被运用到和平时期的企业中。为战争而发明的技术已在和平时期得到较为充分的利用，而为生活发明的技术已成为战争的工具，这是双向的。例如，电气工程领域电报的出现，主要用于铁路和商业通信，成为美国内战中北方的一项重要武器；在战后电力需求持续增长之际，第二次世界大战中制造并使用的原子弹技术带来了新的能源技术；计划位置指示器（PPI）、雷达、伺服机构和早期数字计算机已成为战后空中和海上国防安全以及民用工业的重要工具等。同时，在第一次世界大战期间美国大学便开始从事与军事相关的研究，而到第二次世界大战时，美国大学已经全面参与军事研究。当然，第二次世界大战对美国高等教育带来的负面影响也有目共睹：一方面是入学人数急剧下降，约75%的男性去服兵役，许多高校教师服兵役或偏重与战争相关的研究及其服务；另一方面是高等教育机构的资金面临严峻挑战，进而造成一定的教育经费压力，1943 至 1944 学年美国教育资金总投入不足 1939 至 1940 学年的 70%。③

二、新兴技术的崛起倒推麻省理工学院电气工程教育转型

（一）新兴技术迅速崛起

此时期，相较之前以电力为主的电气工程教育而言，除受到战争的影响，还

---

① 洪成文. 世界一流学科发展有哪些国际经验［J］. 中国高等教育，2018（5）：1.
② ［美］戴维·凯泽. 麻省理工学院的成长历程：决策时刻［M］. 王孙禺，等译. 北京：清华大学出版社，2015：96-98.
③ ［美］L. 迪安·韦布. 美国教育史：一场伟大的美国实验［M］. 陈露茜，李朝阳，译. 合肥：安徽教育出版社，2010：306.

受一股强大力量的冲击,即无线电与电子技术的迅速崛起。20 世纪 20 年代起,以无线电通信为基础,作为一种正式为广大公众服务的无线电广播技术首先在美国出现,并在欧美国家迅速普及。① 弗雷德里克·特曼于 1941 年指出,无线电只是一种没有电线的电报和电话,然而,在过去几年里,它的副产品如雨后春笋般涌现,以至于那些最初在电气工程领域工作的前辈们现在几乎无法相信他们对其最初的印象,② 早期的电气工程师们并没有想到无线电技术能够在如此短的时间内发展得如此迅猛。无线电的迅速发展伴随着质的变化,越来越多地被用来为国内市场宣传消费品。正如社会理论家雷蒙德·威廉姆斯(Raymond Williams)所解释的那样,无线电逐渐从服务于"已建立和发展中的军事和商业系统的需要"的主要角色转变为"社会广泛传播的新技术"。1923 年,时任美国商务部部长的赫伯特·胡佛(Herbert Hoover)在第二次全国广播会议上指出,虽然一年前仅有 60 个广播电台,但一年后的今天已经有 588 个,电视数量高达 60 万~100 万台,今天有 15 万~25 万人正在收听广播电台栏目。由于具有如此规模的听众数量,以至于当美国国会于 1927 年成立联邦无线电委员会(FRC)时,广告已经成为无线电融资的主导模式。③

"电子技术"迅猛发展并带动"电气工程"相应变革,电学逐渐从"强电"转向"弱电",使得电气工程技术的内涵和领域进一步拓展。1939 年至 1945 年之间由于电子技术的发展,美国电子工业就业人数从 11 万人上升到 56 万人。④ 大卫·萨尔诺夫(David Sarnoff)于 1941 年指出,先有蒸汽时代,然后是电气时代,后来是无线电时代,现在人类正处在一个新时代的前夜,即电子时代。实际上,电子技术早在 20 世纪初已经浮现,第一次世界大战前后尤为盛行并得以大力推广。电子管是早期电子技术的核心,最初的广播、电视、自动化控制装置甚至计算机,都依赖于电子管,而电子管又分为二极电子管和三极电子管,二极电子管于 1905 年由英国科学家发明,三极电子管于 1912 年由美国电气工程师发明。后来的四极、五极电子管相继发明出来,到了 20 世纪 40 年代,以电子管为首的电子技术应用已经相当普遍。此外,电学理论和电子元器件革命,为电子技

---

① 戴吾三. 技术创新简史 [M]. 北京:清华大学出版社,2016:139.

② The Institute of Electrical and Electronics Engineers. The Making of a Profession: A Century of Electrical Engineering in America: 1884-1984 [M]. New York: IEEE Press, 1984: 133.

③ The Institute of Electrical and Electronics Engineers. The Making of a Profession: A Century of Electrical Engineering in America: 1884-1984 [M]. New York: IEEE Press, 1984: 161-163.

④ Paul Ceruzzi. Electronics Technology and Computer Science, 1940-1975: A Convolution [J]. Annals of the History of Computing, 1988 (10): 257-275.

术进一步发展带来了广阔的空间。

(二) 新兴技术对电气工程教育的影响

第一次世界大战爆发后,电气工程有两大发展趋势:一是向工程科学方向发展,通过无线电和通信取代电力;二是电子产品越来越受欢迎,主要是由于电子领域的技术变革及其相应工业的快速增长。到珍珠港事件发生时,企业公司已经将真空管应用到了实用设备,贝尔实验室已经开始在半导体领域进行研究,几所大学和企业已经进入了微波技术的新领域,到1941年,信号实验室和海军研究实验室将低频雷达系统投入使用。[①] 从1930年到1935年,"真空管""电子管""电子学",这些术语在美国电子学年度指数中被使用。[②] 这些专业术语的使用能说明电子及电子学名称伴随新兴技术的发展而正式出现,并为其相关课程能够加入电气工程课程体系奠定了一定基础。

实际上,最初美国高校电气工程系普遍侧重发电和输电方面的教学与研究,无线电甚至被看作一时新奇之物。[③] 两次世界大战之间,电子技术的发展使得社会逐渐从第一次世界大战前电力行业的主导演变到了电力和通信两个行业主导的时代,随着电子技术在第一次世界大战中的应用及迅速发展成熟,电气工程教育承受着课程调整的压力,这种压力虽然相比第二次世界大战后计算机学科对其冲击要小,但仍然不容小觑,加之战争期间政府的参与甚至干预,足以令电气工程教育领域发生翻天覆地的变革。从相对静态到动态调整课程和教育理念的论证,使得电气工程教育不同于战前的"平稳""安逸"状态。此时期,传统电气工程教育面临"电子学"的全面挑战,最终传统电气工程教育容纳了新兴电子工程的相关知识,扩宽了电气工程教育知识范畴的场域,该阶段可谓"大电气工程教育发展阶段"。相较于第一次世界大战前麻省理工学院电气工程系主要围绕电力或者强电开展相应教学和研究,第一次世界大战至第二次世界大战期间,其教学和研究逐步拓展至无线电、微电子、计算、生物和信息等领域。[④] 可见,无线电等技术与电气工程及电气工程教育密切相关。20世纪20年代开始到第二次世界大战结束,麻省理工学院始终加速发展电气工程

---

① Ithaca. World War Ⅱ: A Watershed in Electrical Engineering Education [J]. IEEE Technology and Society Magazine, 1994 (6): 17-23.

② The Institute of Electrical and Electronics Engineers. The Making of a Profession: A Century of Electrical Engineering in America: 1884-1984 [M]. New York: IEEE Press, 1984: 179.

③ 邬承远,刘宁. 麻省理工学院 [M]. 长沙: 湖南教育出版社, 1996: 67.

④ 石菲,刘帆,王孙禺. 学科组织的历史演进与创新——MIT电机系百年发展与崛起初探 [J]. 高等工程教育研究, 2016 (5): 166-171.

通信技术教育，这也印证了电子技术的崛起倒推麻省理工学院电气工程教育的转型。

第二节 范内瓦·布什等学者的主张与高等教育新思潮的出现

麻省理工学院电气工程教育的转型发展不仅深受电气工程系教授范内瓦·布什（Vannevar Bush）、威廉姆·E·威肯登（William E. Wickenden）和哈罗德·哈森（Harold Hazen）三位学者的影响，还受学系外部高等教育思潮的影响。其中，布什主张科学联动工程、威肯登主张教学联结实际、哈森主张理论联系实践。此时期的高等电气工程教育理念伴随不同教育思潮的发起而发生了明显转变，麻省理工学院电气工程教育不同于初创期的重视工程实践，而是从重视工程实践向侧重科学研究过渡。

一、范内瓦·布什等学者在麻省理工学院电气工程教育方面的主要主张

(一) 范内瓦·布什：主张科学联动工程

范内瓦·布什在波士顿的塔夫茨学院获得学士学位后进入麻省理工学院接受研究生教育。[1] 1915 年，布什向麻省理工学院提交电气工程博士学位的申请，之后师从著名的杰克逊教授，于 1916 年如期毕业并取得麻省理工学院电气工程博士学位。第一次世界大战期间，布什主要为海军从事专门研究，于 1919 年再次回到麻省理工学院，担任电气工程系副教授，同时他还就职于一家公司，此公司后来演变成第一家生产无线电元器件的美国研究与发展公司。[2] 第二次世界大战前，麻省理工学院电气工程系在物理学家卡尔·康普顿（Karl Compton）的领导下接受科学研究，而布什将其从电力网络的电路模拟研究转向计算机器的研究。[3] 1938 年布什再一次离开麻省理工学院成为华盛顿卡内基研究所的所长，之后加入美国国家航空咨询委员会，次年成为该委员会会长。卡内基研究所和航空咨询委员会都倾向于支持大规模项目。借助这样坚实的平台，布什开始把科学家和工程师聚集到一个共同的研究和开发计划之中，为战争设计新型武器。布什坚

---

[1] The Institute of Electrical and Electronics Engineers. The Making of a Profession: A Century of Electrical Engineering in America: 1884-1984 [M]. New York: IEEE Press, 1984: 196.

[2] 郜承远，刘宁. 麻省理工学院 [M]. 长沙：湖南教育出版社，1996: 65-67.

[3] Edward F. Crawley, Johan Malmqvist, Sören Östlund, Doris R. Brodeur, Kristina Edström. Rethinking Engineering Education: The CDIO Approach [M]. Switzerland: Springer International, 2014: 239-240.

信，应由平民科学家和工程师而不是军官指导国家的战时研究。此外，这是一项双重政策，因为除了建造实验设施和雇佣科学家、工程师以外，还需要政府的科研政策，这将给文职科学家带来重大挑战。[1] 麻省理工学院原校长杰罗姆·B·威斯纳（Jerome B. Wiesner）曾提到，在科技发展方面，没有人比范内瓦·布什更有影响力，20世纪可能还没有出现与他有同等影响力的人，他是一位天才工程师和富有想象力的教育家。

除科学家、工程师等身份，布什还是一位名副其实的好教师。麻省理工学院电气工程专业1922届研究生爱德华·鲍尔斯（Edward L. Bowles）曾在研究中需要一只特殊真空管，作为其导师的布什则设法鼓励他与美国研究与发展公司合作，后来的鲍尔斯通过这种合作果真研发出了需要的特殊真空管，并且这件事改变了鲍尔斯的整个职业生涯，使其坚定了自己要成为一名无线电工程师的信念。鲍尔斯最终在电气工程领域取得了非凡的成就，一定程度上促进了电气工程教育的发展，可以说，正是布什正确的教导和引领，使得鲍尔斯能够在电气领域取得如此辉煌的成就。[2] 在布什的课堂理念中，他不单单主张探讨机器的技术细节，其主要教学观点是：学生在对所要解决的问题有一些简单的直观感受之前，不应该学习专业理论或高等数学等知识；相反，学生在充分了解电气工程产品的科学原理后，再进行学习才是有必要和有意义的。不难看出，布什强调直观教学理念。

在麻省理工学院与企业合作方面，布什发挥了一定的作用，提升了麻省理工学院在校企合作过程中的自主权。20世纪30年代，时任麻省理工学院副校长的布什与校长康普顿开始改革麻省理工学院，强调研究和教学中的基础科学地位；在与企业赞助者的关系中恢复了麻省理工学院的自主权，麻省理工学院开始主导自身与企业之间的合作关系，改变了第一次世界大战前麻省理工学院在校企合作关系中被企业控制其研究成果的尴尬局面。

（二）威廉姆·E·威肯登：主张教学联结实际

威廉姆·E·威肯登是麻省理工学院电气工程教育发展史上的重要人物之一，他最初由杰克逊引进至麻省理工学院电气工程系，于1923年至1929年对工程项目进行了调查研究，收录了关于技术研究所的补充报告，推动了专业发展工程委

---

[1] The Institute of Electrical and Electronics Engineers. The Making of a Profession: A Century of Electrical Engineering in America: 1884-1984 [M]. New York: IEEE Press, 1984: 196.

[2] 邰承远，刘宁. 麻省理工学院 [M]. 长沙：湖南教育出版社，1996：65-67.

员会的成立,该委员会负责开发工程项目认证流程,另外,他还建议将专业工程师和实际工程技术人员进行明确分工。① 事实证明,威肯登对麻省理工学院电气工程教育注重教学联结实际的办学理念的形成起到了不可忽视的作用。1923 年,麻省理工学院与通用电气公司的合作项目成为第一门完成结课的校企合作课程,麻省理工学院随之成为当时美国最著名的合作学校。威肯登认为,"教学与工业之间更紧密的联系"超越了合作课程的实践价值本身,不仅在杰克逊的职业生涯中有所体现,而且在威肯登进行的一项重要教育研究中也有所体现。麻省理工学院合作课程的推行不仅促进了 1917 年的通用电气项目,而且还促使威肯登被临时调任西方电气公司工作。1918 年,威肯登向麻省理工学院校长理查德·麦克劳林表示,工程系面临着来自战争方面的巨大压力,并认为必须提升人才培养质量并扩大人才培养规模。② 在西方电气公司的起始之年,威肯登接受了该公司人事经理的职位,1921 年又被调到母公司担任副总裁助理,期间完成了两年的工学专业深造。1929 年,威肯登发表的一项研究中的结论与施泰因梅茨在 1902 年的校长讲话中提出的批评建议较为接近。他认为,一些大学在对学科建设至关重要的领域中没有履行好自己的责任,美国的工程学院被为满足工业的一般技术、监管和商业需求而进行大量生产的情况所累,创建有自主权的学校以传授优越的科学标准的努力通常效果不佳。他还总结出,工程学院和研究所在很大程度上不能完全满足为工程领域培养工程师的需要,其直接结果导致了美国技术研究很大程度上依赖受过欧洲训练的人或受过纯科学训练的人。尽管威肯认为学校存在的这类问题正在得到纠正,但他发现美国工程在较高的智力水平上远远不能充分发挥,③ 这是对当时包括麻省理工学院电气工程教育在内的高校忽视教学联系实际等问题的严厉批评。

有学者指出,麻省理工学院电气工程教育存在的问题并非全是大学自身的责任,因为"中等教育的局限性"让大学生们并没有做好进入高校后能够顺利地进行科学研究的准备。然而,大学也未能及时建立选派优秀学生进行通识科学延伸学习的相关项目,设计教学同样受到分配时间太少和合格教师数量有限的影

---

① Frederick C. Berry. The Future of Electrical and Computer Engineering Education [J]. IEEE Transactions on Education, 2003 (11): 467-476.

② The Institute of Electrical and Electronics Engineers. The Making of a Profession: A Century of Electrical Engineering in America: 1884-1984 [M]. New York: IEEE Press, 1984: 70-79.

③ The Institute of Electrical and Electronics Engineers. The Making of a Profession: A Century of Electrical Engineering in America: 1884-1984 [M]. New York: IEEE Press, 1984: 70-81.

响，而"企业内部的系统培训"提供了一个解决此瓶颈的方案，尤其在电气工程行业，即使是在大规模生产和自动化过程领域，美国被认为在技术上是领先的，当然，这项成就几乎完全是在企业内部取得的。威肯登在对电气工程教育的批评中提出个人观点，他认为这些问题部分源于国家教育机构的支离破碎，普遍缺乏统一目标，不过，学校本身的失误更为严重。尽管有相当数量的教师能力出众，但基于对国外的广泛观察，威肯登得出以下结论：美国众多教师无论是在科学培训、专业经验方面，还是在个人文化方面，都没有做好充分准备，缺乏强烈的探究精神和创造性努力，其原因在于：第一，美国电气工程教育的教授具有较强研究能力者仍然相对较少；第二，工业界已经为自己快速发展的研究机构招募了许多极具科研产出能力的人，无形中给高等电气工程教育带来压力；第三，对教科书编写和附带实践的激励远远大于研究等。[①] 在威肯登看来，这些现象是制约该时期美国高等电气工程教育进一步发展的主要原因，教学非但不能忽略实际，而且应在联系实际基础上进行全面改进。

（三）哈罗德·哈森：主张理论联系实践

此时期对麻省理工学院电气工程教育有同样重要影响力的人物是哈罗德·哈森，他侧重理论应用于实践。哈森于1920年考入麻省理工学院，进入大学后的他立即重塑生活，一改昔日的散漫状态，他发现与教授们相遇是非常幸运的，令他在学术上取得很大进步，并最终成为麻省理工学院电气工程系的教师。他在麻省理工学院电气工程系的教学生涯中，其教授课程从电气工程入门研究生课程到电力系统稳定性研究生课程，同时对这些课程的教学研究做出了重大贡献。[②] 他教授课程的变化印证了其理论教学理念向理论应用于实践理念的转变。

哈森在麻省理工学院学习和工作共18年，其求学及工作生涯均与国防和战争活动密切相关，还包括制订和建设和平时期的教育计划。在此期间，哈森担任麻省理工学院电气工程系主任长达14年，他对教育中存在的问题及其现象有着较浓厚的个人兴趣。他的老师亚当·阿姆斯特朗（Adam Armstrong）曾介绍他到其机械车间学习，在那里哈森获得了初级机床和金属铸造的实践经验，他的父亲也有一个设备齐全的地下室工厂，可供他进行并完成很多实验。哈森作为战时研究人员担任麻省理工学院电气工程系主任，在政府的大力资助下大力改革电气工

[①] The Institute of Electrical and Electronics Engineers. The Making of a Profession：A Century of Electrical Engineering in America：1884-1984 [M]. New York：IEEE Press，1984：76-79.

[②] Wildes. Karl, Nilo A. Lindgren. A Century of Electrical Engineering and Computer Science at MIT, 1882-1982 [M]. Boston：MIT Press，1985：75.

程系,其担任系主任期间职员规模明显增长。1949 年,哈森成立了几个工作委员会,把战后沉重的行政负担有序分解到相应部门。作为研究生委员会会长,哈森认为有必要对研究生课程进行变革,并澄清有关研究生活动的教育政策,为此规划了一个新的研究生委员会,并希望保留自己作为一个非正式成员的身份。并且,哈森发现戈登·布朗(Gordon Brown)在解决该部门棘手的行政问题方面有相当强的能力,于是在 1950 年 11 月任命布朗为系主任,事实证明这一任命结果是正确而又明智的。[①] 哈森丰富而又特殊的学术生涯经历使其深刻认识到理论应用于实践的应然性和实然性,他担任电气工程系主任期间的种种作为也使这一教育理念得以落地生效。

二、高等教育新思潮衍生电气工程教育新理念

(一)高等电气工程教育与高等教育思想紧密联结

工程教育乃至高等教育思想直接影响高等电气工程教育的变革速度和效度,作为高等工程教育的重要分支,高等电气工程教育思想源自一般工程教育或高等教育思想,并在受高等教育思想影响的同时,逐渐形成自身教育理念。20 世纪美国高等教育合法存在的哲学思想大体分为两种:一种哲学主要是以认识论为基础,另一种哲学则是以政治论为基础。[②] 自 20 世纪 20 年代起,基础科学、纯科学的概念逐渐在麻省理工学院被凸显出来,这一时期对科学的强调是从"政治论"角度出发的。历任校长,从罗杰斯到麦克劳林再到康普顿,均从政治论的角度来理解科学并推进基础科学、纯科学的发展,但是,科学在麻省理工学院的真正复兴始于康普顿任校长时期。[③] 两次世界大战之间,整个美国高等教育趋向"政治论"的发展哲学及其模式。从学生规模、教师规模、学术成果数量等三方面统计来看,麻省理工学院在两次世界大战之间迎来了一个稳步发展期,在第二次世界大战后迎来另外一个快速发展期,因此,两次世界大战是麻省理工学院发展史上的两个重要节点。[④] 麻省理工学院电气工程教育作为密切联结社会、服务社会的重要学科之一,其发展规律自然也符合上述两个节点分属。有学者指出,

---

[①] Wildes. Karl, Nilo A. Lindgren. A Century of Electrical Engineering and Computer Science at MIT, 1882-1982 [M]. Boston: MIT Press, 1985: 80-81.
[②] [美] 布鲁贝克,著. 高等教育哲学 [M]. 郑继伟,等译. 杭州:浙江教育出版社,2001:13-18.
[③] 曾开富,王孙禺. 战略性研究型大学的崛起:1917-1980 年的麻省理工学院 [M]. 北京:科学技术文献出版社,2015:52-53.
[④] 曾开富,王孙禺. 战略性研究型大学的崛起:1917-1980 年的麻省理工学院 [M]. 北京:科学技术文献出版社,2015:5.

在 20 世纪科学技术的历史进程中，工程师对这些努力的贡献几乎被忽视了，电气工程师在第一次和第二次世界大战期间所扮演的角色使得人们能够更好地理解电气工程的历史及其重要性。①

此时期实用主义思想等对麻省理工学院电气工程教育的影响不容忽视。第一次世界大战后，杜威于1916年撰写《民主主义与教育》一书，使实用主义理论上升为系统的教育哲学，之后历经发展，还产生了进步教育派。② 实用主义思潮在此时期一度兴起，关于学术实用主义，体现在选修制度等方面。1865 年至1903 年，选修课开始普及，虽然很少有大学能像艾略特领导下的哈佛那样彻底地实行选修制度，但是进入 20 世纪之后，学术实用主义者中弥漫着自我庆祝的氛围，他们相信已经赢得了根本性胜利。艾略特曾指出，美国高等教育大多数学院都被为民主社会服务的愿望深深地打动了……所有学院都鼓吹自己学校能够培养更合格的人才，并把培养具有爱国情怀的人作为自己的培养目标和责任，民主概念贯穿其中，但事实上，对于压倒性实用主义胜利的描绘只是将复杂得多的情况过度简单化了。③ 工程教育促进委员会于 1930 年公布的《工程教育报告：1923—1929》也指出，工程教育必须充分认识丰硕的科学研究成果、突飞猛进的工业发展以及现代生活对工程依赖的日益增长所创造的环境条件。④ 高校课程深受一定时期经济社会发展的影响，对高等电气工程课程而言，同样受到此时期社会变革的影响。从蒸汽时代到电气时代，社会科技焦点发生了明显改变，这要求包括高等电气工程课程在内的大学课程发生相应的转变。并且，相比 19 世纪课程决定高等教育市场而言，20 世纪则是市场决定高等教育课程。⑤

(二) 高等教育思潮加速麻省理工学院电气工程教育转型

此时期的重要工程教育报告之一——《曼恩报告》，是一项基于实践调研的报告，该报告总结了过去五十年美国工程教育实践中存在的问题和经验，同时提出未来美国工程教育的应然走向，在美国工程教育发展历程中起到了承上启下的作用。报告中以电气工程教育教学中的发电机为例阐释了"案例"教学法在工

---

① The Institute of Electrical and Electronics Engineers. The Making of a Profession: A Century of Electrical Engineering in America: 1884–1984 [M]. New York: IEEE Press, 1984: 14.
② 滕大春. 今日美国教育 [M]. 北京: 人民教育出版社, 1980: 40.
③ [美] 劳伦斯·维赛. 美国现代大学的崛起 [M]. 栾鸾, 译. 北京: 北京大学出版社, 2015: 123-125.
④ The Wickenden Study [R]. https://aseecmsduq.blob.core.windows.net/aseecmsdev/asee/media/content/member%20resources/pdfs/wickenden-theinvestigationofengred_1.pdf.
⑤ Frederick Rudolf. Curriculum: A History of American Undergraduate Course of Study Since 1636 [M]. New York: Jossey-Bass Publishes, 1978: 247.

程教育中的应用,该教学法旨在引导学生通过分析案例从实际应用到掌握理论,区别于当时普遍流行的从理论到应用的传统教学方法。① 总之,该报告鼓励工程项目关注学生的智力发展,而不仅仅是知识和方法的教学。与此同时,第一次世界大战爆发至第二次世界大战结束的这段时间可认为高等教育被战争浸染,包括美国高等电气工程教育在内的工程教育在其中也受到较大影响并扮演了重要的角色。这使得该时期的高等电气工程教育有一个鲜明的时代特点,即服务战争。当时,在美国电气工程师协会(AIEE)和工程教育协会(后称为 ASEE)的联合会议上,工业家们提交了一系列论文,这些论文对应该讲授哪些工程原理等提出了相应建议。事实上,从 1900 年到 1935 年,受到工业界要求讲授适合电气工程实践的工业技能、事实和方法的教育压力,电气工程教育失去了许多传统的文化特性,工程教育的重点转化为设计规范和结构化方法,而无线电和雷达等重大进步几乎被这一时期的电气工程教育工作者所忽视。值得指出的是,威肯登于 1923 年至 1929 年也对工程项目进行了相关调研,并成立了专业发展工程委员会(ECPD),该委员会负责开发工程项目的认证流程。②

进入 20 世纪 20 年代以后,基础科学或纯科学的教学理念在麻省理工学院的校长报告中被持续强调,此时期对科学的强调可看作从布鲁贝克提出的政治论角度出发的。康普顿校长指出,工程教育在教学环节应该更加侧重基础科学与基本原理,以科学原理为主的、宽广的、深入的训练将比围绕"细枝末节"的教学更为有效,现代工程技术发展得越来越复杂,要想严格按照工程专业传统的职业思想和职业实践来对应人才培养已经不可能了,科学发现及其应用的增长速度不断加快,因此解决工程问题的方式越来越新颖多样。③ 强调科学与工程的结合成为康普顿校长以及第一次世界大战至第二次世界大战期间麻省理工学院最核心的工程教育理念。值得指出的是,电力系统稳定性问题在 20 世纪二三十年代一直是人们关注的焦点,并在这一时期基本上得到了解决,最重要的是,电气工程教育实践与科学研究之间的紧密联系在这一时期得以不可逆转地形成,特别是在研究生教育阶段。在杰克逊的职业生涯结束时,电气工程专业已经改变了它的原来

---

① Charles Riborg Mann. A Study of Engineering Education:Prepared for the Joint Committee on Engineering Education of the National Engineering Societies [M]. Boston:D. B. Updike·The Merrymount Press,1918.

② Frederick C. Berry. The Future of Electrical and Computer Engineering Education [J]. IEEE Transactions on Education,2003(11):467-476.

③ 曾开富,王孙禺. 战略性研究型大学的崛起:1917—1980 年的麻省理工学院 [M]. 北京:科学技术文献出版社,2015:50-55.

面貌，电力工程占其主导地位的时代一去不复返，年轻的学生开始转向探索电子和通信的奥秘。①

第三节 麻省理工学院电气工程教育转型期的教学实践

麻省理工学院电气工程教育转型期的教学实践不仅体现在教师数量增加且学术水平提升，以及学生在教师指导下科研素养明显提升等方面，还体现在适切转变的普通本科生课程、开设校企合作课程和逐渐受到重视的研究生教育等方面。

一、师资力量持续增强

（一）教师学术实力整体提升

1917年对麻省理工学院而言堪称特殊之年，作为麻省理工学院搬入新校区的起始之年，学校各方面焕然一新，摆脱被哈佛大学合并风波的同时，开启发展新篇章。较之老校区，麻省理工学院新校区的办学空间充足，从根本上保持麻省理工学院的独立，而且，新校区毗邻哈佛大学，两所大学在教学上开展深入合作，甚至实现了一定范围内的课程互选和学分互认。1963年的麻省理工学院校长报告总结回顾了校址搬迁的历史性意义，尤其强调对学院未来的转折性影响："校址搬迁标志着麻省理工学院一个时代的结束和另一个时代的开启。新校区的意义不仅在于办学空间的增加，更重要的意义是为学校学术品质的转变奠定了基础，直接影响此后三十年发展，经过三十年时间的演进，麻省理工学院从一个地方性机构发展成为一个具有重要影响的全国性机构。"②

此时期，麻省理工学院高等电气工程系除了加大实验室建设以外，另一重要的举措是加大教师队伍建设。麻省理工学院电气工程系所拥有的教授、副教授、助理研究员、讲师等教职员数量整体呈上升趋势，直观地表明了师资队伍的日益壮大。1917至1918学年，麻省理工学院电气工程系师资队伍中共有25名教师，包括正教授4名、副教授和讲师各5名、科研助理8名、教学助理3名。随后教师数量不断增长，截至1944至1945学年，麻省理工学院电气工程系师资队伍中共有74名教师，包括正教授11名、副教授30名、讲师5名、科研助理15名、

---

① Wildes. Karl, Nilo A. Lindgren. A Century of Electrical Engineering and Computer Science at MIT, 1882-1982 [M]. Boston: MIT Press, 1985: 80-81.
② 曾开富，王孙禺. 战略性研究型大学的崛起：1917—1980年的麻省理工学院 [M]. 北京：科学技术文献出版社，2015: 7.

教学助理 13 名。同时，通过人员职称级别构成情况可见，师资队伍规模的增长主要集中在正教授和副教授，说明此时期麻省理工学院电气工程系师资力量相较于初创期进一步增强。

此时期来到麻省理工学院学习电气工程专业并在后续担任教师的人员中，恩斯特·阿道夫·吉勒明（Ernst Adolph Guillemin）是其中一位通过其教学历程对该领域做出巨大贡献的人。与科研带头人布什、工程师鲍尔斯不同，吉勒明用支持和启发实践的概念和理论来发挥自身创造力，并将自己对网络理论的见解转化为学生可以理解的形式，从而影响了一代聪明年轻工程师的方向和思维。在其他人的共同努力下，吉勒明开始了在现代网络综合发展方面的漫长职业生涯。在此领域中，他指导了许多研究生，其中很多已经成为世界各地的工程领导者，他还将先进的概念引入网络分析中，并通过讲座普及了二年级的相关导论课程。通过吉勒明等人，可以窥见此时期麻省理工学院电气工程系师资的教学与学术水平之高。

（二）教师指导学生提升研究能力

麻省理工学院第 11 任校长朱利斯·斯特拉顿（Julius A. Stratton）曾指出，我们决不应该忘记，大学的核心群体是学生；大学之所以存在，其根本原因便是生产这样的"产品"。在斯特拉顿校长的领导下，整个麻省理工学院的课程设置和教学方法的改进都得到了全校师生的热情关注和支持，通过课程内容的改革，可以使得学生在大学的头两年便有了更大的灵活性和选择性。[①] 相对其他学科而言，麻省理工学院电气工程系的学生数量保持了良好的发展势头，从 1921 年起，该系每年入学的新生人数一直为麻省理工学院各系之首。[②]

难能可贵的是，麻省理工学院电气工程系的学生在教师指导下取得了一系列非比寻常的科研成果。麻省理工学院电气工程系的通信课程起源于该系研究生爱德华·鲍尔斯为了完成其研究生学位论文研究而建造自己的真空管的需要。鲍尔斯于 1920 年在圣路易斯的华盛顿大学获得学士学位后，来到麻省理工学院攻读硕士学位，起初在肯纳利的"智能电气通信"课程中担任实验室助理，鲍尔斯在布什指导下准备硕士论文时，有机会获得了阿姆拉德的设施，使其可以制造他需要但无法购买的真空管，据他个人回忆，这段经历的收获不亚于当时在麻省理工学院学习任何课程所取得的收获。1921 年年底完成学位论文后，鲍尔斯开始

---

① 邬承远，刘宁. 麻省理工学院 [M]. 长沙：湖南教育出版社，1996：118.
② 彭小云. 麻省理工学院 [M]. 北京：军事谊文出版社，2006：38.

深入研究无线电,甚至为波士顿一家报纸写过一篇广播专栏。

麻省理工学院电气工程系的师生能够实现一定的研究领域的传承。哈罗德·埃德格顿(Harold Edgerton)的职业生涯可作为麻省理工学院学生参与研究的典型案例,他和学生共同开拓了电气工程的新视野。在埃德格顿的案例中,最初是他个人对电机技术问题开展研究,然后他和他的学生一起继续这项研究。即使是围绕着使用频闪灯光建立起来的大型娱乐业,也可以追溯到他们早期研究和开发频闪现象和强光源的研究成果。作为一名富有创造力的教育者,埃德格顿对许多年轻工程师和科学家的职业生涯起到了重要的影响作用。1929 年至 1930 年,埃德格顿向其学生肯尼思·比尔兹利(Kenneth D. Beardsley)建议,开发一种用于发电机实验室的频闪仪,事实证明,他的建议是正确的。比尔兹利在其学位论文中回顾了各种仪器的使用,特别提到了由通用电气公司开发的霓虹频闪仪,并指出这是一个庞大而复杂的装置,它的粉红色闪光被用来观察快速移动的物体,就好像它们静止或缓慢移动一样。粉红色的霓虹灯能显示出可见的图像,但不是摄影的正确颜色,他使用库珀·休伊特水银灯作为光源,其蓝色和紫外线照明使他能够拍出一些相当好的照片。[①]

克劳德·香农(Claude Shannon)同样毕业于麻省理工学院电气工程系且有着雄厚的科研实力。作为 20 世纪工程领域有影响力的关键人物之一,他于 20 世纪 30 年代进入麻省理工学院,师从范内瓦·布什从事研究生阶段相关的学习和科学研究,最终获得了该校电气工程系工程硕士和博士学位。香农等人的求学经历及其后来的一系列重大科研成就也能印证麻省理工学院电气工程系的教育教学水平之高。

二、普通本科生课程适应性转变

(一)无线电通信课程取代传统通信课程

整体而言,此时期美国高等电气工程课程总课时并无明显变化,但科学和数学课时占比逐渐增加,其他课程,诸如绘图和企业实习的占比则有所下降,并增加了技术选修课的比例。这些数字比例并没有因为第一次世界大战而出现急剧变化,而是朝着更加"科学化"和更加专业化的课程方向变化,因为学生们经常把原有电气工程课程作为他们的技术选修课。但是,1929 年的一份报告将"无

---

① Wildes. Karl, Nilo A. Lindgren. A Century of Electrical Engineering and Computer Science at MIT, 1882-1982 [M]. Boston: MIT Press, 1985: 145.

线电工程"列为"电灯与电力"中的一门课程，后来的一项研究表明，在第一次世界大战之后，当无线电开始商业化时，大约有十几所大学开设了无线电通信课程。[①] 相比于第一次世界大战前，此时期电气工程课程的主要变化是电子学、半导体和电磁波的新知识挤占了越来越多原有课程的课时，在课程空间有限的情况下，通过减少直流电机、交流电机等与电力应用相关课程的学分，为这些新课程提供相应学分。此时，完成大学学业的电气工程师不会减少绘图、车间实践、运动学的学分，而相应地增加数学、物理和人文学科的学分。[②] 值得指出的是，20世纪30年代初，由于无线电和电子技术的最新发展，杰克逊开启了一次大规模的课程修订活动，组织编写一系列新的教科书。当然，由于第二次世界大战的影响，该计划并未获得成功，但无论是在教学内容上，还是在教学实践层面，均起到了一定的积极推动作用。

第一次世界大战后，真空管成了不容忽视的电气元件，无线电通信得到了扩展，可以产生大量功率的冷凝管被开发出来。此外，电话行业开发了创造真空管的新的可能性，不仅稳步提高了其活动的技术水平，而且在电气工程师的雇主那里变得越来越重要。因此，20世纪20年代通信课程以必修或选修课的形式开始出现在电气工程课程体系中，以满足日益增长的无线电工程师需求，并被越来越多的学生所选择。[③] 例如，麻省理工学院于1922年开设通信课程，鲍尔斯于1925年开始教授这门课程，并将其发展成为当时电气工程专业中资金最为雄厚、最受学生欢迎的课程之一，20世纪30年代，一些学校开始将这些课程称为"电子课程"，而不是"通信"课程。[④]

（二）逐渐完善课程体系

在麻省理工学院电气工程系具体开设的课程中，普通本科生教育的社会实践指向较为明确，并且逐渐形成了相对稳定的课程体系。第一学年主要开设数学、物理、化学等基础课程；专业课程方面，第二学年开设电磁学理论课以及蒸汽工程、水利工程、结构与机械设计、政治经济学等课程；本科生三年级和四年级的

---

① Ithaca. World War Ⅱ: A Watershed in Electrical Engineering Education [J]. IEEE Technology and Society Magazine, 1994 (6): 17-23.

② R. G. Kloeffler. 100 Curricula in Electrical Engineering [J]. The Journal of Engineering Education, 1954 (5): 398-400.

③ Frederick E. Terman. A Brief History of Electrical Engineering Education [J]. Proceedings of the IEEE, 1998 (8): 1792-1800.

④ Ithaca. World War Ⅱ: A Watershed in Electrical Engineering Education [J]. IEEE Technology and Society Magazine, 1994 (6): 17-23.

电气工程讲座则涉及电力在铁路工程、发电站设计、电力传输、照明和电话等方面的应用,专业性质明显。此外,理论课与实验课并重,麻省理工学院电气工程实验方面的课程从化学和物理相关实验入手,并逐渐涉及多个科学分支,其实验设备主要集中在电气测试实验室和电机专用实验室,并由该系教师负责,广泛配备了适合本科生和研究生教育需要的实验教学仪器。实验教学的目的是培养学生的观察能力,强调对学生实践素养较为全面的关注和培养,而不仅仅是学会简单的实验方法和操作流程,还重点锻炼学生对实验经济性和有效性的把控能力。此时的麻省理工学院电气工程教育强调科研工作的重要性,不仅提供研究实验室,还每月举行对所有学生开放的会议,报告和讨论正在进行的相关研究前沿工作进展等。[1]

(三) 注重优化调整课程设置

1919 年,第一次世界大战虽然结束,但受其影响,麻省理工学院还是在当年的第二学年增加了军事科学课;1922 年,在第四学年增加了专门的电信(Electrical Communication)课程组,后来发展成为电气通信专业,1923 年,将电信课程提到第三学年开设,这一系列课程中加设并重视电气通信原理和矢量分析课。1925 年,课程的重要变化体现在增加了专业选修课,在专业选修课中包括了中心电站设计、电气建筑设备、水力学工程、电气机构设计、电力铁路、照明、工业电力应用、无线电与有线电传播和蓄电池等。1931 年增加应用运动学,1935 年增加了照明工程专业和相应课程组。特别强调的是,课程名称即使一样,在不同阶段的课程内容或者知识深度也不一定雷同。例如,在普通课程和选修课程中均有实验课,但常规课程强调实验基础,而选修课程强调个人选择。通常情况下,同名课程中的知识难度或研究领域也会伴随年级提高而相应提升或扩大等。

1942 年,本科生课程变化较大,课程不再是单一对应电气工程专业,而是在原来电气工程专业的基础上,重新细化出四个专业方向。新的本科生课程中,从三年级开始有了四个新的专业方向,分别是:电力(Electric Power)、照明工程(Illumination Engineering)、电气通信(Electrical Communications)和电子应用(Electronic Applications)。其中,电力提供专业学习,强调电机、发电、输电和配电,这是与重型设备制造商、公共电力公司和重型电气设备用户合作的合理准

---

[1] Massachusetts Institute of Technology. Massachusetts Institute of Technology Bulletin Catalogue Issue for 1917-1918 [Z]. Boston:MIT Press, 1917:102-105.

备；照明工程特别关注视觉、颜色、光学仪器以及照明的生产和良好使用的科学基础，照明设备的制造商和用户发现，这一迅速发展的领域需要受过此类教育培训的专业人员；电气通信强调通过电线、无线电和录音及其分支传输情报的科学工作，电磁理论、电路理论、电子学和声学是其基础专业课程。通信设备的制造商和用户都是其潜在的雇主；电子应用是一种新的选择，在众多类型的工业和工程中，测量、控制和实施电气方法的使用迅速增加，是一个在未来非常重要的领域，它特别关注机电和电热系统、测量原理和电子应用。[①] 同时，选修课在麻省理工学院电气工程本科生课程中的作用开始凸显，并且逐渐提供较为多样的可选课程，此时期专业选修课计划集中于第四学年，具体课程如下表所示：常规课程变更情况可由1917至1918学年课程表（见表2-1）、1930至1931学年课程表（见表2-2）、1944至1945学年课程表（见表2-3）加以呈现；选修课程变更情况可由1930至1931学年课程表（见表2-4）、1944至1945学年课程表（见表2-5）加以呈现。

三、校企合作课程的创设与发展

（一）校企合作课程的创设

第一次世界大战后，校长麦克劳林对产业服务越发重视，并于1919年组织了"技术计划"，即企业每年向麻省理工学院支付一定费用，从而获取图书馆和校友录等资源，同时也可以得到教师在技术方面的咨询服务等，参与者包括美国电话电报公司，主要电气制造商，大型钢铁、橡胶企业，在企业看来，该计划能让它们利用麻省理工学院的专业技术，解决在产品开发或制造过程中出现的困难。此背景下，杰克逊于1917年启动VI-A项目，他希望学生在其中获得具有教育价值的工作经验，VI-A项目不是"暑期工作"计划或"工作学习"，而是一个真正的教育教学项目。

"VI-A"课程组，即麻省理工学院电气工程系与通用电气公司合作开设的一系列课程。该课程组旨在为电气制造业的职业技能提供专门培训，该课程的学生学习年限为五年，前两年和普通电气工程专业学生一样，后三年则分别在学校学习理论课和在公司开展实践培训，并且时间各占一半。整体而言，前四年教学的方法和内容基本与传统的电气工程专业并无二致，第五年的学习特点则比较明显，

---

① Massachusetts Institute of Technology. Massachusetts Institute of Technology Bulletin of Catalogue Issue for 1942-1943 [Z]. Boston：MIT Press，1942：54-55.

表 2-1 1917 至 1918 学年麻省理工学院电气工程系普通本科生课程表

第一学年		第二学年		第三学年		第四学年	
第一学期	第二学期	第一学期	第二学期	第一学期	第二学期	第一学期	第二学期
数学	数学	物理	电气工程原理	电气工程II	电气工程III	电气工程IV	电气工程V
平面三角学	无机化学,实验、讲座和朗诵	物理实验	物理	电气工程实验	电气工程实验	电气工程实验	电气工程实验IV
无机化学,实验、讲座和朗诵,化学实验	机械制图与几何画法	机械	物理实验	热学工程:热力学	热学工程	水力理论	英语
机械制图与几何画法	手绘	机械制图	测量精度	应用力学	数学	工程实验	可选实验
手绘	德语	金工实习	机械制图	政治经济学	商务法	企业经济	论文
德语	英语	历史II	应用力学	基础研究	基础研究	可选实验	
修辞与英语写作	历史	数学			选修:动力学,固定结构		
军事		铸造					
体育训练		英语					

(资料来源:Massachusetts Institute of Technology. The Massachusetts Institute of Technology Bulletin 1917–1918:General Catalogue Issue [Z]. Boston:MIT Press, 1917.)

第二章　麻省理工学院电气工程教育的转型发展（1917 年至 1945 年）　　89

表 2-2　1930 至 1931 学年麻省理工学院电气工程系普通本科生课程表

第一学年		第二学年		第三学年		第四学年	
第一学期	第二学期	第一学期	第二学期	第一学期	第二学期	第一学期	第二学期
微积分	微积分	微积分	应用力学	应用力学	应用力学	电气工程实验	科学传记
一般化学	一般化学	英语与历史	微分方程	差分方程	电气工程实验	电气工程实验	电气工程原理
几何图形与示例	几何图形与示例	铸造	电气工程原理	电气工程实验	电气工程原理	工程实验	专业选修课
英语	英语	机械工具实验	英语与历史	电气工程原理	工程热力学	水力学	练习与准备模块
军事科学	军事科学	机修，发动机，绘画	机械工具实验	工程热力学	政治经济学	一般研究	论文
体育训练	体育训练	机械装置	军事科学	政治经济学	一般研究	专业选修课	
物理	物理	军事科学	物理	练习与准备模块	练习与准备模块	练习与准备模块	
练习与准备模块	练习与准备模块	物理	练习与准备模块				
		练习与准备模块					

（资料来源：Massachusetts Institute of Technology. The Massachusetts Institute of Technology Bulletin 1930–1931：General Catalogue Issue [Z]. Boston：MIT Press, 1930.）

表 2-3 1944 至 1945 学年麻省理工学院电气工程系普通本科生课程表

第一学年		第二学年		第三学年				第四学年			
				电力		电气通信		电力		电气通信	
第一学期	第二学期	第一学期	第二学期	第一学期	第二学期	第一学期	第二学期	第一学期	第二学期	第一学期	第二学期
普通化学	普通化学	应用力学	应用力学	应用力学	应用力学	应用力学	电气工程原理	水力学	电气工程原理	电气工程原理	电气通信原理
物理	物理	机械工具实验（机床实验）	电气工程原理	热学工程	热学工程	电气工程原理	电气通信原理	工程实验	电气工程实验	电气通信原理	电气通信原理
工程制图	几何画法	物理	物理	电气工程原理	电气工程原理	电气工程实验	电气工程实验	电气工程原理	传记研讨	电气工程实验	电气实验
英语作文	英语作文	美国史	美国史	经济原理	电气工程实验1	电气工程实验	电气工程实验	电气工程实验	普通研究	电气工程实验	传记研讨
微积分	微积分	微积分	微分方程		电气工程实验2	中级物理	中级物理	普通研究	专业选修课	振动和声音	普通研究
军事科学	军事科学	军事科学	军事科学		企业经济	经济学原理	工业经济	专业选修课	论文	普通研究	专业选修课
	一般研究					微分方程				专业选修课	论文

（资料来源：Massachusetts Institute of Technology. The Massachusetts Institute of Technology Bulletin 1944–1945: General Catalogue Issue [Z]. Boston: MIT Press, 1944.）

表 2-4 1930 至 1931 学年麻省理工学院电气工程系选修课程表

第四学年	
第一学期	第二学期
中央电站	中央电站
照明工程	高级电气工程实验
电力铁路	电机设计
电机设计	建筑电气设备
电线通信原理	电力铁路
高级电气工程实验	输电设备
—	工业用电
—	无线电通信原理
—	固体电介质
—	蓄电池

(资料来源:Massachusetts Institute of Technology. The Massachusetts Institute of Technology Bulletin 1930–1931: General Catalogue Issue [Z]. Boston: MIT Press, 1930.)

表 2-5 1944 至 1945 麻省理工学院电气工程系学年选修课程表

社会、政治、经济和商业		科学		外语		文学、英语、历史和美术	
第一学期	第二学期	第一学期	第二学期	第一学期	第二学期	第一学期	第二学期
生产方法	国际法与美国外交政策	科学史	科学史	法语 1	法语 1	英语（当代英国文学）	英国（当代戏剧）（1928—1929 未提供）
投资融资	心理学	声音和音乐	描述天文学	法语 2	法语 2	英语（美国文学）（1928—1929 未提供）	英语（当代文学）
银行和金融	劳工问题	生物学和遗传原理	气象学	德语	德语	公开演讲	英语（非正式公开演讲）
基督教与社会秩序	营销方法	细菌学的技术方面	卫生科学与公共卫生			辩论（1928—1929 未提供）	现代生活中的美术
哲学的社会问题	公司经济学	空气、水和食物	生殖生理学和胚胎学			音乐欣赏	法国大革命和拿破仑
美国的军事历史和政策	商业和专利法	工程化学	空气、水和食物			林肯与内战时期或欧洲文明与艺术或手绘	合唱或欧洲文明与艺术或手绘
		地质学	工程化学				
			有机进化				
			哲学史				

（资料来源：Massachusetts Institute of Technology. The Massachusetts Institute of Technology Bulletin 1944—1945: General Catalogue Issue [Z]. Boston: MIT Press, 1944.）

重点是管理问题，工程项目的设计、开发、创造性研究，教育实习实践的目的主要是学以致用，并与该系的实际教学密切相关，进而更加扎实地掌握所学理论知识。合作培训集中于学制中的后三年，即第三、第四和第五学年，共分为十个阶段，每个阶段历时四个月。前八个阶段学生交替在学校或者工厂中学习，每个阶段的课程又被分为第一部分和第二部分，对应相应的学习地点和课时，例如，第三学年的第三阶段即合作课程的第一部分课程教学在通用电气公司完成，第二部分课程教学则在麻省理工学院完成。第九个阶段为期九周，灵活于学校或者工厂学习，查漏补缺，或是补充理论课程，或是巩固实习经验，第十个阶段则是在实验室完成相关的研究任务。

值得一提的是，完成合作课程并达到各项考试要求的学生，可获得理学硕士学位，并在毕业的前一年，也就是第四学年结束，学生可获得学士学位。1917年规定，此类学生每学年原则上不超过40人，学生选拔由学校和电气工程系共同决定。倘若其他非电气工程专业的学生完成了前两年的课程，有意读取该课程的学生也可以在修习完成自身前两年的课程后向电气工程系提出申请，经过选拔，优秀者可以获得接下来校企合作培训的学习机会。所有学生需要遵守合作公司的相关规定，同时，合作公司会给予相应的报酬，这笔报酬数额较为可观，超过三年中的学费额度。学习此课程的学生毕业后，也未必一定就职于合作公司，而是可以自由选择职业去向。

校企合作课程的出现是麻省理工学院强化校企合作的表征之一。最初麻省理工学院电气工程系与通用电气公司制定了合作课程，1923年增设了与波士顿爱迪生电气照明公司、波士顿高架铁路公司的合作课程，1925年增设了与斯通—韦伯斯特公司的合作课程，1926年又增设了与贝尔电话公司的合作课程，这就使得更多不同就业意向的学生能有针对性地选择适合自己从业方向的课程。同年，麻省理工学院电气工程系共提供五套校企合作课程方案，分别是与通用电气公司合作的制造工程课；与波士顿爱迪生电气照明公司合作的光与电、与波士顿高架铁路公司合作的运输课、与斯通—韦伯斯特公司合作的电力系统构成的公用事业课；与纽约贝尔电话公司合作的通信课。虽然与斯通—韦伯斯特公司合作的电力系统课到20世纪30年代中后期被取消，但与其他公司的合作课程一直正常开展。1940年，又增加了与通用广播公司开展有关通信方面的合作课程，即电子设备制造，之后一段时间内均保持与上述五家公司合作。

（二）推动校企合作课程发展

电气工程合作课程多年来与威廉·H·蒂比（William H. Timbie）联系在一

起。从 1919 年到 1947 年，在蒂比的长期领导下，课程 VI-A 主要作为麻省理工学院电气工程系里的一个自治部门运行，他的继任者尤金·博恩（Eugene W. Boehne）教授曾短暂地试图保持同样的模式。然而，随着该系在第二次世界大战后的迅猛发展，在弗朗西斯·莱因特杰斯（J. Francis Reintjes）教授的领导下，VI-A 课程与普通电气工程课程的结合更加紧密。这一方面是为了遵守工程教育的卓越标准，另一方面是为了响应戈登·布朗教授在战后为工程教育确定的新方向。

电气工程专业的合作课程对该系的发展具有多方面的意义。虽然麻省理工学院不是第一个在教育领域尝试这项实验的学校，但它成为这项实验的杰出支持者，从中可以看出替代教育的一个组成部分，即该课程与研究生教育中合作研究项目一样，代表着学校与工业和商业发展问题的联系之密切，并以最直接的方式将理论与实践联系起来。通用电气合作课程的成功还促使形成了一个名为"林恩工程"的特别项目，该项目始于 1925 年。在通用电气公司和麻省理工学院林恩工程之间友好关系的鼓舞下，林恩工程培训委员会提出了另一个研究生合作计划，旨在提升公司新员工的教育水平，该委员会认为，通用电气—麻省理工学院的研究生课程将是招聘有能力的拥有学士学位的年轻人的一项有力手段。

除却与企业合作开展教育，麻省理工学院电气工程系与哈佛大学的合作从未间断。例如，1917 年，麻省理工学院与哈佛大学达成合作协议，此次协议规定电气工程、土木工程、机械工程、采矿与冶金工程等专业的学生享有相同的学习机会和权利，他们拥有获得另一学校学位的机会。① 多元合作共同开展，形成了较为全面的合作教育局面。

四、重视研究生教育

时任麻省理工学院校长的阿瑟·阿莫斯·诺耶斯（Arthur Amos Noyes）曾指出，在杰克逊主任的带领下，一改昔日电气工程教育缓慢发展的窘境，在助推电气工程系成长的同时将电气工程学科发展为热门专业，并在杰克逊的激励下，教授们把工程专业的研究生学习和研究作为电气工程学习中公认的优先项目，研究生和本科生真正地参与工程项目也是电气工程在其研究中取得卓越成果的一个关键因素。②

---

① Massachusetts Institute of Technology. Massachusetts Institute of Technology Bulletin Catalogue Issue for 1917-1918 [Z]. Boston：MIT Press, 1917：58-59.

② Wildes. Karl, Nilo A. Lindgren. A Century of Electrical Engineering and Computer Science at MIT, 1882-1982 [M]. Boston：MIT Press, 1985：80-81.

鉴于研究生教育的灵活性和研究生的学习特征，此时期麻省理工学院电气工程研究生课程为选修课，并且均为实验课，1917 至 1918 学年研究生选修课程如表 2-6 所示。

表 2-6　1917 至 1918 学年麻省理工学院电气工程研究生选修课程表

第一学期	第二学期
交流电	结构
交流电机械	铁路工程
电气工程实验	公共服务和其他公司评估
电站与配电系统	机械设计
电力铁路	工厂工程
电气测试	静电学与电动力学
电气工程研讨会（习明纳）	电化学、讲座与实验
水电设计	应用电化学、讲座与实验
公共服务公司的组织与管理	欧洲文明与艺术
高等数学	—

（资料来源：Massachusetts Institute of Technology. The Massachusetts Institute of Technology Bulletin 1917-1918: General Catalogue Issue [Z]. Boston: MIT Press, 1917.）

麻省理工学院电气工程系对研究生培养体系做出明确规定：第一，研究生应定期参加研究委员会的会议，每位研究生每年至少要在这样的会议上汇报一次自己的研究进度；第二，学生必须修读第 I 课程或者第 VI 课程中的第三年课程；第三，没有修读铁路工程课程的学生应安排一门由铁路工程教授指定的暑期准备课程；第四，铁路工程专业的教授将向未修过与第 II 课程中机械工程制图、蒸汽工程、应用力学和机器动力学课程相关课程的申请人提供这些课程入学前需学习的参考资料；第五，没有学习理论化学的学生应修习一门暑期相关阅读课程。①

麻省理工学院电气工程硕士学位课程计划也在 1922 年发生了明显的变化，即"实习"成为完成麻省理工学院合作项目和研究生教学中的重要组成部分。这是一个富有想象力的教学计划，是麻省理工学院和通用电气公司林恩工厂（Lynn Works）的几位领导人，经过广泛讨论而设计出来的。参与合作项目的学

---

① Massachusetts Institute of Technology. Massachusetts Institute of Technology Bulletin Catalogue Issue for 1917-1918 [Z]. Boston: MIT Press, 1917: 154.

生是经过挑选出来的,他们在本科生二年级结束时参加一个为期三年的项目,该项目包括在麻省理工学院电气工程系的学习和林恩工厂的实习任务交替进行。五年的时间里,学生能够获得比四年学士学位课程多出一年的工作经验这一更好的训练,此外,还能创造一定的收入,足以为该计划额外的一年提供学费。这些参加合作项目的学生同时取得学士和硕士学位。这个项目的一个独特之处在于,在他们工作期间的每个晚上,至少要参加一门麻省理工学院的常规课程,由麻省理工学院的一名教员或一名通用电气工程师负责讲授,这样做的原因是,考虑到在现实世界中,工程师需要尽快养成继续学习的习惯。随着时间的推移,麻省理工学院还与除通用电气之外的其他公司建立了合作协议,该计划一直持续到现在。①

1933 至 1934 学年,麻省理工学院的课程计划中设置两组研究生课程,其中课程组 A 主要面向研究生开设,课程组 B 同时面向研究生和本科生开设。除却研究任务,课程组 A 和课程组 B 的课程也存在一定差异,② 具体如表 2-7 和表 2-8 所示。并且在后来十余年的发展过程中,这些课程有一些种类或数量方面的变化,但整体变化不显著。

表 2-7　1933 至 1934 学年麻省理工学院电气工程研究生课程组 A 表

第一学期		第二学期	
电气工程研讨会	电路分析	电气工程研讨会	电路分析
电路	通信实验	电路	通信实验
电路	电力分配	电路	电气通信原理
先进的交流电机械	电机发展原理	先进交流电机械	电力分配
公共服务公司的组织与管理	传输变电	公共服务公司的组织与管理	电机发展原理
发电站	电力高级实验	发电站	传输变电
铁路电气引擎	电气工程高级实验室	铁路电气引擎	电气声音通信
高级网络理论	—	高级网络理论	电力高级实验
照明	—	照明	电气工程高级实验室

(资料来源:Massachusetts Institute of Technology. The Massachusetts Institute of Technology Bulletin 1933-1934:General Catalogue Issue [Z]. Boston:MIT Press,1933.)

---

① Frederick E. Terman. A Brief History of Electrical Engineering Education [J]. Proceedings of the IEEE,1998 (8):1792-1800.

② Massachusetts Institute of Technology. Massachusetts Institute of Technology Catalogue Including the Graduate School Academic Year 1933-1934 [Z]. Boston:MIT Press,1933:197.

表 2-8　1933 至 1934 学年麻省理工学院电气工程研究生课程组 B 表

第一学期		第二学期	
中心发电站	有线通信原理	电气工程原理	电气机械设计
电气铁路	电气通信原理	输电设备	无线电传输原理
电气机械设计	电气工程实验	电力工业应用	电气通信原理
电绝缘材料及其性能	—	中心发电站	电气工程实验
照明	—	电气铁路	—

（资料来源：Massachusetts Institute of Technology. The Massachusetts Institute of Technology Bulletin 1933-1934: General Catalogue Issue［Z］. Boston: MIT Press, 1933.）

除此之外，此时期的博士研究生培养仍然在很大程度上依赖电气工程实验室。博士生不仅需要完成所有理学学士和硕士的全部课程并测试合格，还要专门有一年的时间加强学习相关知识并完成相关科研任务，电气工程实验室提供电气专业常规博士研究生的各类实验实践和实验教育，助力其完成相应的科研任务。

第四节　麻省理工学院电气工程教育依托军工实验室的科研范式

此时期，麻省理工学院开设的各科系课程均需要完成一定的实验任务，尤其进入第二次世界大战，麻省理工学院电气工程系依托各重大军工实验室及其实验项目，其学科组织更为成熟，形成了此时期的科研范式。具体而言，麻省理工学院电气工程系直接或间接所属的绝缘研究实验室实现了多学科师生共同参与的局面，辐射研究实验室成为大型实验室培养工程人才的范例，伺服研究实验室为军事研究铸造了高端学术成果，高压研究实验室则使得科学研究助推医学水平提升。

一、绝缘研究实验室：多学科师生共同参与

麻省理工学院电气工程系于 1939 年成立绝缘研究实验室。麻省理工学院绝缘研究实验室成员集中呈现出多学科背景的特质，此特质不仅体现在该研究所接纳多学科背景的教职员，还体现在培养跨学科人才，尤其体现在培养跨学科研究生方面。康普顿校长亲自邀请亚瑟·冯·希佩尔（Arthur von Hippel）来麻省理工学院任教，希佩尔在绝缘研究实验室从事相关研究，并对工程教育具有坚定的

信念。康普顿相信希佩尔会对电气工程系做出重要贡献，但是，作为材料科学家的希佩尔最初并未获得该实验室人员的普遍认可。希佩尔在麻省理工学院的第一年里，他在绝缘研究实验室有两项重要的研究，分别是玻璃在高压下的击穿研究和电子从金属发射到固体绝缘体的研究。后来，麻省理工学院的教师们开始相信希佩尔的革命性思想确实可以对电气工程做出重大贡献。希佩尔认为材料的介电性能是由电子、离子的行为决定的，而非完全是原子和分子，进而促使一门新的研究生课程即电绝缘课程的出现，他强调绝缘材料的重要性，于是从1937年秋天开始，麻省理工学院电气工程系本科阶段开设绝缘课程，从而避免教授的大部分精力投入照明工程的新课程。

绝缘研究实验室通过从原子论的角度来解决绝缘问题，在物理和电气工程之间架起了桥梁，随着希佩尔研究的扩展，该实验室又接纳了化学工程专业的教职员工和学生。希佩尔的《分子科学和分子工程》一书给当时的材料技术带来了深刻而重大的影响，确立了自身在该领域的学术声誉和威望。有才能的年轻人纷纷希望加入希佩尔的研究团队，例如，朱利叶斯·莫尔（Julius Monar），他先后成为贝尔电话实验室的执行副总裁和桑迪亚实验室的总裁，其学位论文是《碱金属卤化物晶体中俘获电子的吸收光谱研究》，有人则通过与希佩尔一起研究有序与无序的重要性等相关工作，还通过比较晶体与玻璃，将这项工作扩展到研究温度的影响、频率的作用，以及从绝缘体到半导体和金属的转变等。后来，希佩尔不仅建立了一支由化学家、物理学家、冶金学家和电气工程师组成的跨学科的科研队伍，还邀请国外的相关科学家加入科研项目组，进而组建了一支国际化的科研队伍。

另一位具有其他学科背景并在电气工程领域获得非凡成就的代表学者是大卫·爱泼斯坦（David J. Epstein）。在戈登·布朗担任系主任期间，他本科阶段攻读了分子工程（Molecular Engineering）专业课程，并于1947年进入麻省理工学院攻读研究生并获法学硕士学位，1956年获理学博士学位，其博士学位论文题目为《铁氧体中的磁滞现象》，并由希佩尔指导完成。尽管爱泼斯坦成为希佩尔在该实验室磁性材料领域研究的优秀继承者，但他在整个分子工程领域有着较高的学术水平，这在他为本科生开设的材料工程课程和实验教学中得到了证明。有人一度认为，电力可以升级为一个更基础和更广泛的学科，而不仅仅是研究变压器、输电线路和旋转机械，这个更普遍的学科可以涉及新的半导体材料和正在兴起的分子工程领域等。

二、辐射研究实验室：大型实验室培养工程人才的范例

辐射研究实验室是战争期间设立在麻省理工学院的规模宏大的综合实验室，其人才培养过程进展顺利，培养了诸多杰出的电气工程人才。1940 年，该实验室的全部员工只有 20 名物理学家、3 名保安、2 名仓库管理员和 1 名秘书，而到第二次世界大战结束时，它已经发展成为一个庞大的组织机构，拥有 4 000 名员工，每月经费预算为 100 万美元。[1]

第二次世界大战期间，麻省理工学院承担起辐射研究实验室的管理任务，参与政府和武器研发项目，参与校内外军事活动，这些活动最终改变了一般工程教育，特别是电气工程教育。辐射研究实验室的主要任务和职能是科学研究，而且该实验室的科研产出能力不可低估，在成立后的 5 年中，辐射研究实验室研制出了 150 余种系统技术，其专用目的包括探测飞机与潜艇、大炮瞄准、导航等。[2]

辐射研究实验室是公众心目中麻省理工学院与战争最为密切相关的实验室，该实验室发明的雷达使空中和海上战争的区别进一步缩小。截至 1944 年，辐射研究实验室已经成为世界上最优秀的研发中心之一，处于其成就的顶峰。战争结束后，1945 年 8 月 14 日，麻省理工学院召开会议，宣布辐射研究实验室服务战争的任务已经完成，实验室将于 1945 年 12 月 31 日"有序终止"。该实验室购置了宝贵的无线电实验室设备，提供给战后电子研究实验室使用，其在战争期间产生的研究成果，战后也对工程和科学具有强有力的影响。对麻省理工学院来说，该实验室标志着过去缓慢的科学和工程发展模式发生了真正的转变，并带来了规模的巨大变革，一改人们对研发潜力的传统看法，尤其在电气工程领域产生了深远影响。

辐射研究实验室并不完全隶属麻省理工学院，而是位于麻省理工学院的一个国家级实验室，该实验室主要由美国联邦政府管辖，科学人员则主要从全国各地的组织机构中招募而来。麻省理工学院负责该实验室的财务、薪酬审视等，有效地建立了双重管理结构。尽管麻省理工学院没有直接参与实验室工作的技术管理，但它承担了管理责任，这是一项艰巨的管理任务。实际上，这种由其他组织实体为政府管理研发实验室的举措，在战后环境中已成为相当普遍的方式。第二

---

[1] [美]戴维·凯泽. 麻省理工学院的成长历程：决策时刻[M]. 王孙禺，等译. 北京：清华大学出版社，2015：11-12.

[2] 郜承远，刘宁. 麻省理工学院[M]. 长沙：湖南教育出版社，1996：73-74.

次世界大战后，部分辐射研究实验室成员加入了麻省理工学院，其中包括后来成为该校校长的康普顿。原辐射研究实验室宣告解散时，有人提出麻省理工学院应该培养该实验室的接班人，发展电气工程系和物理系的联合项目。实际上，它以林肯实验室、电子研究实验室等形式使自身得以延续。

三、伺服研究实验室：军事研究铸造高端学术成果

在麻省理工学院电气工程系建立的众多实验室中，伺服研究实验室是拥有较高学术成果的实验室之一。伺服研究实验室同样是建立在麻省理工学院先进电气工程教育优势平台之上服务战争的实验室，也是铸造高端电气学术成果的典型代表。伺服研究作为一门科学研究经历了漫长的发展过程，最终通过麻省理工学院伺服研究实验室等前沿实验室被人们所熟知和接受，并因为伺服研究本身强大的价值潜力使得伺服研究和伺服研究实验室均受到越来越广泛的关注。虽然伺服技术早在瓦特的蒸汽机方面即被使用过，但是直到布什和哈森在20世纪二三十年代开始从事伺服研究时，其功能理论也并不是很完善，其重要性也难以为人所接受。反馈控制与信息论作为伺服机构中的重要理论，真正成为控制论领域的重要组成部分是在第一次世界大战后，麻省理工学院伺服研究实验室在这一方面的作用和贡献不容忽视。

麻省理工学院伺服研究实验室的典型代表学者是诺伯特·维纳（Norbert Wiener），维纳不仅通过实验室研究完成了自身重要学术成果，还通过培养学生将其成果进一步传承和深化。首先，维纳从伺服理论的角度对预测问题进行了研究，但是他很快发现一个能给出好的预测的网络通常不稳定，而一个稳定网络不是一个好的预测者的二元对立现象。其次，他把注意力转向方法论研究，并编写了相关专著，该统计方法随即被视为一个广阔和有意义的预测有关稳定调控问题的分析方法，该专著也于1942年正式出版，并被装订在重要学术集的行列之中，这些学术集是工程教育中的重要参考文献，因此，充分说明该研究成果对电气工程专业学生的教育有重大影响。最后，维纳在伺服研究实验室的学术成果通过其学生发挥其实践效能，维纳的一名学生于1946年回到麻省理工学院并于次年根据维纳报告的观点开设了一门研究生课程，这在通信与控制工程史上具有里程碑的意义，他的通信统计理论相应的研究生教学课程和研究项目吸引了该系众多研究生注册学习，并致力于该领域的探索。此外，伺服研究实验室的重要性还体现在戈登·布朗卓有成效的工作方面，戈登·布朗在伺服研究实验室的工作使该实

验室能够与武装部队和辐射研究实验室取得紧密联系，并借助与武装部队和辐射研究实验室的合作，进一步提升了该实验室的科研水平。

四、高压研究实验室：科学研究助推医学技术提升

实验室研究有其自身外延性，其科研成果也不一定单一指向某方面的应用。麻省理工学院高压研究实验室成立之后，一直备受电气领域以及其他相关领域的密切关注，其研究成果外延至医学领域，并有力助推着医学水平的提升。值得指出的是，20世纪上半叶，随着输电电压的不断提高，美国工业界和大学对各种高压现象的研究愈加重视，例如，在工业领域较为著名的是施泰因梅茨在通用电气公司建设的人工闪电实验室。继斯坦福大学首设高压研究实验室以来，全国许多电气工程部门认为他们所在的大学也应该建立一个类似的实验室，麻省理工学院在这部分大学之列并思考着同样的问题，直到1916年搬到剑桥校址，当地一家电缆公司向麻省理工学院提供高压设备时，高压测试问题在麻省理工学院电气工程系的助力和努力下得到了解决。麻省理工学院电气工程系针对高压方面的研究可以追溯到1931年，这一研究涉及该实验室的两位关键人物，一位是来到电气工程系攻读博士学位的约翰·乔治·特朗普（John George Trump），另一位是作为研究助理加入麻省理工学院的罗伯特·范德格拉夫（Robert J. Van de Graaff）。其中，范德格拉夫于1931年在麻省理工学院高压研究实验室发明了一种新型高压发电机，这台高压发电机不久就在麻省理工学院投入使用。

该实验室的研究成果被应用于治疗癌症。1935年初夏，特朗普研发的真空系统被用来产生高压X射线，物理学家和医务人员在高压X射线产生过程中观察到了稳定且易于控制的电压和电流，他们确信这些是高压X射线的有效来源。随后，哈佛大学医学院批准建造一台百万伏特、三毫安并与空气绝缘的X射线发生器，用于治疗癌症和相关疾病。这台机器于1937年生产完成，产生了比当时更均匀、更具穿透性的X射线，在其投入使用的前三年里，1 000多名病人得到了有效治疗，特别是在恶性肿瘤治疗方面的效果显著。

高压X射线在医院的成功使用使麻省理工学院高压研究实验室备受鼓舞，麻省理工学院高压研究实验室还助推马萨诸塞州总医院建造了第二个关于高压绝缘的技术设备，其体积更小、技术更为先进。1940年春，该医院的年轻医生与工程师和物理学家合作，熟悉了这台1.25毫伏的机器的临床用途，它连续运转16年，之后被送到了乔治·罗伯特·怀特（George Robert White）纪念馆。特朗普

的高压研究因参与麻省理工学院辐射研究实验室的微波雷达研发而中断，当他从辐射研究实验室回来时，麻省理工学院高压研究实验室成为电气工程系公认的研究生教学机构，并继续同医学界和战后在剑桥与波士顿等地区建立的许多高科技公司取得联系。该实验室还与食品技术系合作，对食品、血清和药物进行消毒，与医院和药物实验室合作，协助医生为对人体组织和骨骼进行移植手术时进行消毒，还与物理学家保持着密切关联，并在核结构、固态现象、固体与气体绝缘、裂变与聚变现象等领域进行通力合作。

第五节　麻省理工学院电气工程教育转型期的主要特征

美国高校的大部分课程虽未因战争而发生明显改变，[①] 但在战争背景下，麻省理工学院电气工程教育获益于"服务战争"的各类举措，使其不断发展壮大，相较于第一次世界大战前有质的"变革"，具有发挥服务战争功能且办学宗旨从军工之需、调整人才培养目标到形成理工结合教育理念、探索科教融合范式，并重视研究生教育、改进校企合作课程，从而深化校企合作模式、注重学科交叉的同时扩宽学科范畴等特征。

一、发挥服务战争功能，办学旨向军工之需

此时期美国联邦政府看到并抓住了包括麻省理工学院在内的美国研究型大学服务战争的教育资源优势。受第一次世界大战以及社会局势的影响，科学的较量主要体现在武器和战争的科技水平上，两次世界大战期间，以麻省理工学院为代表的部分研究型大学成为以服务战争为导向进行武器研究的国家重要场所。第二次世界大战以来，尤其是继美国参加第二次世界大战后，直接刺激原本以服务社会、对标产业为办学宗旨的麻省理工学院，向服务于战争的重要角色转变。

自1917年以来，部分美国研究型大学开始从事以服务战争为目的的研究，与战争相关的科学研究和组织军事训练，都预示着院校与战争有千丝万缕的联系。[②] 麻省理工学院建校之初的职能之一是军事服务，这一职能在其各专业课程中均有所呈现。第一次世界大战之前，麻省理工学院开设的所有专业一年级本科

[①] ［美］韦恩·厄本，杰宁斯·瓦格纳. 美国教育：一部历史档案［M］. 周晟，谢爱磊，译. 北京：中国人民大学出版社，2009：386.

[②] ［美］亚瑟·M·科恩，凯莉·B·基斯克. 美国高等教育的历程［M］. 梁艳玲，译. 北京：教育科学出版社，2012：72.

生课程中,都包含军事服务课程,并且是第一学期和第二学期均开设的课程。美国参加第一次世界大战后,麻省理工学院在二年级的两个学期分别增设了"军事科学"课,在一定程度上提升学生服务战争的科学素养,并能够时刻保持麻省理工学院服务战争的水平。麻省理工学院电气工程教育作为电气时代的新兴学科教育,在两次世界大战中以及两次世界大战之间,均呈现出高效服务战争的功能。

在具体教学方面,麻省理工学院服务第二次世界大战的主要教学方式是开展"战争培训",并与麻省理工学院电气工程系有重要的联系,例如,截至1943年,麻省理工学院雷达实验室共培训了包括海军军官、陆军军官在内的8 657人。[①]科学研究方面,基本上与战争相关的实验室,无论是原有的抑或新建的,均与电气工程系有直接或间接的联结,一方面是因为电气工程系经过第一次世界大战前的发展,具备较强的师资和科研水平,另一方面是因为电气相关的领域极为广泛,基本涉及此时期所有的实验室及实验项目,因此,服务战争既是麻省理工学院电气工程教育本职之事,也是麻省理工学院电气工程教育得以获得快速发展的难得机会。当然,此时期尽管收到越来越多的科研要求,但是与麻省理工学院相似的大学都需要加大对教学的投入。

与此同时,战争环境进一步孵化了麻省理工学院电气工程系的社会服务职能。尤其第二次世界大战促使美国政府、军队与大学建立起前所未有的紧密联系,大学的人才培养和科学研究均以尽快夺取战争胜利为指挥棒。[②] 从20世纪20年代开始,麻省理工学院每年提供公共服务的次数逐年上升,而这些服务的需求方则是代表公众的政府机构。[③] 因此,此时期麻省理工学院电气工程教育发挥服务战争功能是应然和实然之态,是时代赋予其发挥社会服务功能属性的关键特征。

二、调整人才培养目标,形成理工结合教育理念

麻省理工学院电气工程教育转型期相较初创期,其学生培养目标和教学过程更为清晰和明确。此时期电气工程课程已经变得较为丰富,除却服务战争的目

---

① 曾开富,王孙禺. 战略性研究型大学的崛起:1917—1980年的麻省理工学院[M].北京:科学技术文献出版社,2015:14-15.
② 肖朗,王学璐. 大学通识教育的科学取向与人文取向——杜威与赫钦斯之争综论[J].北京大学教育评论,2021(1):44-70+190-191.
③ 曾开富,王孙禺. 战略性研究型大学的崛起:1917—1980年的麻省理工学院[M].北京:科学技术文献出版社,2015:44-45.

标，电气工程课程的另一目标是培养从事工业或商业相关职业的专业人员，使其逐步应用当前的电气工程技术，并开发电气科学的新工程应用领域。在为这样的职业做准备时，电气工程专业的学生必须掌握一定的数学和物理等基础知识，强调力学、热力学，尤其是电磁学。在此基础上，学生应完成电气工程原理和相关应用方面的基础专业学习或训练，同样重要的是有效的英语写作和口语表达能力，还需要化学和经济学的知识。

电气工程教育旨在促进学生主动性、判断力、机智性和责任感的发展，并将重点放在个人学习上，师生之间的密切联系被认为是健康教育氛围的要素之一。在此目标的驱使下，该系实验教学通常是项目型的，强调在教师监督下学生进行具体的实验探究，而不是标准化实验，逐渐倡导小班教学，集合兴趣和能力相似的学生，有助于鼓励和完成积极的课堂讨论，并开展荣誉团体计划，此计划要求被录取的候选人在第三学年和第四学年有很大程度的主动性和责任感。除此之外，麻省理工学院电气工程系在学年中举行数次由杰出企业工程师参加的学术讨论会，通过各类学术研讨会提供当前工程发展的案例研究等，丰富学生知识场域，开阔学生视野，进而更有助于学生未来在电气工程领域的发展。[1]

20世纪20年代，包括麻省理工学院电气工程系在内的多数科系的本科生教育仍着眼于实践，通用电气董事长杰勒德·斯沃普（Gerard Swope）和贝尔电话实验室的弗兰克·朱厄特（Frank Jewett）是推动麻省理工学院成为研究型大学的重要人物。在两位实业家看来，工业界已经不再需要麻省理工学院自19世纪80年代以来致力于培养的实践型工程师，他们主张将基础理科元素引入麻省理工学院工科课程，率先在电气工程系推行改革，并获得成功，[2] 促使该系理工结合教育理念的形成。

三、探索科教融合范式，重视研究生教育

伴随社会发展及其对新型人才的需求转向，麻省理工学院上下逐渐认识到必须在重视技术教育的同时发展科学研究及其应用。这是战争所使，也是特殊历史时期的高校使命。大学最核心的职能是人才培养，服务战争最为快捷的方式却是科学研究，两者的矛盾产生于此。此时期，通过实验室研究项目甚至通过直接参

---

[1] Massachusetts Institute of Technology. Massachusetts Institute of Technology Bulletin Catalogue Issue 1945 [Z]. Boston：MIT Press，1945：70-71.
[2] [美] 戴维·凯泽. 麻省理工学院的成长历程：决策时刻 [M]. 王孙禺，等译. 北京：清华大学出版社，2015：72-73.

与实验室中的武器研究进而获得学位的学生屡见不鲜。康普顿校长曾指出，教育必须培养学生思考的能力和解决问题的能力，而培养这两方面的能力应主要通过研究活动，基于此，他希望把培养科学家与培养工程师结合起来，进而更好地培养合格工程师。

麻省理工学院电气工程系作为学校传统而又充满发展活力与潜力的学科，本身具有重视实验教学的传统，较早鼓励并提供实验教学，设置一系列的相关研究报告或研讨会等，经过第一次世界大战及之后的发展，逐渐形成了自身科研教育的优势，不仅师资队伍强大，其跨学科开展研究以及通过实验研究开展教育的办学模式也趋向完善。美国高等电气工程教育中的科学研究在这一时期也突飞猛进，有很重要的教育及社会贡献，各类实验室教学成为麻省理工学院电气工程教育中不可或缺的有机组成部分，顺利完成有关电路、照明、网络分析器等一系列相关研究的同时，培养了大量研究生，并且研究生充分发挥出了在科研贡献方面的作用。

与此同时，第一次世界大战结束后，麻省理工学院电气专业研究生数量开始增多，研究生教育逐渐受到重视。其中包含两个新的因素，第一个也是最重要的因素是通信领域的重要性日益增加，特别是真空管技术日益发展，通过研究生学习极大提高了年轻人在通信领域的能力。通信领域有典型的年轻且富有活力的教师，他们自己也在探索和发展通信领域，因此一些有吸引力的研究项目提供给那些在大学本科毕业后留在学校深造的学生。第二个因素是截至第一次世界大战结束时，电气工程领域已经足够成熟，能够提供具有坚实价值的学科知识，这些新知识在现实世界中很重要，却无法添加到已经拥挤不堪的四年制本科生课程中。这些因素的综合结果是，1920年至1942年麻省理工学院电气工程研究生入学人数逐渐扩大。①

早期的电气工程教师通常将电气工程学士学位与一些实践经验相结合，很少有人拥有硕士学位，在美国高校获得工程学博士学位的人数更是寥寥无几，1922年至1924年，麻省理工学院电气工程系教师中仅有一人拥有博士学位，而助理教授或更高级别的人员中只有几名拥有硕士学位，随着时间的推移，越来越多的年轻导师开始攻读博士学位。② 第二次世界大战极大促进了几个电子领域的迅速发展，电气工程师们设计了微波系统、制造了保险丝、发明了伺服机构，以及战争期间改进的通信系统，后来，许多工程师去了学术界，这种支持带来的一个重

---

①② Frederick E. Terman. A Brief History of Electrical Engineering Education [J]. Proceedings of the IEEE, 1998（8）：1792-1800.

大变化是研究生教育的大幅增加，这也是许多军事资助机构的目标，虽然从1915年到1954年，本科生课程的变化是渐进和持续的，但是大量的研究经费使研究生学位的数量在战后上升到了一个新的高度，在拥有大型跨学科实验室的麻省理工学院情况更是如此。①

伴随研究实力的增强，麻省理工学院在20世纪30年代后期成为通用电气公司在科学研究方面的竞争对手。麻省理工学院从一所为产业培养实践型工程师的工科学院转变为名副其实的研究型大学，并在电气工程教育方面能够为学生提供优质的研究项目和研究生教育。

四、改进校企合作课程，深化校企合作模式

麻省理工学院电气工程系与通用电气公司等合作开设的课程是校企深层合作的具体表现，更是校企合作模式的强化。按照规定，课程分为企业和学校两部分，课时基本对半，这在一定程度上提高了企业参与人才培养的积极性和主动性。同时，这类校企合作课程是五年制的硕士学位课程，学生毕业既有学士学位，又有相应的理学硕士学位，可见此时期麻省理工学院电气工程系对校企合作课程及校企合作模式的重视程度之深。

这期间，麻省理工学院电气工程教育的转型映射麻省理工学院在向研究型大学和研究生教育转换的同时，也与产业公司建立了越发紧密的联系。② 当然，此时期校企如此广泛的合作导致产业公司一度控制了麻省理工学院的部分研究活动，大部分研究合约使企业有权封锁研究成果，麻省理工学院的教师越来越清楚地看到了这类产业赞助的显著缺点。③ 布什的努力对当时的这一尴尬局面有所改善，可见，学校与企业对研究的控制权也是该时期麻省理工学院电气工程系需要权衡解决的一个问题，该系与相关合作企业的权力博弈也印证其探索并强化校企合作模式的信心与决心。

另一方面，强化校企合作是适应此时期美国经济环境的有效策略。此时期的美国经济社会发展出现了前所未有的下滑局面，企业破产、员工失业的现象比比

---

① Ithaca. World War Ⅱ: A Watershed in Electrical Engineering Education [J]. IEEE Technology and Society Magazine，1994（6）：17-23.
② [美] 戴维·凯泽. 麻省理工学院的成长历程：决策时刻 [M]. 王孙禹，等译. 北京：清华大学出版社，2015：60.
③ [美] 戴维·凯泽. 麻省理工学院的成长历程：决策时刻 [M]. 王孙禹，等译. 北京：清华大学出版社，2015：72.

皆是，经济社会发展的情况直接决定着学生毕业后的就业情况。在此背景下，美国大学和学生的就业压力随之而来，包括麻省理工学院在内的美国大学若仅仅按照常规人才培养模式的做法很难适应社会。麻省理工学院电气工程教育作为本身具有实用性的学科更需主动探寻破解现实问题的途径或方法，该系也只有在不断强化与社会企业的合作过程中，保障培养的电气工程人才能够更好地适应未来的工作需求，进而缓解或应对经济社会对于大学生在就业方面的影响。

五、注重学科交叉，扩宽学科范畴

无论是服务军工实验室中的一系列研究任务及研究成果，还是具体教育教学实践中的部分课程设置及学位授予工作，无不彰显此时期麻省理工学院电气工程系与其他系科的紧密联结，学科交叉发展的特点较之初创期开始显现。

麻省理工学院电气工程系学科交叉的特点在一开始就因其特有的"代际关系"而具有坚实的形成基础，同时，学科交叉特点的形成又进一步奠定了麻省理工学院电气工程教育深度跨学科发展的基础，或者说学科交叉本身正是跨学科发展的表现，此特点在后续发展历程中得到一定程度的巩固与升华。

此外，电子课程、电子工程相关实验室在电气工程系的出现等，无不显示麻省理工学院电气工程教育能够与电子技术教育实现无缝衔接，又映射麻省理工学院电气工程系对其他新兴学科的审慎态度。20世纪20年代以来，对于电子相关课程的重视不仅仅局限在大学，高中教师也逐渐在其电子学课程的实际教学中将重心移回科学，特别是物理和数学课程的学习，而不再是以往简单的设计程序和测试方法，这些高中教师还激发了学生对未来从事电子学相关研究以及对研究生阶段教育产生兴趣。[1] 事实证明，麻省理工学院将电气工程与电子工程的有机结合是大势所趋、民之所向。

值得指出的是，电子技术并不属于传统电气工程技术范畴，但在电气工程教育发展的历程中并未发现难以消弭的隔阂，相反，麻省理工学院电气工程教育率先容纳电子技术，通过开设电子技术相关课程及实验项目，打破了可能面临的学科壁垒，极大丰富了电气工程学科的知识范畴。

---

[1] Frederick E. Terman. Electrical Engineers are Going Back to Science！[J]. Proceedings of the Ire，1965 (6)：738-740.

第三章 麻省理工学院电气工程教育的创新发展（1945年至1975年）

1945年至1975年，从第二次世界大战结束至麻省理工学院电气工程与计算机科学系成立可称作麻省理工学院电气工程教育创新期。此时期麻省理工学院电气工程教育集中呈现出与战后科学技术、教育思想及其经济社会等从协同进步走向融合发展格局的创新。第二次世界大战后兴起的科学技术尤其是计算机技术的发展影响着麻省理工学院及整个美国高等工程教育的进一步发展，麻省理工学院电气工程系在多方面不断权衡利弊，并与计算机科学等课程互促互融，在协同与融合过程中创新发展。此时期，麻省理工学院电气工程教育教学实践在普通本科生课程、校企合作课程和研究生教育等方面均进行了不同程度的创新，并且形成了优化实验项目的科研范式，其主要特征彰显战后趋向合理化演进过程中的生发逻辑。

第一节 麻省理工学院电气工程教育创新发展的背景

一、"计算机时代"激发麻省理工学院电气工程教育创新

（一）电子计算机的兴起

电子计算机（Electronic Computers）被誉为电子设备中最重要的设备。[①] 1946年2月，世界上第一台电子计算机问世，同年，约翰·莫奇利（John Mauchly）和普雷斯帕·埃克特（Presper Eckert）成立世界上第一家计算机公司，1953年4月，第一台商用电子计算机得以成功研制等，种种迹象表明人类逐渐步入计算机时代。[②] 早期机电计算机，如麻省理工学院差分分析仪，其最初的研究和设计工作均是在麻省理工学院电气工程系完成的。[③] 当然，电子计算机可视为

---

① Donald G. Fink. Trends in Electronic Engineering [J]. AIEE Transactions, 1948 (6): 835-840.
② 戴吾三. 技术创新简史 [M]. 北京: 清华大学出版社, 2016: 193-197.
③ L. A. Zadeh. Electrical Engineering at the Crossroad [J]. IEEE Transactions on Education, 1965 (6): 30-33.

完全意义上的计算机，而早期机电计算机还不能称为完全意义上的计算机，但早期的机电计算机是电子计算机的基础。实际上，此时期出现了模拟计算机和数字计算机两类。其中，模拟计算机作用于要计算其运行情况的装置或过程的电子模型，此类计算机具有技术、设备较为简单的优点，但其计算准确性相对不高；数字计算机则类似于一种计数装置，它的精度可以通过乘以计数单位的数目来扩展到期望的限度，主要部件包括电子管，但其技术、设备较为复杂。[①] 随着时间的推移，模拟计算机和数字计算机于战后几年逐渐合并。继第一台电子计算机在宾夕法尼亚大学莫尔电气工程学院发明成功以来，计算机技术的功用及其影响与日俱增。计算机作为一种工具已经在商业、医学、政府、教育各界得到了广泛使用，包括对数据信息的处理、存储、整理和检索等。电气工程师在宾夕法尼亚大学摩尔电气工程学院发明电子计算机和麻省理工学院电气工程系开发机电计算机中均发挥了重要作用，计算机在国家战略中的重要地位也逐渐凸显。早期的计算机研究项目中，多数是与大规模的战时研发计划同时进行，该计划对包括教育在内的许多领域产生了广泛的影响，这段时间看起来也像是电气工程师们的重要收获期。

第二次世界大战后新时期的电气工程问题虽然与传统电力工程问题有一定区别，但是仍然密切相关，特别是在处理仪表和继电器等发电和配电问题方面。然而，正如电气工程师对核发电和常规发电的贡献所表明的那样，电子计算机在战后甚至在电力工程领域同样广泛存在，电力工程未来发展的前景也同样涉及电子技术应用的问题。伴随电子计算机技术的发展，电子工程教育的呼声越来越高，甚至"崇尚电子工程教育"的人逐渐多于推崇电气工程教育的人数，电气工程教育工作者不得不重新审视和思考电气工程教育的内容和价值。当电气工程与电子工程存在争论与博弈，其至当电气工程面临种种危机和压力之时，此问题亟待得到根本性解决，以停止这种毫无期限且消极万分的辩证。这就使得明晰电气工程与电子工程技术的关系尤为重要。普尔·沃利克（Paul Wallich）指出，"美国电气工程领域最大的变化发生在1963年，当时，从事发电机和输电线路工作的工程师和从事电子管和晶体管工作的工程师一致认为，他们都是同一学科的一部分"。[②] 同年，电气工程师协会（AIEE）与无线电工程师协会（IRE）合并成立

---

① Donald G. Fink. Trends in Electronic Engineering [J]. AIEE Transactions, 1948（6）: 835-840.
② Paul Wallich. Electrical Engineering's Crisis—When Does a Vast and Vital Profession Become Unrecognizably Diffuse? [J]. IEEE Spectrum, 2004（11）: 67-73.

电气与电子工程师协会（IEEE），电气与电子工程师协会的成立表明电气工程师协会和无线电工程师协会的一种相互融合关系，而大学本科生课程的变化也显示了电力和信息系统概念上的统一。① 与电气工程师协会不同，无线电工程师协会有意识地省略"美国"一词，希望表达的不仅是技术无国界，而且还表达了协会的国际特性，电气与电子工程师协会在1963年成立时，同样避免其名称中出现"美国"一词，而且，电气与电子工程师协会同样拥有国际会员资格。至此，在组织层面上，电气工程与电子工程进一步融合，也为电气工程教育与计算机科学教育的融合创设了先前依据和早期背景。尽管如此，当追踪这些机构所代表的有组织的电气工程的悠久历史时会发现领导层、多数成员以及促使他们行动的问题明显是美国式的。② 此外，此时期麻省理工学院电气工程系的科研范式也受计算机技术的影响颇深，1954年以后麻省理工学院大部分电力系统研究都是在数字计算机上完成的。

（二）战后科学技术全面发展

不可否认，第二次世界大战引发诸如雷达、微波、脉冲技术、精密控制系统、电子导航系统、新型电子仪器仪表等科学技术的进步，为美国电气工业增加了新的发展维度和广度，这些已有科技非但没有在战争结束后立马消失，反而持续进步并作为电气领域的有力补充，且促使战后晶体管、集成电路、磁记录、计算机、通信卫星、激光等新兴科学技术获得不同程度的发展。同时，此时期美国社会工业科技发展脉络清晰，首先电视取代了传统广播成为最受欢迎的大众娱乐媒体，其次是彩色电视，再次是数不清的新产品和新设备在市场上广受欢迎，电气新型公司如雨后春笋般涌现等。除此之外，20世纪20、30年代，电气工业一直处在被美国通用电气、西屋电气等著名公司垄断的局面，而第二次世界大战改变了这一垄断局面，战后美国电气工业环境更为市场化和合理化，为其他非著名电气公司重新提供了发展契机。③ 从战争年代步入相对和平年代，战争时期成立的组织和战后技术革新不断重塑电气工程教育背景，一个建立在电力、制造业、通信和电子等科技基础之上且充满活力的电气工业环境充斥美国社会，为美国高

---

① Hugh H. Skiling. Historical Perspective for Electrical Engineering Education [J]. Proceedings of the IEEE, 1971 (6): 828-833.

② The Institute of Electrical and Electronics Engineers. The Making of a Profession: A Century of Electrical Engineering in America: 1884-1984 [M]. New York: IEEE Press, 1984: 14.

③ Lawrence P. Grayson. A Brief History of Engineering Education in the United States [J]. IEEE Transactions on Aerospace and Electronic Systems, 1980 (5): 373-391.

等电气工程教育的创新发展提供了良好平台。

学者麦克马洪（Michal McMahon）指出，"战时研发计划有力地推动了电子技术在战后成为美国的主导技术"，反过来也为工程师开辟了新的教育和职业道路。① 战后，电子工程作为电气科学重要的分支，有着强大的发展趋势。铺天盖地的电视广播信号系统的通信设备的增加和应用，收音机、无线电话等家用电器设备的普及，还有数字和模拟计算机技术的发展等，很大程度上巩固了电气工程在人们生活中的重要地位。战后电视机、音箱甚至电影发声器等家用或者娱乐电器的技术进步迅猛，并且诸多科技新理论产生于大学。例如，在电报、电话、电视和传真等通信领域，哈特利定律是其通信理论的重要补充之一，此定律是由贝尔实验室、麻省理工学院和加州理工学院的教师共同发现，且具有深远意义。② 战后电气工程科技的进步亟须麻省理工学院等研究型大学的广泛参与并做出创新性贡献。

布什曾强调，在战争中取得进展和国防战略需要持续地生产新科学知识，而这只有通过基础科学研究才能获得。③ 实际上，20 世纪 60 年代，林肯和仪器实验室均开发了先进的军事和太空硬件系统，尽管许多政府资助的大学实验室都在进行基础研究，但仪器实验室主要从事"硬件系统的工程开发"，并通常与"政府人员和工业承包商"密切合作，且近 38% 的实验人员是电气工程师。弗雷德里克·特曼认为，作为"战时电子研究"的直接结果在战后重返社会，无线电产业将通过充分利用更高频率和开发新的通信系统而经历前所未有的发展。④ 总之，两次世界大战奠定了新兴科学技术在战后的发展基础，一系列科学技术又被相对和平时期的社会发展所容纳，并且这种现象仍在继续。⑤ 第二次世界大战的科技成果及其新时期科技的进一步发展引发包括麻省理工学院电气工程教育在内的美国高等电气工程教育全面创新发展。

二、教育新环境奠基麻省理工学院电气工程教育创新

第二次世界大战也是美国高等电气工程教育发展史上的一个关键分水岭。第

---

① Brent K. Jesiek. The Origins and Early History of Computer Engineering in the United States [J]. IEEE Annals of the History of Computing, 2013 (2): 6-18.

② Donald G. Fink. Trends in Electronic Engineering [J]. AIEE Transactions, 1948 (6): 835-840.

③ The Institute of Electrical and Electronics Engineers. The Making of a Profession: A Century of Electrical Engineering in America: 1884-1984 [M]. New York: IEEE Press, 1984: 206-209.

④ The Institute of Electrical and Electronics Engineers. The Making of a Profession: A Century of Electrical Engineering in America: 1884-1984 [M]. New York: IEEE Press, 1984: 211-212.

⑤ Hugh H. Skiling. Historical Perspective for Electrical Engineering Education [J]. Proceedings of the IEEE, 1971 (6): 828-833.

二次世界大战后，电气工程教育面临的最大问题是关于有用知识的学习问题，新时期科学技术最显著的特点是先进的数学、学术物理和高级工程理论能够在多大程度上用于解决对工业有重大实际意义的电气工程问题，如今很少有"象牙塔"似的脱离现实世界的大学。① 以往电气工程师并无充足的基础科学和数学知识，也不完全具备为第二次世界大战中电气工业创造性发展做出实质性贡献的研究经验，导致在科学研究中扮演科研团队中的次要角色。第二次世界大战及其战后，美国高等教育界普遍认识到物理学家在战时实验室的表现胜过传统电气工程师。第二次世界大战后，弗雷德里克·特曼等参与战争研发服务的电气工程教育工作者果断回到大学，成为提高美国高等电气工程教育水平的中坚力量，并通过在课程中引入更多数学、科学和电子学来充实和完善高等电气工程课程，② 进而夯实电气工程专业学生的理论基础和科学素养。

第二次世界大战后，美国大学课程思想进入一个快速演进时期。美国大学课程在迎合社会现实需求程度进一步深化的同时，专业主义和职业主义对大学课程的影响也进一步加强。此背景下，美国高等教育工作者加强对普通课程的理论与实践的探索力度，并为美国大学在20世纪80、90年代探索建立以整体知识观为基础的跨世纪的大学课程体系奠定了良好基础。③ 此时期的美国高等教育整体呈现创新发展特征，教学创新层出不穷。④ 高等工程教育工作者在承认许多学生希望获得四年制大学学位的同时，还创造性地制定了一套新教育原则，旨在加强"基础工程教育"，培养创新型工程师。工程师通过接受基础科学的严格指导，提升自身专业素养，尤其是在数学方面，这些是"课程的基础核心部分"，数学知识能够使工程师随着自身兴趣和需求的不断扩大而加强学习，把"工程科学"作为工程教育的重点也是战争的另一个教育遗产。⑤ 此外，麻省理工学院面临一定的教育危机：第一，院系办学使命存在危机；第二，人才培养标准存在危机；第三，学术定位身份存在危机等。这些危机促使麻省理工学院电气工程系不断进

---

① F. E. Terman. Electrical Engineering Curricula in a Changing World [J]. The Journal of Electrical Engineering Education, 1956（10）: 940-942.
② Ithaca. World War Ⅱ: A Watershed in Electrical Engineering Education [J]. IEEE Technology and Society Magazine, 1994（6）: 17-23.
③ 郭德红. 美国大学课程思想的历史演进 [M]. 北京: 中央编译出版社, 2007: 173.
④ [美] 亚瑟·M·科恩, 凯莉·B·基斯克. 美国高等教育的历程 [M]. 梁艳玲, 译. 北京: 教育科学出版社, 2012: 155.
⑤ The Institute of Electrical and Electronics Engineers. The Making of a Profession: A Century of Electrical Engineering in America: 1884-1984 [M]. New York: IEEE Press, 1984: 232-239.

第三章 麻省理工学院电气工程教育的创新发展（1945年至1975年）

行思想创新和实践改进。与此同时，从事过战争项目的年轻退伍军人可以担任大学教职，一些参加过战争活动的中年教职人员可以为教育创新提供一定经验指导，而且战争结束后不久，政府开始支持大学在新电子领域的基础研究等。[①] 一系列新环境致使电气工程教育创新的可能性获得提高。另一个现实是，麻省理工学院在某种程度上并未真正走出战时教育教学状态，"冷战"的出现令麻省理工学院仍然时常保持战时的教育运行方式。同时，随着本科生和研究生入学人数的增长，应该让学生掌握哪些技术和能力的问题再次摆在了麻省理工学院决策者面前。[②]

电气工程教育俨然成为一门复杂的学科，而且这种复杂程度与日俱增。首先，电气工程师所面临的工程科技问题越发复杂，例如，伺服机构比调节器更复杂；电视机比无线电接收器更复杂，同样，晶体管比其取代的真空管更难理解、具有更复杂的特性，制造起来也更加困难。其次，工程师倘若创造一个新的复杂设备，他将通常着手将此设备与其他同样复杂的设备组合起来，以产生一个更复杂的高科技系统。雷达装置、伺服机构和电子计算机的共同组合就是一个实例，这些分支设备本身就很复杂，而由此产生的组合系统就更为复杂。因此，年轻电气工程师必须比20年前所期望的还要了解更多的工程与科学知识。他们除了熟悉电路和设备外，还需要具备足够的电子学相关知识，熟悉伺服机构，并对统计学、原子和核物理以及固态物理等领域知识有充分了解，如果涉及一个困难的数学问题，他们应该知道如何使用电子计算机来获得相应答案。[③] 布伦特·杰西克（Brent K. Jesiek）曾指出，如果电气工程师能够将他们对电子元件和系统的知识与更强大的数学系中的对应系统相结合，他们可能会率先建立一个新的重要工程分支，并专注于计算机和计算领域。事实上，麻省理工学院和宾夕法尼亚大学的先驱者们无不证明，那些主要由数学精英组成的工程师团队，可以取得令人印象更为深刻的成果。[④] 此外，美国社会尤其是生产部门需要大量的创新型工程科技人才。1947年至1963年，科学家已在美国取得接近最高等级的职业威望，一般

---

① Frederick E. Terman. A Brief History of Electrical Engineering Education [J]. Proceedings of the IEEE, 1998 (8): 1792-1800.

② [美] 戴维·凯泽. 麻省理工学院的成长历程：决策时刻 [M]. 王孙禺，等译. 北京：清华大学出版社，2015：12.

③ F. E. Terman. Electrical Engineering Curricula in a Changing World [J]. The Journal of Electrical Engineering Education, 1956 (10): 940-942.

④ Brent K. Jesiek. The Origins and Early History of Computer Engineering in the United States [J]. IEEE Annals of the History of Computing, 2013 (2): 6-18.

青年不再把学士学位当作自身求学的最终学位,而是将其当作步入研究生生涯的准备阶段,科研在大学逐渐取得垄断地位。[①] 电气工程教育工作者普遍意识到创新电气工程教育模式的重要性和紧迫性。

第二节 弗雷德里克·特曼等学者的贡献与相关政策报告的出台

麻省理工学院电气工程教育的创新发展既由电气工程系教授弗雷德里克·特曼和戈登·布朗两位学者的贡献得以反映,又由一系列高等工程教育相关的政策报告加以促成。特曼和布朗分别在容纳新兴技术和提升学生科研水平方面对麻省理工学院电气工程教育做出一定贡献,而《科学:无尽的前沿》《格林特报告》《国防教育法》《目标报告》等一系列教育政策报告的出台,引导了美国高等工程教育进一步创新发展的新方向。

一、弗雷德里克·特曼等学者在麻省理工学院电气工程教育方面的重要贡献

(一) 弗雷德里克·特曼:容纳新兴技术

弗雷德里克·特曼是麻省理工学院电气工程教育创新理念的受益者和传播者。特曼也可谓是美国高等电气工程教育发展史上的领军人物之一,他在电气工程领域的成就得到了社会的高度认可,其容纳新兴技术的思想形成于麻省理工学院,并在斯坦福大学和硅谷地区得以显著生效。特曼师从布什并于1924年获得麻省理工学院电气工程博士学位。特曼的求学生涯可以说是在电气工程专业领域发展的早期阶段开始的,当特曼进入麻省理工学院学习时,麻省理工学院电气工程教育已经处于美国领先水平,当时该系平均每年为80~100名学生颁发学士学位,为40~60名学生颁发硕士或博士学位。实际上,特曼不仅来到了一个实力强大的电气工程系,而且正值其迅速崛起的大好时机——麻省理工学院电气工程课程正在历经突飞猛进的改革,以适应当时环境的变化。例如,特曼求学期间,麻省理工学院电气工程系开发了通信课程,作为第Ⅵ课程体系的选修部分,该课程的开设主要来自该系强大的、以研究为导向的电气工程系教师队伍,其中,肯纳利(Kenali)直接负责讲授通信课程,肯纳利退休前讲授《高级交流电流》和《无线电》等课程,特曼将他与肯纳利一起学习的课程总结为通信电路、长

---

① 贺国庆. 滕大春教育文集 [M]. 南京:江苏教育出版社,2010:37-38.

线特性、电话接收器理论、通信类型主题等。[①] 在麻省理工学院电气工程系的求学经历助力特曼在电气工程教育领域的职业发展，促使其形成伟大而非凡的电气工程教育理念。可以说，后来的特曼怀揣其在麻省理工学院形成的电气工程教育理念进入斯坦福大学工作，并使其教育理念在斯坦福大学生根发芽、开花结果，如今这两所学校的电气工程教育水平均名列世界前茅。第二次世界大战期间，特曼在哈佛大学无线电研究实验室主持工作，该实验室是麻省理工学院辐射研究实验室的一个分支机构。第二次世界大战后他在斯坦福大学担任工学院院长、教务长等职位，他促使斯坦福大学得以建立了硅谷，有"电气学之父""硅谷之父"的美誉，特曼对斯坦福大学乃至旧金山湾区的贡献在很大程度上基于其在麻省理工学院的求学及其在第二次世界大战时期参与该校实验项目的经验。

特曼曾指出，自己从肯纳利或布什老师那里学到的电路理论、通信等知识可以同后来的真空管知识联系在一起，并能够将其在麻省理工学院学到的真空管电路和非真空管电路理论结合在一起，以便更好地理解和研究放大器、调谐放大器等。特曼认为，没有一个课程能够容纳其课程主题下足够的知识内容，并且此时期开发高质量的研究生课程极其困难，工程师的普遍想法是一个人获得工程学学士学位后，应该立即走向企业实践。工程教育中的问题是多方面的：一方面，很少有院系能像麻省理工学院或斯坦福大学那样提供优质和创新的教学氛围；另一方面，被工科吸引来的美国学生很少去进修硕士学位。[②] 特曼在 1955 年声称"电子技术正在迅速取代电气工程教育核心课程"，并指出少数有远见的学校正在彻底地改变他们的电气工程课程，以包括更多的物理和数学，涵盖固态物理和量子电子学，作为工程系主任的特曼致力于确保斯坦福大学在这些"有远见的学校"中处于领先地位，[③] 推动了斯坦福大学电子技术在电气领域的主导地位。可见，麻省理工学院电气工程教育在某种程度上通过类似特曼这样的关键代表学者，广泛影响其他研究型大学电气工程教育在容纳新兴技术的同时形成发展新模式。

（二）戈登·布朗：提升科研水平

戈登·布朗是一位名副其实的电气工程教育学家，他对麻省理工学院电气工

[①] The Institute of Electrical and Electronics Engineers. The Making of a Profession：A Century of Electrical Engineering in America：1884-1984 [M]. New York：IEEE Press，1984：183-184.

[②] The Institute of Electrical and Electronics Engineers. The Making of a Profession：A Century of Electrical Engineering in America：1884-1984 [M]. New York：IEEE Press，1984：187.

[③] Ithaca. World War Ⅱ：A Watershed in Electrical Engineering Education [J]. IEEE Technology and Society Magazine，1994（6）：17-23.

程教育有着深刻的思考和见地,并做出了不可忽视的贡献,其提升科研水平的认识和实践深刻影响了麻省理工学院电气工程教育的发展。戈登·布朗在担任麻省理工学院电气工程系主任和工程学院院长期间广泛参与电气工程教育改革,见证了其各级教育教学指标的发展,电气工程新的科学要求也促使他相信当时是进一步深化科学基础的关键时机。1952年,他在美国工程教育协会发表了题为《现代工程师应该接受科学家的教育》的论文,并提到工程师应该接受深入的科学教育,本科生课程应该旨在使学生准备进入电气行业工作或加强他们的科学基础,并为研究生阶段的学习做好准备。布朗和麻省理工学院本科政策委员会尝试制定了一个科学性较强的核心课程体系,一个称为课程 VI-B 的特殊课程体系,即"电气科学与工程",通过这门为期五年的课程体系,学生可以获得学士学位和硕士学位,该课程能够在本科阶段充分说明学生是否具备研究生学习能力。1957年秋季,18 名二年级本科生和 23 名三年级本科生注册了 VI-B 课程,通过此课程,有科研能力的学生通常能够进行更深入的科研探索,他们值得教师对其电气工程课程的进一步学习给予特别关注。与此同时,布朗还建立了一支忠诚而又热情充沛的科研队伍来开发电气工程核心课程科目,并将科学研究和研究生教育保持在前沿水平,他本人更是一位精力充沛的新课程项目的"推销人员",在他的努力下,该系获得来自诸如通用电气公司、西屋电气公司的实验资金支持。他还是麻省理工学院伺服研究实验室反馈控制理论的缔造者之一,第二次世界大战后麻省理工学院电气工程系对于反馈控制的研究在机床数控和神经生理学等领域均产生巨大影响,他将伺服研究实验室的独特经验转化为一场彻底的电气工程教育改革。

与杰克逊相比较而言,布朗的人才观也涉及技术人员、工程师和科学家,但又有所不同。在布朗看来,技术人员应用已知技术,工程师应用已知技术、从已知科学中发展新技术,为社会服务、开发新科学,科学家则开发新科学。布朗对工程师的认知相较于杰克逊时期多了同科学家一样开发新科学这一职能。他坚持并发扬杰克逊关于工程师必须能够应用已知技术并利用已知科学开发新技术的工程人才观的同时,主张工程师能够以工程学所要求的方式拓展相关科学,布朗称这类活动为"工程科学"。布朗讲授过的课程包括科学、工程科学、案例分析及研究等。[①] 在他看来,科学应该在本科生第一学年开设,而基于科学理论的当代

---

① The Electron and the Bit: 100 Years of EECS at MIT. author: Paul L. Penfield, Department of Electrical Engineering and Computer Science, Massachusetts Institute of Technology, MIT published: March 27, 2012, recorded: May 2003, views: 2773 [EB/OL]. http://videolectures.net/mitworld_penfield_ebyem/.

技术，专业课程和论文将在本科生四年级开设，鼓励优秀学生攻读博士学位，这将有助于培养工程科学类的工程师。布朗曾在电气工程系课程委员会任职，积极尝试传播和普及其电气工程教育理念。1952年，当他担任电气工程系主任时，便开始全面进行课程改革，以确保电气工程教育中基础科学所占的比重，并将其与工程技术联系起来，于20世纪50年代末组织编写了六卷本科教科书。① 在具体教育教学实践方面，布朗认为此时期的电子学已经取代了电力而摇身变为电气工程教育中最为突出的专业课程。他于1953年明确表示，在20世纪30年代末，电子学在电气工程课程中已经达到与电力学相同的地位，到40年代末电子学的地位一度超越传统电力学，与此同时，布朗对当时麻省理工学院电气工程系存在的不足提出严厉批评。布朗指出，第二次世界大战通过推进雷达、计算机、电视、伺服机构和核子电子学等新领域，扩大了战前电力和通信的可选择范围，但麻省理工学院战后对这些变化的回应仅仅体现在选修课程方面。1954年，经过布朗等人的努力，该系为所有电气工程与科学专业设立了"核心课程"，废除了以往备受工程专业推崇的动力机械课程，为本科生三年级开设了两个"STEM"课程，分别是能源转换、信息处理与传输课程。

二、高等工程教育相关政策报告引导电气工程教育发展的新方向

克拉克·克尔（Clark Kerr）认为，美国独具特色的现代大学体系的形成归功于两次历史冲击。第一次冲击是首次颁布《莫雷尔法案》后引起的美国赠地学院运动，第二次冲击始于第二次世界大战期间美国联邦政府对于高校科学研究的大力资助。纵观美国高等教育发展历史，尽管美国联邦政府较早对高等教育产生兴趣，但迟迟没有真正参与或者干预大学的发展，甚至直到第二次世界大战之前，联邦政府也仅局限在农业和军事训练领域对其进行影响，这一特点或者高校的发展格局在第二次世界大战期间被打破。第二次世界大战后，美国联邦政府加大了对高等教育的科研支持，与此同时，科学教育受到美国学校的普遍重视。到20世纪50年代末，掀起了席卷全国各级各类学校课程改革热潮，这弥补了战前教育的不足，但绝不止于此，源于同苏联争霸、生产发展和知识爆炸等方面的急切需要所占比重更大，教育的目标则由注重现实效用转变为注重科学理论。② 丹

---

① Paul Penfield, Jr. The Electron and the Bit: Electrical Engineering and Computer Science at the MIT, 1902-2002 [M]. Boston: MIT Press, 2005: 5-7.
② 贺国庆. 滕大春教育文集 [M]. 南京：江苏教育出版社，2010: 23-35.

尼尔·贝尔（Daniel Bell）的技术精英治国论和塞缪尔·弗罗曼（Samuel Florman）的工程师参政治国论等理论契合此时期高等工程教育政策报告的思想内容。贝尔于1973年提出用"后工业社会"的概念图式来预测未来的社会形态，弗罗曼则明确指出了相当一部分人的观点，即第二次世界大战后工程师和科学家在美国经济社会发展中的角色极其重要，加之伴随计算机时代而产生的环境污染、太空竞赛等一系列国际战略出现，使得工程师迎来了发展的黄金时期。

各类工程教育政策、报告的出台无疑引导了战后美国电气工程教育发展的新方向。其一，于1945年发表的《科学：无尽的前沿》指引麻省理工学院电气工程教育的科学化发展。该报告指出美国长期忽视基础研究的危险性，在指出联邦政府应继续加大对大学科学研究事业的大力支持外，尤其强调联邦政府应该加强对基础研究的投入，进而更好地促进科学及社会的发展，并鼓励大学在军事工业综合体中发挥重要作用等。[①] 其二，于1955年发表的《格林特报告》间接规范了麻省理工学院电气工程教育的创新发展。该报告建议所有工程课程都应包含"工程科学"中的以下公共课程：固体力学、流体力学、热力学、传热与传质（Heat and Mass Transfer）、电学理论、材料性质与特性（Nature and Properties of Material），建议工程课程还应包括社会人文学科课程。该建议显然旨在帮助工程师提升人际交往等关键能力，了解技术发展的社会影响等，该报告对美国高校工程学课程产生了较大影响，使工程学在科学中的研究根深蒂固。[②] 该报告还确定将更多科学纳入工程教育，倡导综合研究分析、设计和工程系统等，以增强学生专业背景，发展学生口语、写作和图形交流技能，鼓励工程实验教学等。[③] 该报告还在一定程度上刺激了美国高校研究生课程的增长，加速了工程领域博士学位增长的趋势。其三，于1958年颁布的《国防教育法》直接促进了麻省理工学院电气工程教育的大力发展。1957年苏联人造卫星试验的成功，促使美国国会于1958年通过《国防教育法》，在国防战略层面要求美国高校竭力培养科学技术尖端人才。作为第二次世界大战后首次颁布的高等教育法，《国防教育法》规定对与国家利益密切相关的科学、数学、工程等教学给予一定数量的贷款或拨款支

---

① 郭德红. 美国大学课程思想的历史演进 [M]. 北京：中央编译出版社，2007：140.

② Frederick C. Berry. The Future of Electrical and Computer Engineering Education [J]. IEEE Transactions on Education, 2003（11）：467-476.

③ Panel on Engineering Graduate Education and Research, Subcommittee on Engineering Educational Systems, Committee on The Education and Utilization of the Engineer, Commission on Engineering and Technical Systems, National Research Council. Engineering Graduate Education and Research: Engineering Education and Practice in the United States [M]. Washington, D. C.：National Academy Press, 1985：11-12.

持，为美国高等教育发展明确了方向。① 其四，于1968年出台的《目标报告》则进一步强调《格林特报告》中提出的有关"科学导向"的课程设置观念，并突出了设计、数学、物理科学、工程科学与分析等工程科学类课程在工程人才培养中的地位。② 第二次世界大战后，《科学：无尽的前沿》《格林特报告》《国防教育法》《目标报告》等一系列政策报告的颁布，对包括麻省理工学院电气工程教育在内的美国高等工程教育发展不断产生影响，并为其创新发展指明了方向。

第三节　麻省理工学院电气工程教育创新期的教学实践

麻省理工学院电气工程教育创新期的教学实践不仅体现在师生学术水平提升、教学中的学术研究、教学新模式的探索等方面，还体现在综合协调趋势的普通本科生课程，有序发展的校企合作课程以及不断拓宽学科领域的研究生教育等方面。

一、教学新模式的建立

（一）师资队伍日益壮大

此时期，计算机、半导体和其他一些新领域的科技发展对麻省理工学院电气工程系的教学产生巨大推动作用，截至20世纪70年代初麻省理工学院电气工程系有三分之一的学生学习计算机科学，这也是该系于1975年更名为电气工程与计算机科学系的重要原因之一。③ 第二次世界大战结束后不久，美国高校研究生数量开始呈指数倍增长，到20世纪60年代后期，麻省理工学院超过半数的学生都是研究生。④ 加之政府、私人机构、基金会的支持以及硕士或博士学位的激烈竞争，麻省理工学院电气工程专业入学人数逐渐增加，并且这种增长趋势先是体现在本科生阶段，后是研究生阶段，促使电气工程系学生的整体规模进一步扩大。

第二次世界大战以前，美国高校拥有4～12名教员规模的系较为常见，到了20世纪70年代，却仅有少数的院系教员在10人以下，很多达到了50～60人，

---

① 贺国庆，何振海. 战后美国教育史［M］. 上海：上海交通大学出版社，2014：14-35.
② 崔军. 中外高等工程教育课程研究［M］. 南京：南京大学出版社，2013：67.
③ 郜承远，刘宁. 麻省理工学院［M］. 长沙：湖南教育出版社，1996：71.
④ ［美］戴维·凯泽. 麻省理工学院的成长历程：决策时刻［M］. 王孙禺，等译. 北京：清华大学出版社，2015：110.

甚至有的院系仅教授级别人数就超过了100人，如麻省理工学院电气工程系。第二次世界大战后美国高校普遍追求"小班额"授课形式，电子工程相关领域数量不断增长等因素致使此类教员人数相应增长。另一个代表教师学术水平的关键性指标是教师职称级别的逐渐提高，越来越多的教职员拥有教授级别的职称，其次是副教授，而助理教授、讲师级别的人数则相对较少。[①] 麻省理工学院电气工程系的师资队伍也具有上述特点，不仅规模逐渐扩大，而且职称级别高的教师数量也有着明显增长趋势，具体如表3-1所示。

表3-1 1946年至1974年麻省理工学院电气工程系教师职称分布情况表

年份	职称						
	正教授	副教授	讲师	助理研究员	科研助理	助理	兼职讲师
1946	11	31	28	21	48	27	—
1947	11	32	35	23	69	47	17
1948	13	34	24	22	95	41	18
1949	9	37	22	21	98	30	18
1950	15	36	26（含3名实训师）	16	94	27	18
1951	17	39	22（含3名实训师）	13	93	17	20
1952	16	35	18（含3名实训师）	10	88	28	16
1953	16	41	14（含3名实训师）	4	96	31	22
1954	18	43	11（含2名实训师）	9	91	36	15
1955	18	36	23（含3名实训师）	7	95	41	18
1956	14	38	25（含4名实训师）	5	—	—	22

---

① M. E. Van Valkenburg. Electrical Engineering Education in the U.S. [J]. IEEE Transactions on Education, 1972 (11): 240-244.

续表

年份	职称						
	正教授	副教授	讲师	助理研究员	科研助理	助理	兼职讲师
1957	19	44	22（含4名实训师）	7	—	—	19
1958	23	49	19（含5名实训师）	9	—	—	17
1959	22	50	21（含5名实训师）	—	—	—	20
1960	26	52	35（含7名实训师）	16	—	—	17
1961	30	62	41（含6名实训师）	11	—	—	15
1962	34	66	38（含8名实训师）	18	—	—	17
1963	35	69	47（含10名实训师）	19	—	—	14
1964	39	76	22（含9名实训师）	10	—	—	9
1965	46	77	25（含9名实训师）	11	—	—	10
1966	43	70	34（含16名实训师）	8	—	—	8
1967	47	66	36（含21名实训师）	9	—	—	13
1968	55	70	29（含18名实训师）	4	—	—	11
1969	59	62	37（含21名实训师）	5	—	—	3
1970	57	61	34（含21名实训师）	6	—	—	3

续表

年份	职称						
	正教授	副教授	讲师	助理研究员	科研助理	助理	兼职讲师
1971	56	61	38（含23名实训师）	7	—	—	—
1972	62	53	48（含30名实训师）	12	—	—	—
1973	61	57	45（含29名实训师）	18	—	—	—
1974	58	58	41（含29名实训师）	22	—	—	—

（注："—"代表没有查到相应数据。数据来源：麻省理工学院各学年公报）

值得指出的是，虽然教师人数不断增长、师资力量逐渐增强，但此时期麻省理工学院电气工程教育教学仍然面临"大班额"等现实困境，这也是麻省理工学院各系此时期面临的共同问题。1969至1970学年，麻省理工学院本科生一半以上的学分都是在超过100名甚至更大学生规模的课堂中完成的，对本科一年级学生来说，大班上课尤为困难，他们93%的理科学时是在这样的大教室完成的，甚至截至本科生四年级时，还有将近20%的学时仍然需要在这样拥挤的教室里完成课堂学习。① 究其原因，主要是因为《退伍军人权利法案》（*Servicemen's Readjustment Act of 1944*）的颁布，直接促使此时期大学生人数膨胀式增长，包括麻省理工学院电气工程系在内，因此难免出现师生比进一步失衡的现象，一段时间内此问题还将愈演愈烈。这种问题的存在也是该系教师队伍不断壮大的原因之一。

（二）探索教学新模式

教学模式的创新是该时期麻省理工学院电气工程系的一项重要任务。此时期高等电气工程教育学界就关于延长学制展开过讨论，其实，关于延长电气工程专业学生的学习年限等问题，早在1918年的《曼恩报告》中就有所提及。② 该报告指出，电气工程师比土木或采矿工程师等需要更多的时间进行培养，即使四年

---

① ［美］戴维·凯泽. 麻省理工学院的成长历程：决策时刻［M］. 王孙禺，等译. 北京：清华大学出版社，2015：117.

② Charles Riborg Man. A Study of Engineering Education［M］. Boston：D. B. Updike·The Merrymount，1918：96.

制的学习已经成为一种培养工程师的惯用模式，但不是最理性的选择。倘若学生所选科目都被证明是真正必要的，且选择的课程是足够密集的，那么学校可能通过四年时间来彻底地完成教学任务，但这些假设很难被确定，因此，四年制本科教育得以成为人们争论的话题。第二次世界大战后几所著名的工科院校采用了五年制本科生课程，目标是通过利用额外一年的时间来减轻四年制课程学业的压力。然而，这种学制并没有得到延续，主流做法依然是提供四年制教育，然后鼓励优秀学生继续接受一年或更多的研究生教育计划，使其在更高平台上完成第五年的学习，从而使优秀学生在五年结束时达到比五年制本科生更高的学业水平。[1] 在此背景下，麻省理工学院电气工程系始终坚持四年制本科生培养方案，并延续至今。

此时期虽然讲授法和实验法仍然是美国高校中最主要的教育教学方法，但教学方式的创新已经十分普遍，教师可以按照教学内容和学生特点自由设计教法，如 1966 年出现的"凯勒计划（Keller Plan）"是一种学生自定进度的教学形式；20 世纪 70 年代实行的辅助教学（SI）是一个学习互助项目，主要针对那些不及格率较高的课程，由该门课程成绩好的学生帮助其他学生。[2] 这些创新的教学方法的出现和盛行，促使麻省理工学院电气工程教育在实际建设中做到广泛吸纳，并通过创新形式的教学方法完成电气工程教育的教学任务。战后数十年，电气工程教育发生了重大变化，究其根本是为了应对战后社会对电气工程的新需求，另外一个因素则是为了弥补战前电气工程师培训的不足。[3]通用电气公司希尔（W. S. Hill）曾指出，20 世纪五六十年代，从事电气制造业的人都关心材料、信息转换和能量转换三个方面的问题，这些恰恰也说明了电气工程内涵的进一步跃迁。当时电气工程专业的毕业生经常遇到非电气领域的问题，却通常没有意识到可以应用电气工程的基本原理加以解决。以机械振动为例，一个受过电气工程教育的人可以使用振荡交流电路（Concepts of Oscillating A-C Circuits）的概念，当然，他必须真正了解电气工程基本原理，否则他可能无法进行必要的思维转换。根据当时电气制造业中面临的新任务、新挑战以及高等电气工程教育的毕业生存

---

[1] F. E. Terman. Electrical Engineering Curricula in a Changing World [J]. The Journal of Electrical Engineering Education, 1956 (10): 940-942.

[2] [美] 亚瑟·M·科恩, 凯莉·B·基斯克. 美国高等教育的历程 [M]. 梁艳玲, 译. 北京: 教育科学出版社, 2012: 155-156.

[3] F. E. Terman. Electrical Engineering Curricula in a Changing World [J]. The Journal of Electrical Engineering Education, 1956 (10): 940-942.

在的种种不足,希尔主张高校电气工程教育尤其是在本科生阶段应该加强基本原理和基础理论的学习而非实践训练。①

这一时期美国多数大学为电气工程专业的学生提供了项目学习的机会。例如,麻省理工学院提供的 MAC 项目,该项目是一个跨部门的计算机研究与开发实验项目,截至 1973 年,该项目成员共有 189 人,包括 19 名教师、78 名研究生、34 名本科生、55 名工作人员和 3 名客户,其中,绝大多数学术成员来自电气工程系、数学系或斯隆管理学院。② 该项目的性质从由麻省理工学院众多学术部门和实验室的人员参与的研究工作迅速转变为传统类型的以学科为导向的研究实验室。

二、普通本科生课程呈现综合协调趋势

(一) 多重教育影响因素出现

整体而言,第二次世界大战后的相当一段时间内,美国在学科、课程、知识等方面均发生了一系列显著的变化,并且课程主要由教师控制,学生没有太大自主权。③ 电气工程教育具体教学实践方面,自 1942 年以来美国电气工程专业在课程调整上面临两个方面的困难:第一,由于战争或国防项目需要的原因,多数学生认为必须接受高级军事培训才能留在大学,这种军事培训通常需要 8~12 个学期的相应学时,这就相应地必须通过减少其他一些培训主题来完成;第二,电子学、半导体、电磁波、伺服机构等领域的新知识在一定程度上成为电力和通信领域的基础知识,因此,必须提供 8~12 个学期的相应学时对应的学分。④ 相较于两次世界大战期间增加数学、物理和人文学科的学分,此时期的一个明显趋势是增加原子物理或核物理,尤其是高等数学、电子学和波理论的学时,并且减少在电力机械方面的教学时间。⑤ 传统电气工程课程如材料、静力学、动力学、热工实验室等,被数学、物理和分析工程等课程所取代,新课程还包括电磁理论和拉

---

① W. S. Hill. Industry Viewpoints on Educating Electrical Engineers [J]. The Journal of Electrical Engineering Education, 1958 (6): 544-546.

② The Massachusetts Institute of Technology. The Massachusetts Institute of Technology Bulletin 1973-1974: Courses and Degree Programs [Z]. Boston: MIT Press, 1973: 158.

③ [美] 亚瑟·M·科恩, 凯莉·B·基斯克. 美国高等教育的历程 [M]. 梁艳玲, 译. 北京: 教育科学出版社, 2012: 149.

④ Frederick E. Terman. A Brief History of Electrical Engineering Education [J]. Proceedings of the IEEE, 1998 (8): 1792-1800.

⑤ R. G. Kloeffler. 100 Curricula in Electrical Engineering [J]. The Journal of Engineering Education, 1954 (5): 398-400.

普拉斯变换等。① 实际上，包括麻省理工学院在内的美国研究型大学与两年制大学、专业类大学等的课程设置模式虽有本质区别，但有些方面是相似的，例如，学生均在修读完成一定学分后就可以获得相应学位，一般情况下，申请学士学位需要120个学分，大约需要修读40门课程。②

技术进步通常是来自不同背景的工程师和科学家的共同劳动成果，此时期出现了诸如天线与传播、微波与微波电子学、伺服机构、脉冲技术、雷达、网络合成、通信、声学等新技术对应的新领域知识。为了适应这些新领域知识，迫切需要对电气工程课程进行调整。第二次世界大战后，美国高校电气工程系的任务开始发生整体性变化，不再以强调机械与传动、只开设少数电子或通信选修课的电力工业为导向。麻省理工学院电气工程系的新课程不仅包括电子或通信课程，还包括自动化、非线性理论、信息论、毫米管、等离子体与磁流体、晶体管与其他固态器件、射电天文学、量子电子学、生物工程、线性系统理论、计算机科学、面向计算机的分析与设计等。同时，人们对传统电力领域的兴趣持续下降、几近消失。麻省理工学院电气工程系中的"选项制"课程逐渐被"选修制"课程所取代，许多课程被指定为"核心"课程或基础课程，核心课程内容一直是争论不休的话题，随着时间的推移，核心课程的数量减少，或者变得模糊。③ 核心课程侧重于数学和物理原理及其在实际问题中的技术应用，选修课程和实验室工作涉及相应领域的专业技术，学生所选课程均是通过与教师讨论后并在其指导下确定的。该系还提出"真实系统（Real Systems）"的教学理念，强调数学与物理在电气科学与工程、计算机科学与工程领域教育的基础作用，这些专业领域需要扎实的数学和物理基本原理等理论知识，以及将这些原理应用于实际问题的真正实践。其中，为研究生提供的核心课程是电气和计算机科学的基本原理，并引入各学科领域的设计、分析和实验的专业技术，具体包括电子学科、实验室工作和论文研究等作为教学补充。该系认为只有在"真实系统"环境中方能培养出足够合格或优秀的电气工程人才，"真实系统"不仅包括电机、晶体管和激光器等物理实体，还包括它们所构成的物理系统，即电力系统、通信系统和计算机，"真

---

① F. E. Terman. Electrical Engineering Curricula in a Changing World [J]. The Journal of Electrical Engineering Education, 1956 (10): 940-942.
② [美]亚瑟·M·科恩, 凯莉·B·基斯克. 美国高等教育的历程 [M]. 梁艳玲, 译. 北京: 教育科学出版社, 2012: 149.
③ M. E. Van Valkenburg. Electrical Engineering Education in the U.S. [J]. IEEE Transactions on Education, 1972 (11): 240-244.

实系统"还越来越多地包括抽象实体,如算法、信息结构和计算方案等。①

基础课程具有电气工程课程的共性,主要表现在:第一,电路与系统课程出现并不断演变。电路因其简单性和实用性被视作电气工程的入门课程,研究中的电路是器件系统的模型,第二次世界大战前及第二次世界大战中的前几年,电力系统一直在正弦稳态下运行,第二次世界大战后出现的脉冲电路的重要性最终使正弦稳态和瞬态统一起来;第二,自动控制是第二次世界大战后最早出现的课程之一,并经历了相当大的演变,该课程最初涉及电机的反馈控制,现在包括非线性系统的稳定性、优化和灵敏度设计等;第三,计算机课程最初是一门编程课程,类似于一门关于开关电路的课程,但其发展速度迅猛,目前被设计成为在各个层次开发编程语言、逻辑设计、计算机系统和使用数字信号操作系统的基本技能;第四,通信课程提供一些信息理论的概念,作为模拟和数字通信系统和调制方法的基础。②

进入20世纪60年代,人们更加认识到电气工程师的重要性,尤其是电气工程师的社会服务能力。现代工业文明所依赖的许多产品和服务都依托电气工程师实现:提供社会服务所需的大量电力由电动机和发电机提供,并由复杂的配电系统控制;快速增长的数据结构计算和运维由电子数字计算机、相关通信、交换网络以及软件系统提供;电气工程师已经开发了检测、通信和控制的相关概念模型,不仅将其应用于电气系统,还应用于经济学、管理学、心理学、生理学和语言学等领域;他们还开发了用于观察和测量的复杂仪器系统,广泛应用于物理和生物科学及工程的所有分支。③ 麻省理工学院电气工程教育的社会服务职能通过增设相应课程被更好地发挥和彰显出来。

(二) 设置不同专业方向课程

第二次世界大战后,麻省理工学院电气工程课程体系发生了较为迅速的变化,例如,1946年麻省理工学院电气工程系仍然设置四个常规专业,但相较于1942年,此时期的专业设置更为严格和细化。学生从第四学年开始专业分流,并且四个专业分别开设了对应各自的课程体系,除了电气实验、电气工程原理、电子工程原理等共同课程之外,又各自开设自身专业课程。例如,电力专业开设

---

① The Massachusetts Institute of Technology. The Massachusetts Institute of Technology Bulletin 1974-1975: General Catalogue Issue [Z]. Boston: MIT Press, 1974: 208-209.
② M. E. Van Valkenburg. Electrical Engineering Education in the U. S. [J]. IEEE Transactions on Education, 1972 (11): 240-244.
③ The Massachusetts Institute of Technology. The Massachusetts Institute of Technology Bulletin 1974-1975: General Catalogue Issue [Z]. Boston: MIT Press, 1974: 208.

水力学课程，照明工程专业开设照明工程课程；电气通信专业开设电气通信原理和电气通信实验课程；电子应用专业开设流体力学和电子控制与测量课程。值得一提的是，麻省理工学院电气工程教育在发展过程中，逐渐认识到电气工程领域技术的更新换代之迅速，且与人们的生活息息相关。此情况下，该系认为电气工程专业的学生不能仅具备解决单一问题的能力，学校教育也不能单纯培养学生的单方面素养，而应该强调学生解决综合问题的能力。提高学生核心素养的培养目标逐渐成为麻省理工学院电气工程教育的重要任务，进而开始注重学生的科学基础，强调以学生为中心，而不是以工作抑或市场为中心。其教学方面的具体体现是强调小组教学，引导学生积极讨论，实验室教学也不再强调标准化实验，而是更加真切地强调学生的实验素养，在学习数学、物理、电磁学、热学工程等基础知识的基础上，关注解决非技术问题的能力，更加强调人文社会学科的学习与研究，尤其注重对学生写作与表达能力的培养。[1]

20世纪50年代，包括麻省理工学院在内的美国高校电气工程专业必须做出相应调整，以适应时代的变革。[2] 电气工程教育不但面临电子技术及电子工程教育的冲击和影响，而且自身在培养电力行业人才方面存在不足，为此，麻省理工学院电气工程系较早做出应对举措，对其本科教学、实验室教学等诸方面做出调整。其中，四大原则包括：一是拓宽和深化对全体学生的科学教学；二是通过改造实验室，加强电气工程培训；三是为保持每个学生的平等机会，提供职业基础理论方面的职业教育；四是通过在本科生四年级大量开设选修课来满足不同学生的广泛兴趣等。具体表现在五个方面：其一，放弃所有基于职业选择的教育计划，建立核心课程；其二，停止对传统的交流和直流机械的相关教学，并在其机械实验室里淘汰了许多传统设备；其三，在一半核心课程中开设新教学科目，以扩大和加深学生对科学理论的理解；其四，开发新的实验室教义和设施，使学生的注意力能够集中在实验室调研目标上，而不是仪器、方法或技术上，为学生提供一个科学研究的良好环境；其五，试图在更广阔的领域内，利用研究生的已有知识基础，振兴研究生教育。[3]

---

[1] Massachusetts Institute of Technology. Massachusetts Institute of Technology Bulletin Catalogue Issue for 1955-1956 [Z]. Boston: MIT Press, 1955: 60.

[2] J. D. Ryder. The Renaissance in Electrical Education [J]. The Journal of Electrical Engineering, 1951 (7): 581-584.

[3] G. S. Brown. Educating Electrical Engineers to Exploit Science [J]. The Journal of Electrical Engineering, 1955 (2): 110-115.

从 1955 年开始，麻省理工学院普通电气工程专业的学生不再细化专业，而是统一为"电气科学与工程"专业。此时期的教学特点体现在"电气科学体系"概念的提出，电气科学体系即强调学生对电气工程基础科学的深入理解，进而更好地运用所学科学理论知识解决实验或工业中的实际问题，并且要求学生从本科生二年级开始学习电路理论，同时学习人文科学、应用力学、微分方程和重视场的物理学（Physics with Emphasis on Fields）。① 电气科学与工程专业提供电气工程理学学士学位，为学生在工业、研究或学术领域的职业生涯做充分准备。该专业要求学生至少选择一门数学课程，包括微分方程、线性代数等，以及一门量子物理或热力学课程。教学方式包括讲座和演示、小型复习课、家庭作业以及学生和助教之间的周例会等。另外，限制性选修课允许学生根据个人兴趣从物理、概率统计或高等数学课程中进行相应选择。通过这些课程的学习，学生可以在电气工程的一个专业分支中获得良好的知识储备，能够为工程、物理、数学、管理或社会科学等相关领域的学术以及研究生学业生涯所需的学习奠定基础。

1969 年计算机科学与工程专业的开设，预示着此时期麻省理工学院电气工程教育与计算机教育协同发展，旨在为学生提供计算机科学及其相关领域的背景知识。该专业学生将来可以从事高级计算机系统开发、计算机在技术或组织问题上的复杂应用以及计算机科学的进一步发展等工作。该专业课程主要由三部分组成：第一部分涉及计算机语言和系统的设计与应用，以及计算机在解决问题中的作用，包括算法和信息结构的研究、程序和信息处理系统的组织以及人工智能的方法等；第二部分介绍线性系统描述与分析，旨在拓宽学生经验，涉及广泛计算机应用基础，是计算机与各种物理系统和过程成功集成的先决条件；第三部分包括线性代数、概率论和近世代数，向学生介绍支持和补充前两部分的某些数学基础知识等。②

20 世纪 60 年代，生物电气工程课程作为麻省理工学院电气工程课程体系中的一个变体（variant），为学生从事生物医学工程和医学领域的各种职业做准备。该课程与普通电气工程课程的主要区别在于其开设了有关量子生理学（Quantitative Physiology）的三门课程，取代了数学和物理科学的几门高级课程。此外，选

---

① G. S. Brown. Educating Electrical Engineers to Exploit Science [J]. The Journal of Electrical Engineering, 1955 (2): 110-115.

② The Massachusetts Institute of Technology. The Massachusetts Institute of Technology Bulletin 1974-1975: General Catalogue Issue [Z]. Boston: MIT Press, 1974: 211.

择生物电气工程的学生可以自由进行其他更适合其职业目标的学习,并有机会通过选修课更深入地学习生命科学和化学。实际上,该系的生物电气工程课程较早开启并引领麻省理工学院对生物学科的关注,后来,麻省理工学院教师投票决定设立一门现代生物学课程,于1993年作为全校本科生的基础课程开始授课。①

(三)电气工程课程与计算机科学课程交叉

进入20世纪60年代,数字计算机在商业、工业、政府和教育中的使用迅速推广,由此产生的"计算机科学"是一个重要的研究领域,因此迫切需要重新评估电气工程与计算机科学之间的关系。有学者指出,到1970年将需要16万名计算机工程师、程序员、分析师等,以满足对计算机科学和技术人员的需求。相对而言,许多高校电气工程系对迅速增长的计算机科学家和工程师的需求反应迟缓,并未主动对其课程进行实质性调整,对一些大学来说,建立独立的计算机科学系的压力也很大。②

相较于转型期,进入创新期发展的麻省理工学院电气工程系就开展计算机科学教学方面,不仅面临计算机等电子技术快速发展带来的外部挑战,其内部还与数学系有着一定的博弈关系。实际上,在一些大学里,数学专业比电气工程专业更容易接受计算机科学教育,甚至一些学校将计算机科学的教学任务交给文理学院而非工程学院。20世纪60年代中期,由大学数学专业委员会下属的工程与物理科学委员会编写的一份报告中指出,有将近四分之一的数学专业学生从事计算机领域的工作,为了使数学专业的学生有充分的工作准备,该委员会提议开设一些课程,除了数学专业的常规课程和一门本科生一年级的程序设计课程外,建议开设数值分析、逻辑、数据处理、机器组织、转换理论、高级编程、组合数学和系统分析等计算机科学选修课。

在查德(L. A. Zadeh)看来,上述大学数学专业委员会推荐的选修课中,有五门属于电气工程,三门属于数学,并且两个主要面向计算机的组织即计算机协会和电气与电子工程师协会中的电子计算机小组,电气工程师所组成的群体规模远远大于数学家的相应组织规模。查德认为理应在电气工程系开展计算机科学教育,计算机科学独立成系对电气工程教育发展是不利的,而且也不一定有利于计算机科学教育的未来发展。事实上,电气工程凭借其巨大的人力和物力资源,以

---

① Charles M. Vest. Pursuing the Endless Frontier: Essays on MIT and the Role of Research Universities [M]. Boston: MIT Press, 2005: 34.

② L. A. Zadeh. Electrical Engineering at the Crossroad [J]. IEEE Transactions on Education, 1965 (6): 30-33.

及对信息处理、通信、数字系统设计和其他计算机相关领域的深入参与,可以为计算机科学的发展提供比数学部门所能提供的更广泛和更强大的基础保障。①

(四) 注重课程整合

创新期的最初一段时间,麻省理工学院电气工程系的常规课程与转型期并无二致,不同之处主要体现在选修课程方面。专业选修课程包括电子控制与测量、工业电力应用、电力系统、电气实施、电机设计、绝缘子与半导体、照明工程原理、工程声学、电气测量实验、矢量分析等。电气工程课程仍主要强调院系自主管理,尽管大多数学生选择学习院系已有课程,但这些课程可能会以各种方式进行实时修改,只要经课程负责人和学院教育委员会批准,便可对已经列出的课程进行替换,尤其当学生希望学习与所列课程不同的课程时,学生可通过参加高级资格考试获得相应课程学分,这促使能力出众的学生在四年制课程中学习更多额外的选修科目。1950 至 1951 学年,麻省理工学院电气工程系普通本科生课程表如表 3-2 所示。② 值得强调的是,与转型期不同,此时期电气工程专业的学生在本科生四年级开始细分专业,而之前是在本科生三年级细分专业,并且从 1955 年开始,不再细分专业方向,可见此时期更加注重学生对理论基础知识的学习。

另外,通过分析麻省理工学院电气工程系 20 世纪 60 年代的课程设置发现,其课程设置逐渐侧重于学校层面的整体规划。第一学年中,麻省理工学院学生按照学校教学要求均以数学、物理、化学和人文学科作为必修课程,麻省理工学院为所有专业提供良好的教育教学基础。除了必修课程,每个学生还需选修一定课程,第一学期选修课包括图形概念与分析、几何画法、实验制图、天文学、人类食品、哲学与科学方法论、英文写作、军事科学;第二学期的选修课包括工程分析导论、城市结构、生命科学、离散数学专题、基础气象学以及军事科学等。③ 可见,此时期军事科学课程以选修课的形式出现。接下来的三学年中,该系设置了专业必修课,其中电气工程专业面向就业的必修课程包括电路学导论、电磁场与能量、电子电路与信号、电磁场与电磁力、能量传输与辐射、分子工程、电子实验、电子电路与信号实验、电磁实验、高级电气工程实验、固体力学、量子物

---

① L. A. Zadeh. Electrical Engineering at the Crossroad [J]. IEEE Transactions on Education, 1965 (6): 30-33.

② Massachusetts Institute of Technology. Massachusetts Institute of Technology Bulletin Catalogue Issue for 1950-1951 [Z]. Boston: MIT Press, 1950: 46.

③ Massachusetts Institute of Technology. The Massachusetts Institute of Technology Bulletin: The General Catalogue Issue for the Centennial Year 1960-61 [Z]. Boston: MIT Press, 1960: 38.

第三章 麻省理工学院电气工程教育的创新发展（1945 年至 1975 年）

表 3-2 1950 至 1951 学年麻省理工学院电气工程系普通本科生课程表

	第一学年		第二学年		第三学年		第四学年					
							电力		电子应用		电气通信	
	第一学期	第二学期	第一学期	第二学期	第一学期	第二学期	第一学期	第二学期	第一学期	第二学期	第一学期	第二学期
	普通化学	普通化学	静力学	动力学	材料强度	动力学	流体力学	电气工程原理	流体力学	电气实施	电气工程原理	电气通信原理
	物理	物理	机床实验	基本电路理论	热工程	热工程	工程实验	机电设备实验	电气工程原理	机电设备实验	电气通信原理1	电气通信实验
	工程制图	几何画法	电气工程原理	物理	电气工程原理	电气工程原理1	电气工程原理	人文科学	电子控制与测量	电气实施实验	电气通信原理2	机电设备实验
	英语作文	英语作文	物理	人文历史	电气测量实验	电气工程原理2	机电设备实验	专业选修课	电子工程实验	人文科学	电气通信实验	人文科学
	微积分	微积分	人文历史	微分方程	热力学与统计学	通信网络理论	人文科学	论文	人文科学	专业选修课	人文科学	专业选修课
	军事科学	军事科学	微积分	军事科学	经济原则1与人文科学2	电气工程实验	专业选修课		专业选修课	论文	专业选修课	论文
	体育项目	体育项目	军事科学		微分方程	电子学						
	测验时间	测验时间				人类科学						

（数据来源：Massachusetts Institute of Technology. The Massachusetts Institute of Technology Bulletin 1950–1951：General Catalogue Issue [Z]. Boston：MIT Press, 1950.）

理学导论、工程师高等微积分、论文等;面向其他学生的必修课包括电路理论导论、电子设备与电路、电磁场与能量、电子电路与信号、电磁场与电磁力、能量传输与辐射、分子工程、项目研讨会、物质电学与磁学性质、电子实验、电子电路与信号实验、电磁实验、高级电气工程实验、固体力学、原子与分子物理学、工程师高等微积分、概率等。①

20世纪70年代,课程种类愈加丰富多样,尤其体现在选修实验课方面。第一学年新生同样学习数学、物理、化学、生物和人文学科等学校统一课程。另外,专业必修课程包括网络理论导论、电子设备与电路、电磁场与能量、电动力学、电路信号与系统、统计力学与热力学、物理学、量子物理学导论、微分方程、工程师高等微积分、论文,选修部分则提供了多个实验室项目供学生自主选择,具体包括反馈控制实验、数字系统项目实验、电子元件与测量实验、生物电子学项目实验、电子电路与信号实验、摄影科学项目实验、电气工程实验等14个实验项目。②

麻省理工学院电气工程系的本科专业及常规课程于20世纪70年代基本达到与计算机科学合并前短暂的稳定和完善水平。该系提供四套本科生课程体系,包括两个普通课程Ⅵ对应的课程体系,分别是课程1:电气科学与工程,课程3:计算科学与工程,以及两个合作课程Ⅵ-A,课程Ⅵ-A将学校理论学习与工业工程实践密切结合。第Ⅵ课程的本科学位课程均包括三个不同部分:课堂学习、实验室项目和本科论文。课堂学习旨在有组织地提供理论知识,并介绍在家庭作业练习和基本设计问题中应用这些知识的情况;实验室项目旨在提供对实验设计的接触机会,提供硬件和软件专业工具的使用等实施问题方面的经验,以通过实验完成特定目标,实验室项目还对学生实验结果进行评估,鼓励学生用适当的概念模型对观察的结果进行定量描述,或用指定的设计目标对性能进行定量描述与协调,由于这项教学工作的重要性,除学校统一的实验室要求外,所有电气工程系的学生均需完成一门该系专门对应的实验室科目。课程1和课程3的学生均被要求完成本科毕业论文,其毕业论文也是课程体系的一部分,学习期间,学生主动与教师深度讨论相关研究或工程项目,在教师指导下,学生负责确定具体解决问题的方法,完成指定的研究、设计,并以口头和正式书面报告的形式展示其研究

---

① Massachusetts Institute of Technology Bulletin: The General Catalogue Issue for the Year 1961-1962 [Z]. Boston: MIT Press, 1961: 38.

② Massachusetts Institute of Technology. The Massachusetts Institute of Technology Bulletin 1970/71: The General Catalogue Issue [Z]. Boston: MIT Press, 1970: 75.

结果。

研究生教育的快速增长也对本科生课程产生一定影响。例如,电磁波、通信理论、物理电子学和高级电路理论的研究生课程最终被纳入本科初级课程,为学生建立了更好的学习基础,以更好地适应研究生课程。此外,电气工程教育相关著作也有所创新性地增加,部分曾在战时实验室工作过的电气工程教育工作者还重新修订了以往的教科书等。例如,1947年,特曼重新修订了《无线电工程》,其中增加了关于雷达和导航设备的章节内容;1956年,曾在麻省理工学院辐射研究实验室工作的电气工程系教授米尔曼(Jacob Millman)和他在纽约城市学院的同事赫伯特·塔博(Herbert Taub)出版了经典著作《脉冲和数字电路》一书;1958年,埃弗里特(Everitt)重新修订了《无线电基础》一书,增加的新章节涉及电视、超高频和微波电路、雷达和脉冲通信等。[①]

此时期力学、热学、电学等物理课程不再被广泛认为是对工程师进行了全面的培训,而熟悉原子与核现象、固态物理正迅速成为"训练有素的电气工程师的必备条件",掌握常微分方程也不再代表对工程师进行了充分的培训,这些人还必须了解偏微分方程、复变函数、矩阵理论、统计学、数值分析等。[②] 总之,课程理念及其设置的创新是此时期麻省理工学院电气工程教育发展的主旋律。

三、校企合作课程有序发展

校企合作课程作为麻省理工学院与企业深度合作培养电气工程人才的重要载体,一直保持着良好的发展态势。此时期的合作课程Ⅵ-A与常规课程Ⅵ的主要区别是增加了24个学分的工程实践(Industrial Practices)课程,从第三学年至第四学年,合作课程Ⅵ-A主要规定学生在麻省理工学院的理论课时,而在工厂实践的学习则明确规定单周的见习时长。研究生阶段的这一学年则规定学生完成相应工厂见习和论文任务,且主要是完成论文撰写任务,而工厂实践的时长较短。此外,该系规定参加课程Ⅵ-A的学生可以将工业实践部分完成的工作代替本科论文,这类学生无须同电气工程系课程1和课程3的学生一样完成论文写作任务。工业实践部分完成的工作包括书面提案、符合论文格式的书面报告以及麻省理工学院或相关公司的口头报告。倘若参加课程Ⅵ-A的学生继续修读第Ⅵ课

---

① Ithaca. World War Ⅱ: A Watershed in Electrical Engineering Education [J]. IEEE Technology and Society Magazine, 1994 (6): 17-23.

② F. E. Terman. Electrical Engineering Curricula in a Changing World [J]. The Journal of Electrical Engineering Education, 1956 (10): 940-942.

程学士或者硕士课程，可以提交一篇科学硕士论文，以满足本科生和研究生论文的同等要求。此外，该系选修课程包括限制性课程和非限制性课程两部分，限制性课程包括控制、数字系统、电子材料与设备以及生物工程等，该类课程为本科生与研究小组建立密切工作关系提供的机会可延长到几个学期，并以多种形式出现，包括在学校教员或公司员工监督下的项目工作、相关文献的独立研究、协助研究生进行论文研究或个人研究、设计工作等。学生可以自由选择个人认为合适的非限制性选修课程，这些非限制性课程旨在为学生提供更为多样和专业知识学习的机会，并为学生能够在求学期间接触这些领域的前沿研究提供机会。鉴于工程教育的许多方面在工作中比在课堂上能够更有效地完成，该系鼓励所有本科生在麻省理工学院学习期间获得工业实践经验。多数学生认为他们在麻省理工学院求学过程中提高了学习兴趣，学习的知识可能看起来相当抽象，但实际上有助于解决实际和重要的工程问题，这种经验可以通过参加课程Ⅵ-A或通过适当的暑期工作获得。[①] 校企合作课程在1957年发生了明显改变，主要表现在增加了电气科学与工程（Electrical Science and Engineering）课程即Ⅵ-B课程，此课程与Ⅵ和Ⅵ-A课程的区别在于，Ⅵ-B课程包括了高等数学和物理学，并强调电气科学为其核心课程，同Ⅵ-A课程一样，也是五年制理学硕士学位。

此时期相较于转型期的校企合作课程有两方面的显著变化。一方面，麻省理工学院电气工程系对参与校企合作课程的各公司所负责的教学任务给予明确规定。例如，明确了通用电气公司、波士顿爱迪生公司、美国电话电报公司、通用无线电公司和菲尔可公司等五家合作公司的教学任务，具体包括：第一，通用电气公司提供相应实践经验，并应将重点放在电气制造业的技术和行政责任方面的培训上，学生在该公司的相应工厂中进行实践，其任务涉及制造过程和计划以及制造产品的测试，该公司还负责参与多个实验室的相关研究或项目开发等。第二，波士顿爱迪生公司具有为电灯和电力公司提供运维和管理相关方面的实践经验，其教学任务是为在该公司接受培训的学生从事的项目涉及线路和设备进行运维，并对仪器、绝缘子和变压器进行测试，处理客户关系，解决发电站的运行以及输配电工程遇到的问题等。第三，美国电话电报公司具有在通信设备的安装和操作以及通信、电子设备开发与制造等方面的丰富实践经验。其第一项任务是许可拥有相关经验的学生进入其运营部，学生在那里将与提供客户服务的安装人员

[①] Massachusetts Institute of Technology. The Massachusetts Institute of Technology Bulletin 1974-1975: General Catalogue Issue [Z]. Boston: MIT Press, 1974: 208-209.

以及电话交换机的安装和维护人员一起工作、学习；第二项任务是将学生分配到位于北卡罗来纳州卡尼的西部电力公司，学生在那里研究工厂布局、工厂流程和制造业经济问题；第三项任务则是安排学生前往贝尔电话实验室，学生在那里通常利用整个学期参与一个特定的研究或开发项目。第四，通用无线电公司提供通信和电子设备制造方面的实践经验，学生首先在该公司的相应工厂熟悉工程实践、材料和制造产品，其次在仪器校准实验室学习测试，再次在开发实验室担任初级工程助理，最后专门安排相应任务以满足不同学生的需要。第五，菲尔可公司在电子和通信设备的开发和制造以及电视传输方面具有丰富的实践经验，学生除了在该公司研发实验室度过相当一部分的工作时间外，还可获得该公司生产计划和制造方法方面的经验。[①] 另一方面，20 世纪 50 年代以来，与麻省理工学院电气工程系的合作单位开始增多，并且不局限于公司，相关实验室也参与到合作课程的建设中，例如，1951 年，该系增加了与海军军械实验室、剑桥空军研究实验室的相应合作课程，开课形式也由原来后两年工厂与学校相结合的灵活学习方式，转变为一年在工厂而次年在学校交替学习的新模式。注册该系课程 Ⅵ-A 的学生人数也稳步增加，截至 1952 年，注册该课程的学生达到 189 名。

截至 1974 年，与麻省理工学院合作的公司或实验室包括通用电气公司、通用无线电公司、惠普公司、霍尼韦尔公司、数字设备公司、雷神公司、德克萨斯仪器公司、埃弗雷特研究实验室、贝尔实验室、通信卫星实验室、海军军械实验室、海军水下系统中心等。具体教学任务中，学生必须遵守合作公司的相关规定，并定期获得来自该公司相应的经济报酬，选择课程 Ⅵ-A 的学生在求学期间必须留在其合作课程的公司，课程结束后，学生没有义务接受该公司的雇佣，公司也没有义务继续雇佣该学生。随着合作课程教学模式的成熟，以及申请此类课程学生人数的增长，公司开始拥有选择学生的权利，例如，常规课程表现良好的二年级学生虽然可以向该系提交申请进入 Ⅵ-A 合作课程，但是该系无法保证提交申请的学生能够最终真正进入该项目，最终选择权交由合作公司。[②] 一批公司或实验室还在科研创新等方面具有重要价值，例如贝尔实验室、通用电气公司等，取得大量技术进步的同时，通过科学文献等方式分享各自的科研成果，并在公司产品中表现出来，这些实验室产生了一系列显著的科研创新成果，包括晶体

---

① Massachusetts Institute of Technology. Massachusetts Institute of Technology Bulletin: Catalogue Issue June 1947 [Z]. Boston: MIT Press, 1947: 52-53.

② Massachusetts Institute of Technology. The Massachusetts Institute of Technology Bulletin 1974-1975: General Catalogue Issue [Z]. Boston: MIT Press, 1974: 212.

管、高温超导性、激光打印机和许多合成材料的产出等。①

四、研究生教育不断拓宽学科领域

（一）设置不同研究方向课程

20 世纪 50 年代中期以后，整个美国高等电气工程专业研究生数量急剧上升。② 1945 年至 1975 年，美国高校提供的硕士学位从 20 000 个增加至 300 000 个左右，博士学位从 2 000 个增加至 34 000 个。③ 在此背景下，麻省理工学院电气工程系提供了多样化的研究生学位课程。1950 至 1951 学年，麻省理工学院电气工程系提供了电气工程理学硕士、电气工程师以及电气工程理学博士学位的研究生课程体系，并且这些研究生课程体系又细分为电力学、通信与电子、电子应用等不同类别方向的课程，申请研究生学位的学生需要完成所选方向对应的专业课程。该系研究生学位教育并没有固定的培养模式，学生通常可以按照自己的意愿选择并攻读相应的研究生课程，灵活的课程模式为学生提供了提高其学术水平的强大动力，也有利于充分发挥学生的主观能动性。

主要面向研究生开设的课程专业及课程组包括系统科学与控制工程、电子计算机与系统、概率系统、电气力学、固态材料与设备、计算机科学等。④ 其中，系统科学与控制工程包括动力系统与控制、控制系统理论、工业控制、数学规划理论与离散时间最优控制、有限与无限维优化、代数系统理论、动力系统的定性理论、建模评估与识别、运筹学导论、城市服务系统分析、控制研究研讨会、系统工程专业研究等；电子计算机与系统包括高级电路技术、电子仪表与控制、电子电路、信号数字处理、图像处理、模式识别等；概率系统包括应用概率、随机过程、信息传输、通信原则、检测评估与调制理论、光通信系统、光通信研究高级课题、海洋数据系统等；电气力学包括高级电磁理论、介质波与相互作用的电动力学、连续电动力学高级专题、微波电路、天线、等离子体物理导论、射电天文信号的探测与测量、射电天文学基础、雷达天文学技术、无线电干涉测量法、

---

① Charles M. Vest. Pursuing the Endless Frontier： Essays on MIT and the Role of Research Universities [M]. Boston： MIT Press, 2005：141.

② The Institute of Electrical and Electronics Engineers. The Making of a Profession： A Century of Electrical Engineering in America：1884-1984 [M]. New York： IEEE Press, 1984：232-239.

③ ［美］亚瑟·M·科恩, 凯莉·B·基斯克. 美国高等教育的历程 [M]. 梁艳玲, 译. 北京：教育科学出版社, 2012：183.

④ The Massachusetts Institute of Technology. The Massachusetts Institute of Technology Bulletin 1974-1975： General Catalogue Issue [Z]. Boston： MIT Press, 1974：216-218.

环境传感原理、连续介质机电学、电力系统工程、电机动力学、高级电能处理实验室等；固态材料与设备包括固体物理学、固体理论、固体传导过程、量子电子学、磁的量子理论、微波磁学、晶体中相干波状态的信号处理、电子材料、电介质光学和磁性材料与装置、半导体电子、半导体器件与工艺、微电子与光电子、半导体器件研究主题、半导体微波器件与电路、固态及其应用专题等；计算机科学包括编程语言处理器、计算机系统语义理论、计算机系统研究主题、算法、代数运算、自动机计算、人工智能与启发式编程、人工智能专题、人工智能研究中的自然语言问题、知识应用系统、计算机科学基础等。此外，生物电气工程中也提供较多面向研究生的课程。如此丰富多样的研究方向，为学生提供了广阔的选择空间。

同灵活的课程模式一样，在研究生入学要求方面，电气工程研究生入学制度并没有固定的模式，其申请人的本科背景千差万别，例如电气工程、物理、数学、计算机科学、生物医学工程学科背景的学生均可以申请攻读电气工程系的研究生学位，因此没有具体的学科背景要求。实践中，所有申请人的背景都被仔细审核，以确保他们符合将来的研究生课程所需的主要基础条件，鼓励有非电气工程背景的申请者直接与其计划学习领域的导师及时沟通，征求导师的同意。数学和物理成绩是否优异是选拔的重要参考依据。所有打算进入博士阶段学习的电气工程专业的普通硕士研究生都必须在研究生第一学年的一月份进行笔试，旨在考查学生在个人感兴趣研究领域的学习情况，判断该学生是否为博士研究生求学生涯做好知识准备，帮助学生评估自身的学业情况，并帮助教师更好地向学生提供研究生课程方面的咨询服务。① 第二次世界大战后，博士学位成为那些希望获得比攻读硕士学位同学更高学位水平的人，或者那些计划从事工业研究的人，又或者那些将职业生涯目标锁定在进入一个有研究生课程的教育机构当教师的人所追求的目标。新条件下，师生研究集中在博士阶段，学生有时间进行一项非常重要的研究，特别是考虑到在开始论文之前，博士生已具备硕士课程所提供的知识基础，这样也有利于提升大学师生的科研水平。从20世纪50年代开始，电气工程硕士和博士学位的数量稳步增长，直到20世纪70年代初，大约三分之一获得学士学位的学生继续攻读了硕士学位，其中约8%的学生通过继续学习获得博士学位；相比之下，第二次世界大战后的早期，仅有10%的学士学位获得者继续攻读硕士学位，少数人最终攻读博士学位。与此同时，电气工程的专业课程，包括学士学位课

---

① The Massachusetts Institute of Technology. The Massachusetts Institute of Technology Bulletin 1974-1975: General Catalogue Issue [Z]. Boston: MIT Press, 1974: 214.

程，内容越来越深入、范围越来越广泛，相较于战前的学业难度也越来越大。①

麻省理工学院电气工程教育相较于其他学科研究生阶段教育较为特殊的是其提供了电气工程师学位，电气工程师学位适合希望在工程实践中创造性地应用科学工程原理的优秀学生，这类学生希望在硕士学位规定的学习计划之外接受更广泛的教育培训。② 在该系为研究生提供的不同研究方向的课程中，有一些是跨学科的，这是因为此时期重视跨学科高层次人才培养。在研究生教育方面，麻省理工学院还提供了动力工程（Power Engineering）专业的研究生学位，该学位研究生教育是在电气工程系、航空航天系、机械工程系和海洋工程系合作基础上开设的，并由各系提供动力工程教育师资与设备等，共同培养电气工程专业跨学科研究生。③

（二）宽领域教学内容

1960 至 1961 学年，电气工程研究生教育中的主要课程包括高级网络分析与综合、脉冲电路、微波电路、电子线路、开关电路实践、工程电子、仪器仪表、瞬态分析、噪声理论、通信理论与系统、模拟与数字计算机脉冲数据系统、反馈与过程控制系统、听觉与语言、声学、电神经生理学、固态材料、非线性系统分析、分子工程等。④ 1971 至 1972 学年，电气工程研究生教育中主要涉及课程有电路与信号、通信与概率系统、通信生物工程、计算机科学、电磁理论与天线、能量转换装置与系统、高压辐射工程、材料与设备、运筹学、系统科学与控制工程等。⑤ 到了 1974 至 1975 学年，可提供的电气工程研究生课程进一步扩增，具体包括电气工程、电气科学、人工智能、生物电气工程、生物医学工程、通信、计算机科学、控制工程、电力系统、电磁学、数码产品、能源系统、运筹学、量子电子学、固态电子学、系统工程、系统科学等。⑥

---

① Frederick E. Terman. A Brief History of Electrical Engineering Education [J]. Proceedings of the IEEE, 1998 (8): 1792-1800.

② Massachusetts Institute of Technology. The Massachusetts Institute of Technology Bulletin 1968-1969: The General Catalogue Issue [Z]. Boston: MIT Press, 1968: 78.

③ The Massachusetts Institute of Technology. The Massachusetts Institute of Technology Bulletin 1974-1975: General Catalogue Issue [Z]. Boston: MIT Press, 1974: 147-148.

④ Massachusetts Institute of Technology. The Massachusetts Institute of Technology Bulletin: The General Catalogue Issue for the Centennial Year 1960-1961 [Z]. Boston: MIT Press, 1960: 107.

⑤ Massachusetts Institute of Technology. The Massachusetts Institute of Technology Bulletin 1971/72: The General Catalogue Issue [Z]. Boston: MIT Press, 1971: 84.

⑥ The Massachusetts Institute of Technology. The Massachusetts Institute of Technology Bulletin 1974-1975: General Catalogue Issue [Z]. Boston: MIT Press, 1974: 14.

此时期麻省理工学院电气工程研究生教育主要包括三方面：第一，学校统一开设物理、数学和电气工程基础课程，旨在使学生掌握坚实的科学理论基础；第二，专业课程和实验室项目以及各式各样的座谈会和研讨会，面向学生介绍许多研究领域普遍关注的问题，以及可能有助于解决这些问题的技巧；第三，每位研究生都在教师直接监督下进行相关研究，并在论文中报告研究结果，包括完成正式学习课程和提交合格论文，准备充分的学生可以在相应时间内获得理学硕士学位。论文正式撰写之前需要修习更多课程的学生，或者希望在获得进一步研究生学习的同时进行更实质性的研究或教学计划的学生，可以选择在两年课程结束前完成论文，同时获得电气工程师和理学硕士学位。博士学位课程通常需要四到五年的时间才能完成，大多数博士生在博士课程中达到理学硕士学位毕业要求。

高层次科学技术人才培养离不开研究生教育，伴随着现代社会对科学技术的依赖程度不断提高，美国高等电气工程研究生层次的教育备受关注。由于电气工程涉及的领域不断扩宽，电气工程师在学校需要掌握的知识，尤其是基础知识越来越丰富。电气工程师所受的教育越多就越受欢迎，不存在被过度教育的电气工程师。一个年轻的电气工程师可以通过在大学里投入更多的时间来获得更多对自己有用的知识，然而，不可否认的是，很少有企业需要具有电气工程博士学位的人才，甚至硕士学位的含金量也一度受到人们质疑。[①] 麻省理工学院电气工程研究生教育的种种迹象，尤其是当时开设的系列课程说明了电气工程研究生教育的关注领域越发广泛。因此，麻省理工学院电气工程研究生课程的拓展是外部社会因素和内部发展因素共同作用的结果。

（三）研究项目丰富

麻省理工学院电气工程系提供丰富的研究项目，这些研究项目通常涵盖研究生课程的专业领域，具体包括运筹学、生物电工程、系统科学与控制工程、电磁学与动力学、计算机科学、能量转换装置与系统、材料与装置、通信与概率系统、高压辐射工程等。

对研究生的培养往往集中在与电气工程相关的一些热门领域，每个领域基本都有一个备受关注的研究项目，有些甚至还有研究生班和实验室项目。例如，在伺服机构和自动控制领域，一个大型的研究和开发项目与广泛的研究生培养任务紧密结合，电子与电路、机电、液压、机械元件在单一动力系统中的紧密结合等

---

① F. E. Terman. Electrical Engineering Curricula in a Changing World [J]. The Journal of Electrical Engineering Education, 1956 (10): 940-942.

为该领域提供了良好的教育广度。在计算机领域，1946年10月，电气工程系的17名电气工程师参与了麻省理工学院著名的"旋风"计划；1946年，5名电气工程专业的研究生在这个项目中完成了学业任务；1948年的"旋风"研讨会向更多的学生开放，麻省理工学院几个系的成员以及来自军事服务和制造公司的代表出席了研讨会等。这些研讨会是将各研究小组成员联系在一起的重要方式，其中，研究生、教授和来访者在自由讨论与批判的氛围中报告他们的科研情况，对刚毕业的研究生来说，这些公开研讨会是了解该系各种研究前沿问题的绝佳机会。电气工程方面的研究活动由师生在相应实验室进行，包括人工智能实验室、电子研究实验室、弗朗西斯·比特国家磁铁实验室、高压研究实验室、电力系统工程实验室、材料科学与工程中心、能源实验室、空间研究中心、绝缘研究实验室以及频闪光与脉冲声呐实验室等，这些实验室对应的学科及领域涉及面广且绝大多数实验室具有较强的综合实力。

在由电气工程系和物理系共同赞助的电子研究实验室中，特别关注微波技术及其在通信、电视、声学、高能辐射、电子计算、气体传导、原子结构等领域的应用。除了电气工程专业的研究生课程外，许多学生还发现在生物学、经济学、外国文学与语言学、管理学、数学、物理与心理学等其他科系学习相关课程大有裨益，这进一步提高了丰富电气工程研究项目的必要性。

（四）研究成果层出不穷

此时期麻省理工学院电气工程系师生有着成绩斐然的学术成就。1956至1957学年，该系的奥斯曼·马瓦尔迪（Osman K. Mavaldi）教授针对在强磁场中移动导电液体和气体进行了研究，该研究被称作一个具有划时代意义的新能源转换项目。1964至1965学年，伍德森（Woodson）指导了磁流体动力学的研究，包括杰拉尔德·威尔逊（Gerald L. Wilson）的博士论文《旋转等离子体中磁声波的激发和探测》。1965至1966学年，伍德森在美国电力服务公司纽约办事处工作期间，对电力系统工程产生了兴趣，于是他回到麻省理工学院后，便开始了一些电力系统工程相关的新研究。

1959年秋，詹姆斯·梅尔彻（James R. Melcher）进入麻省理工学院研究生院攻读博士学位，期间与伍德森合作研究磁流体力学项目，截至1961年，伍德森和梅尔彻开发出一种基于麦克斯韦方程的新能量转换方法，并将其编纂成册，经过历次完善，《机电动力学》第三版于1968年出版。这是一部学术性和实践性均较高的著作，书中首先将场方程简化为学生熟悉的电路概念，然后将磁场、电场与机械系统耦合,包括线性和非线性系统,并最终对导电液体进行科学处理。梅尔彻于1962年获得麻省理工学院电气工程博士学位,其论文题目是《电流体动力学和磁流体动力学表面波与不稳定性》,此时,他已经是伍德森在能量转换研究和教学方面的得力合作伙伴。此外,梅尔彻教授在应用连续体电机去除烟囱排放物中的微粒和净化其他工业气体和液体方面做出了重要贡献,同时还有许多其他方面的重要发现,例如,带电粒子在变压器的液体冷却剂和电缆的液体绝缘中起作用等。梅尔彻还指导艾伦·格罗金斯基(Alan Grodzinsky)于1974年完成题为《可变形聚电解质膜的机电力学》的博士论文,后来,格罗金斯基及其学生证明了机电效应在结缔组织的动力学中起着重要的作用。

第四节 麻省理工学院电气工程教育优化实验项目的科研范式

第二次世界大战后,美国电气工程教育不再专注于电力和旋转机械,而是转向电子学、通信理论和计算机等领域,并且理论研究相比项目实践显得更为重要,截至20世纪60年代中期,多数美国工程学院基本完成了向科学风格的转变。[1] 此时期的美国工程教育实践和研究均重视以科学为基础,而且政府拨款用于科学技术的研究经费剧增。[2] 麻省理工学院通过改造原有实验室或创建新实验室,以适应新时代工程社会对科学研究的重视倾向,具体而言,通过绝缘研究实验室实现新功能、伺服研究实验室向电力系统工程实验室的演变和电子研究实验室的创建等,促使麻省理工学院电气工程实验项目得到更新与优化。

一、绝缘研究实验室实现新功能

绝缘研究实验室是第二次世界大战后保存下来较为完整的重要实验室之一,战后绝缘研究实验室积极开展"分子科学与工程"等大型实验研究项目,该实验室仍然接纳来自不同学科背景的研究人员,而此时期的突出特点是来自许多系的师生研究以气体、液体和固体的电磁特性为中心的问题,此类问题的研究范围从物理、化学和工程的基础研究拓展到一些具体设备的应用。这一时期的绝缘研究实验室除涉及高介电常数材料、高温电介质、铁电性与磁电性、场发射与介电

---

[1] Edward F. Crawley, Johan Malmqvist, Sören Östlund, Doris R. Brodeur, Kristina Edström. Rethinking Engineering Education: The Cdio Approach [M]. Switzerland: Springer International, 2014: 241.
[2] 李曼丽. 工程师与工程教育新论 [M]. 北京: 商务印书馆, 2010: 129.

击穿等领域的实验研究外，还研究磁性与晶体结构、铁氧体的磁化过程，以及磁性材料在控制和通信电路中的应用等。其中，在磁性光学组实验研究中，对磁性材料的研究热度涉及一个较为广泛的频率范围，并从微波开始逐渐延伸到光谱的可见部分。

该时期麻省理工学院绝缘研究实验室较为关注的是新激光材料的发展，包括高强度激光束的生产和调制，以及这些激光束在固体物理和通信问题中的具体应用等。该实验室大部分研究所需的单晶体由某一晶体企业提供，该企业本身也有自己的研究项目，涉及晶体组成、晶体结构和晶体缺陷等。对晶体的其他进一步研究工作由该实验室结构分析小组进行并完成，与此同时，该实验室中的X射线、电子和中子衍射技术被广泛用于研究晶体性质。此时期，同样吸引人们眼球的是描述结构的数学技术在该实验室获得了重大发展，这是一个涉及三维几何模式的编码和识别问题，也是该实验室战后存在价值的重要体现之一。

麻省理工学院对电介质的基础研究和开发工作集中在绝缘研究实验室。绝缘体、半导体和导体在所有聚集状态下都通过麻省理工学院中的电气工程师、物理学家和化学家的技术进行研究，这类研究工作旨在使包括电气工程专业在内的学生能够更深入地了解电介质材料的特性，并在实验研究中不断开发新的研究领域。

二、从伺服研究实验室到电力系统工程实验室

伺服研究实验室于1959年正式更名为电力系统工程实验室（Electric Power Systems Engineering Laboratory），它不仅在自动控制方面保持着中心地位，还与教学紧密结合，伺服研究实验室及其更名后的电力系统工程实验室似乎均显示出一种近乎理想的研究与教育的互动。最为关键的是，无论是战争时期的伺服研究实验室，还是相对和平时期的电力系统工程实验室，均吸引了广大优秀学生和工作人员在专业工程素养的氛围中一起从事研究工作，这些工作人员和学生后来在工业界担任了更多的职务并承担了更多的社会责任。[①]

电力系统工程实验室的研究人员由来自包括电气工程系在内的工程学院各系的师生组成，他们从事与电力发电、传输、分配和使用相关的一系列教学与研究活动。时任该实验室的主任雷恩特耶斯教授当时仍坚持对雷达的研究，他的研究

---

① Wildes. Karl, Nilo A. Lindgren. A Century of Electrical Engineering and Computer Science at MIT, 1882-1982 [M]. Boston: MIT Press, 1985: 210-228.

小组将磁性和半导体器件引入雷达电路，并进行相应调研以改进机载雷达系统，他讲授的课程总能吸引大批高年级学生前来学习。无独有偶，该实验室成员苏斯金（Susskind）教授讲授的数字系统工程课程曾吸引了多名高年级本科生和研究生。该实验室许多教师利用休假时间在电力行业工作实践，并通过校园研究、咨询活动和社会参与等方式同社会企业保持密切联系。该实验室还为学生提供了多种主题的研究项目，包括具有超导磁场绕组的交流发电机的设计和建造，使用100千伏电源的导体产生的可闻噪声的研究以及电力系统模型的设计、建造和研究，断路器设计、诊断和控制，国家闪络机制以及低温技术在电力系统设备中的新应用等。[1]

此外，电力系统工程实验室的成员总能在计算机技术方面显示出强大的领导能力。20世纪50年代计算机的兴起，解决了以模拟形式数据进行数字处理的难题，以及将计算机的数字输入转换为模拟形式输出的问题。1956年，苏斯金教授及其实验室同事开发了一个关于模拟/数字转换装置的理论和设计课程，并准备了丰富的文本材料和笔记，电气工程专业的学生对该课程有着浓厚的兴趣，并进行了大量注册。1963年至1971年，有377名学生通过电力系统工程实验室研究完成其论文并获得相应学位，这些毕业生不仅包括麻省理工学院电气工程专业的学生，还包括化学工程、机械工程、物理、数学、生物、营养与食品科学、航空航天工程专业的学生。

三、电子研究实验室的创建

从辐射研究实验室正式关闭到电子研究实验室正式成立历时不到一年，原辐射研究实验室基础研究部的17位成员和相应项目、设备等一并转入了新成立的电子研究实验室。电子研究实验室隶属于麻省理工学院的教育教学机构，并被认为是麻省理工学院第一个现代化的跨学科研究中心，为其他中心或实验室建设树立了典范。成立电子研究实验室也是战后影响麻省理工学院和美国高校变革浪潮的一部分。根据1960年的统计，参与电子研究实验室工作的81位教学科研人员中，有35位来自麻省理工学院电气工程系，其他人员分别来自麻省理工学院物理系、数学系、生物系、现代语言系、化学工程系、核工程系、机械工程系以及航空航天系等。电子研究实验室人员的学科背景反映出该实验室具有学科多样

---

[1] Massachusetts Institute of Technology. The Massachusetts Institute of Technology Bulletin 1973 – 1974: Courses and Degree Programs [Z]. Boston: MIT Press, 1973: 156.

性，这也顺应了"跨学科"时代的特点和要求。

电子研究实验室于 1960 年共计产出 16 篇博士论文、8 篇工程硕士论文、35 篇科学硕士论文以及 65 篇学士论文，这些论文数量对应着毕业于该实验室的学生数量。平均每年有超过 250 名研究生和近 60 名本科生在此实验室开展相关研究工作，与电子研究实验室关系最为密切的麻省理工学院电气工程系把该实验室作为其博士学位论文的主要基地，电气工程系的博士学位论文数量呈增长趋势：1947 年 2 篇、1965 年 21 篇、1975 年 14 篇、1981 年 16 篇。① 1946 年到 1958 年，电子研究实验室帮助近 600 名学生顺利完成了毕业论文。② 1973 年电子研究实验室开展的研究涉及来自 10 个系的约 100 名教师、300 名研究生和近百名本科生，该实验室的一系列研究为研究生和本科生提供了许多科研项目和撰写论文选题的机会，截至 1973 年，因参与该实验室项目完成的学生毕业论文数量达到 3 100 余篇。③

作为麻省理工学院名副其实的跨学科实验室，电子研究实验室最初将电气工程和物理学更加紧密地结合在一起，很快又结合了其他相关专业。电子研究实验室的研究涉及众多领域，例如，该实验室一项研究计划曾宣布以下五个主题，分别是微波电子学、微波物理学、应用于物理与工程问题的现代电子技术、微波通信、电子计算辅助工具，每个主题下伴随具体的研究项目并有序开展，该实验室俨然成为一个重要的创新研究基地，助力该系能够承载战后研究生人数持续增长的压力。

值得指出的是，以上实验室均强调跨院系、跨部门合作，事实上，部门间的合作是战后麻省理工学院实验教学的一个标志。第二次世界大战带来一系列军事研究问题，例如，大炮的自动控制和雷达系统的研究，这需要多学科的专家合作。第二次世界大战后则出现了跨学科实验室，如电子研究实验室、电力系统工程实验室和核科学与工程实验室等，此外还组织了通信科学中心和癌症研究中心等研究中心，并对需要经过专门培训的工作人员和不寻常设备的特殊区域进行调研等。布朗接任麻省理工学院电气工程系主任后不久，人们开始认识到将科学研

---

① 曾开富，王孙禺. 战略性研究型大学的崛起：1917—1980 年的麻省理工学院 [M]. 北京：科学技术文献出版社，2015：86.
② [美] 戴维·凯泽. 麻省理工学院的成长历程：决策时刻 [M]. 王孙禺，等译. 北京：清华大学出版社，2015：111.
③ Massachusetts Institute of Technology. The Massachusetts Institute of Technology Bulletin 1973–1974: Courses and Degree Programs [Z]. Boston：MIT Press，1973：158-159.

究与工程教育有机联系起来的必要性和重要性，布朗成为动态和互动研究中心理念的坚定支持者，这一理念随后开始在麻省理工学院深入人心。同时，关于麻省理工学院电气工程教育创新实验的思想层出不穷。一方面，"新的技术发展步伐"呼唤新的工程教育，科学和工程理论的大规模应用已经从过去的几十年压缩为几年，实践中，灌输知识并将其复制已不再弥足珍贵，当一个工程师今天开始建造一些东西时，其还需要在真实条件下进行创新。另一方面，项目研究是研究生教育的重要载体，重视研究生教育研究过程的同时，本科生教育质量也得到相应提升，通过建立更多的研究室或研究中心，学生可以体验在研究环境中学习所带来的诸多好处和乐趣。电子研究实验室就是这样一个令人信服的例子，不仅汇集了通信与计算机工程师、心理学家、生物学家、语言学家和数学家组成新的通信科学中心的核心，还具有一个有影响力的成果，即本科生能够参与其相应的研究项目。

第五节　麻省理工学院电气工程教育创新期的主要特征

麻省理工学院电气工程教育在平衡前一时期形成的教育思想和计算机科学技术快速发展的前提下，其教育的科学范式得以形成，呈现出重视多重教育影响因素并引入计算机科学课程、注重培养学生研究能力并形成科教融合范式、强调学科交叉的同时凸显人文教育重要性等特征。

一、重视多重教育影响因素，引入计算机科学课程

此时期的麻省理工学院电气工程教育面临多方面的平衡和博弈，其中，服务战争职能和学术自治原则、电气工程学科和计算机科学学科、先前教育理念和新型教育理念等方面在平衡与博弈中协同发展的同时趋于融合发展，全面开启了创新发展模式。麻省理工学院电气工程教育在第二次世界大战后的数十年中，历经社会科技史无前例的日新月异和突飞猛进，不仅延续先前优势教育特征，还不断尝试创新教育模式。一方面，受转型期教育思想的影响，生发新的教育思想和理念。相较于前一时期的战争纷纭，第二次世界大战后美国整体步入和平发展时期，但是此时期麻省理工学院电气工程系同其他系一样面临着一系列的教学问题。"服务战争"与"学术自治"的矛盾在此时期得以体现，而这种矛盾现象的主要活动场所是各类"实验室"。此外，该系通过对战争时期的实验室进行改造

或继承,转变原有实验室以服务战争为主的功能定位,建构以服务教学为主的学术场所等。另一方面,计算机技术的发展与广泛应用对麻省理工学院电气工程教育产生显著影响,并为其步入更高水平的发展提供契机,伴随麻省理工学院电气工程教育与计算机学科从协同发展走向融合共生,最终完成第二次系科调整。麻省理工学院电气工程系更名为电气工程与计算机科学系的事实,是电气工程专业与计算机科学专业从协同发展走向融合发展的最好例证。电气工程与计算机科学系主任保罗·彭菲尔德(Paul Penfield, Jr.)曾指出,在麻省理工学院,计算机科学在电气工程系产生并发展壮大,虽然这种情况也存在于其他一些大学,但并不普遍,很多大学的计算机科学起源于数学或者商学系,在计算机学科茁壮成长的过程中,还一度产生了是否建立独立计算机系的争论并于 1974 年达到高潮。麻省理工学院就此争论的最终结果是将原来的电气工程系更名为电气工程与计算机科学系,此举得到了多数人的支持,并于 1975 年正式更名,实现了培养计算机科学家和电气工程师的有机结合。①

麻省理工学院注重教学计划的调整和改革、学科发展和课程设置以及现代科学技术发展。20 世纪 70 年代麻省理工学院电气工程系的课程设置有以下明显变化:一是从传统的电能生产、传输和应用,向主要围绕电子技术在通讯、控制方面的应用方向发展;二是随着自动化程度的提高向计算机的广泛使用以及信息采集、分析和处理方向发展。麻省理工学院电气工程系的课程设置,基本反映了近代美国高等电气工程专业的发展倾向。② 电气工程这一广阔领域的日益分化既是不可避免的也是必要的。正如电子学从 20 世纪初的电力背景中发展出来一样,电子学也将分成计算机、微波炉、固态设备和自动控制等专业领域,从教育视角来看,这意味着教育者必须设计一个基本核心的课程,促使结合不同专业领域所共有的基础知识。③

值得指出的是,计算机最初发明后的相当一段时间内,大型计算机的数量相对较少,而且不容易被普遍使用,这种情况下,大多数电气工程系都致力于在其原有课程体系中引入少量的计算机设计和编程类的课程,因为这些课程是关于计

---

① Paul Penfield, Jr., The Electron and the Bit, Gateway, the MIT/LCS Newsletter, Vol. 7, no. 1, pp. 1-2; Spring/Summer/Fall 1990 [EB/OL]. https://mtlsites.mit.edu/users/penfield/pubs/electron-bit.html..

② 王孙禺,曾晓萱,寇世琪. 从比较中探索高等工程教育——清华大学与美国麻省理工学院的电类课程设置比较 [J]. 清华大学教育研究, 1988 (1):44-54.

③ F. E. Terman. Electrical Engineering Curricula in a Changing World [J]. The Journal of Electrical Engineering Education, 1956 (10):940-942.

算机技术培训方面的全部课程。此外，像麻省理工学院、密歇根大学和卡内基梅隆大学等研究型大学，主动为对通信和计算机科学感兴趣的学生开设专门课程，这些课程大部分是在跨学科的基础上组织的，其中电气工程占主导地位。① 麻省理工学院电气工程系之所以融入计算机课程还源自电气工程中的设计元素离不开计算机这一因素。如果没有计算机，工程师对很多设计问题只能凭经验"推测"，无法获得更多可供选择的设计方案，如果采用数字计算机，可以立即得到全面的分析比较，从而及时准确地获得各种参量的影响，计算机能够解决工程设计（Engineering Design）中涉及的大量和重复的计算问题。②

二、注重培养学生研究能力，形成科教融合范式

麻省理工学院第 10 位校长詹姆斯·莱恩·基利安（James Rhyne Killian）在其就职演讲中提出，第二次世界大战后麻省理工学院的发展方向或者麻省理工学院的三大任务是保持学校的自由与独立、在科学和工程方面做出创造性贡献、开展专业教育和社会责任教育。③ 比起之前历任校长，基利安校长更加明确地强调科学在价值塑造方面的教育功能。

随着美国工业生产的不断提高及科研水平的不断提升，科学研究及学生的研究能力在工业中的重要作用日益凸显，基础理论成果转化为工业生产力的时间缩短，过去仅仅传授数理化基础课程的教学模式已经不能适应当下社会，高校亟须加强学生的基础知识和科学素养，以期培养适应未来复杂和高深工作的人才。随着工业生产的发展，工科大学需要向理工科大学转化，以便更好地处理理论与实践的关系，进而达到理论与实践更好地相互促进。④ 在此背景下，麻省理工学院电气工程教育更加重视"理科"教育，不仅表现在课程体系中增设电子、计算机科学课程等，还包括提供电气科学专业和计算机科学专业学位等。实际上，在麻省理工学院的工程学院的众多工程系中，电气工程系是理工结合最为紧密的，麻省理工学院电气工程系总能率先完成相应教学改革，如该系在麻省理工学院最先实行五年一贯制。再如，1953 年至 1957 年，该系首先实行全部教学内容更新，

---

① L. A. Zadeh. Electrical Engineering at The Crossroad [J]. IEEE Transactions on Education，1965（6）：30-33.
② 计算机科学与工程百科全书编辑委员会. 计算机科学与工程百科全书 [Z]. 天津：天津科学技术出版社，1991：572.
③ 曾开富，王孙禺. 战略性研究型大学的崛起：1917—1980 年的麻省理工学院 [M]. 北京：科学技术文献出版社，2015：79-80.
④ 郜承远，刘宁. 麻省理工学院 [M]. 长沙：湖南教育出版社，1996：160-162.

包括更新实验设备和教材等。①

不可否认的是,战后美国电气工程教育越来越趋向于"科学教育",当然,强调基础知识和基础研究的现象在此时期的美国研究型大学中普遍存在。这种现象和发展趋势的原因包括"电子学"及电子技术的快速发展,而电子学极其依赖科学。电子学依赖科学的主要原因有:第一,电子学中的问题通常需要数理分析,这些问题的难度从简单分析可以处理的问题到需要高等数学才能成功处理的问题,工程师可以根据数学知识进行相关计算。第二,电子学尚属于一个新学科领域,它是在科学发展的基础上发展起来的,因此它非常接近前沿的新知识,而纯粹科学家在电子学起源的那些领域所取得的每一次进展,均对电子学具有潜在的重要影响。正如特曼于1956年指出的那样,研究生工作不仅当前在电子学中非常重要,而且随着时间的推演,将变得更加重要。他还指出,未来电子学将比19世纪后半叶以来更接近科学,电气工程现正在从工程中走出来,回到它最初起源的科学领域。②

与此同时,战后联邦政府持续对大学进行科研资助,与相关科研任务密切相连的是,第二次世界大战后麻省理工学院电气工程系尤其流行实验室辅助教学,甚至一度成为教学重点。布朗曾指出,实验研究是各类核心课程的重要组成部分,实验室能够使学生在广阔平台上实现技术和专业成长。除了以实际的方式阐明课堂理论外,实验室还提供一系列完整的组织和经验,这些实验培养了学生的工程判断、团队合作、有效观察等能力,以及写作技能、独立的创造性思维和主动性等。上述教学目标的达成依赖科教融合模式,要求学生承担相应的科研任务并逐步增加科研数量,而不单单是掌握实验数据和操作技能等。③

第二次世界大战后联邦政府研究补助金和签订的系列研究合同,对麻省理工学院电气工程教育产生了重要影响。这些资金为富有创造力的教师提供了必要的科研保障,使他们能够心无旁骛地解决现实中的复杂问题。政府资助的研究使师生均有可能在更高水平上获得提升,从而对电气工程系的科研及教学水平产生促进作用。此外,被资助的研究项目很好地支撑了研究生教育,同时提供独特和宝贵的教育教学经验。大学科学研究无论如何演进,其最终均应指向教学,科教融

---

① 郜承远,刘宁. 麻省理工学院 [M]. 长沙:湖南教育出版社,1996:163.
② Frederick E. Terman. Electrical Engineers are Going Back to Science![J]. Proceedings of the Ire, 1965 (6):738-740.
③ G. S. Brown. Educating Electrical Engineers to Exploit Science [J]. The Journal of Electrical Engineering, 1955 (2):110-115.

合符合高校发展基本理念和运行规律。正如1970年美国高等教育改革特别行动小组建议的那样，高等教育应以教育学生为主要目标，其次才是从事科学研究和服务社会。①

三、强调跨学科交叉，凸显人文教育重要性

1961年麻省理工学院建校100周年，麻省理工学院进入第二个世纪总规划的重要特点是进行建制上的改革，重点发展若干跨学科中心。② 值得指出的是，新成立的跨学科实验室为培养研究生提供了强大动力，而且人们也正是以此来证明它们存在的合理性。③ 无论是多学科实验室的开设还是交叉学科的形成，均以学科建设为目标导向。跨学科实验室建设的重要意义还不止于此，与麻省理工学院电气工程系密切相关的电子研究实验室证明其还具有直接或间接促进相关学系建设的功能。一方面，该实验室促进了麻省理工学院电气工程系更名为电气工程与计算机科学系的进程；另一方面，该实验室促使麻省理工学院的语言学系、心理学系、哲学系和声学实验室、人工智能实验室的建设或创立。④ 作为与电子研究实验室关系最为紧密的电气工程系，无论是在为该实验室正常运行提供保障方面，还是积极参与其相关跨学科研究等方面，具有不可小觑的历史贡献。

正如《格林特报告》建议的那样，工科教学计划中要加强人文科学和社会科学。⑤ 麻省理工学院电气工程系同人文、艺术与社会学科结合的一大媒介是"专门研究项目"。例如，语言学研究，电气工程师与生物学家、心理学家、数学家和物理学家共同开展关于语言的研究等。再如，麻省理工学院心理学学科的发展直接受益于电子研究实验室，间接说明电气工程系对心理学的影响程度之深。⑥

社会责任教育，即培养合格的社会文明人是麻省理工学院通识教育的核心理念之一。事实上，在20世纪50年代，麻省理工学院通识教育的人文教育部分迎

---

① [美] 科恩，基斯克．美国高等教育的历程 [M]．梁艳玲，译．北京：教育科学出版社，2012：158．
② 郜承远，刘宁．麻省理工学院 [M]．长沙：湖南教育出版社，1996：116．
③ [美] 戴维·凯泽．麻省理工学院的成长历程：决策时刻 [M]．王孙禺，等译．北京：清华大学出版社，2015：110．
④ 曾开富，王孙禺．战略性研究型大学的崛起：1917—1980年的麻省理工学院 [M]．北京：科学技术文献出版社，2015：87．
⑤ 美国教育与使用委员会，等．美国工程教育与实践（续）[M]．上海交通大学研究生院，等译．北京：学苑出版社，1990：14．
⑥ 曾开富，王孙禺．战略性研究型大学的崛起：1917—1980年的麻省理工学院 [M]．北京：科学技术文献出版社，2015：109-111．

来了发展的高峰,并于1950年成立了人文社会科学学院,同时制定了一项四年制人文课程培养计划。该计划规定:麻省理工学院的所有大一和大二学生都应学习两年的人文学科基础课程,然后在大三和大四学年,学生们可从经济学、文学、政治学、哲学、历史学、音乐和艺术中任意选择四门课程进行学习。若学生想在人文和社会科学方面花费更多的时间,则可以在大学的最后两年额外选修两门课程。该课程培养计划成为理工科学生通识教育教学计划的重要组成部分。[①]

此时期,学生不仅"接受职业培训,而且必须让他们认识到科学技术的发展对整个社会有着深远的影响",此时期的麻省理工学院需要牢记其更广泛的教育使命,回归到"塑造价值观(a training in values)"的教育理念,而不仅仅是技术或专业领域的能力。这些更广泛的目标需要时间来实现,但它们确实反映了战后在科学、技术、人文和教育目的等多个层面上的根本性转变与创新。

[①] 曾开富,王孙禺. 战略性研究型大学的崛起:1917—1980年的麻省理工学院[M]. 北京:科学技术文献出版社,2015:101-106.

第四章 麻省理工学院电气工程教育的跨越发展（1975年至今）

从1975年麻省理工学院电气工程与计算机科学系成立至今可称作麻省理工学院电气工程教育的跨越期。伴随电气工程与计算机科学系的成立，麻省理工学院电气工程教育的组织形式趋于稳定，在随后的发展历程中，不断适应内外环境变化，充满继承与革新的时代特点，在人才培养、科学研究和社会服务等方面不仅继承过去的先进教育经验，还及时进行改革创新，在不断革新中实现跨越式发展。其在教育教学实践中，整合普通本科生课程、普及与完善校企合作课程、有的放矢地改革研究生教育等，通过一系列改革弥补先前过于偏重科学的弊病，强调回归工程实践，并在一定程度上呈现提升实验内涵的科研范式，其主要特征昭示了传统学科契合新时期高等教育改革环境的应变之策。

第一节 麻省理工学院电气工程教育跨越发展的背景

一、"信息化时代"助力麻省理工学院电气工程教育跨越发展

（一）信息化时代的科技特征

信息化时代的重要载体是计算机，伴随计算机技术的不断发展和逐渐普及，人类步入信息化时代。有学者指出，计算机已从新奇之物发展为一种具有巨大力量和影响力的技术，信息技术作为计算机技术的衍生物，正在以一种彻底改变人类生活的方式，跨越时间和空间将人类联系起来。[①] 以往，随着电气工程技术的发展构筑了许多新产业，电机承担了许多原本由人和动物才能完成的繁重任务，电力事业的发展很快就把多种用途的电力输送到几乎每一个企业或家庭，从而解放了大量体力劳动者，并改变了人们工作及生活的方式。随着信息化时代的发展，新工业生产局面得以形成，

---

① Charles M. Vest. Pursuing the Endless Frontier: Essays on MIT and the Role of Research Universities [M]. Boston: MIT Press, 2005: 77.

繁重的工作接踵而至，但这一次集中在精神领域，有学者将其称为信息革命。

信息化时代有其自身特征并对教育产生一定影响。一方面，传统生产模式、科研范式及人们的生活方式均在信息化时代阔步演进，与此同时，诸如计算机科学、新能源技术、生物工程之类新兴但发展迅猛的学科也在不断进行变革以适应信息化时代。另一方面，在如麻省理工学院这类美国高校中，多数计算机学科的研究和教学源自电气工程专业或者电气工程系。计算机科学与电气工程这种紧密的联系，在院系治理层面出现不同形式：麻省理工学院、加州大学伯克利分校等大学将两者合为一个系，该系中再细化电气工程专业和计算机科学专业；斯坦福大学等则将两者界定为不同的系，直接分为电气工程系和计算机科学系。在麻省理工学院，有部分计算机科学专业的专家倾向于脱离电气工程专业。但是，麻省理工学院电气工程与计算机科学专业非但没有分离，相反，两者联结得更为紧密。当时有学者指出，计算机专家需要一个基础，倘若一个人对其他领域一无所知，那么当面对他们感兴趣的问题时也没有能力和底气去解决。因此，计算机科学教育"自立门户"的做法显然不可取。

信息化时代尤其是数字信息化时代的到来，促使麻省理工学院提供一系列开放课程。开放课程很快发展成为麻省理工学院电气工程专业不可或缺的课程形式。麻省理工学院于2002年宣布了开放式课程计划，这项免费分享课程材料的政策至今仍在延续。当时，2 000余门课程很快登上互联网，并且所有的开放课程均免费，这一度被认为是"教育民主化"的尝试。①

麻省理工学院在信息技术研究方面有着悠久的历史，并且关于信息技术的研究主要集中在电气工程系，例如，有关信息存储和信息检索的研究最初由电气工程师范内瓦·布什于20世纪30年代承担，且第二次世界大战后他仍继续从事这项研究工作。麻省理工学院计算机科学的迅猛发展给电气工程系提出了新挑战和新要求。对电气工程研究人员和教师而言，当时争论的焦点远不止课程改革，随着信息处理领域的发展，麻省理工学院电气工程系内部还出现了一场强烈的分离主义运动，旨在将计算机科学独立出电气工程系。然而，第一台计算机却是通过工程师、物理学家和数学家等共同参与设计和制造发明的，参与者需要掌握丰富的物理学、电子学、材料学和电路原理等知识，还必须精通逻辑，这是21世纪新兴起的数学哲学分支，而这些也是西方实验传统中的科学和工程。20世纪末至今，作为核心技术的真空管逐渐将核心位置让位给了晶体管和传统芯片，随

---

① 蒲实. 大学的精神 [M]. 北京：中信出版社，2017：163-164.

后，晶体管和传统芯片让位给了小型半导体芯片，芯片之上集合着越来越多、分布愈加复杂的集成电路，并从大规模集成电路逐渐演变到超大规模集成电路。最后，整个计算机都被建造在硅芯片上，由于硅芯片非常小，所以通常只能通过显微镜看到它们的具体结构情况，因此，这又是原子层面的科学和工程。[①] 信息技术和计算机技术相辅相成，那么，信息技术自然也离不开电气工程基础知识，电气工程教育同样无法摒弃信息技术中的计算机等相关知识。

（二）信息化时代赋予大学新角色

20世纪80年代以来，美国大学生的新文化理念已向经济主义和效率优先转变，并且越来越热衷于学习实践、技术和劳动力市场的相关知识。面对激烈的市场竞争以及学生的教育需求，高校必须不断改革，学生和教师之间建立起的消费者和服务提供者的新型关系便是表现之一。以市场为导向和以客户为导向的高等教育，越来越重视绩效和表现，其服务社会的功能也得到了加强，市场和高等教育之间的界限逐渐消除。此外，美国高校在学生构成、学习经历、职业流动等方面显现新的特点。[②] 与此同时，20世纪80年代起，大学联合发展之风盛行。正如克拉克·克尔指出的："没有一所大学能够包容所有专业领域，或是包容的专业领域足以使其拥有充足的专业者群体。学者们不喜欢孤陋寡闻或离群索居，优秀的学者往往喜欢聚集在一起，这种集体创造了非常富有创造力的环境。没有一座图书馆，也没有一门研究生课程是完备的，有些实验室为了更好地被利用，必须多所大学共同参与使用。麻省理工学院和哈佛大学，普林斯顿大学和费城大学，纷纷组织了联合机构……围绕这些大学还簇拥着一批在科学上各有侧重的工业和政府企业。"他还指出，"大学总是根据社会对自身的愿望和需求做出反应，但很少像如今反应这般迅速"。[③]

此时期美国电气工程既不同于早期局限在火花间隙收音机、电子管和放大器领域，也不同于第二次世界大战及战后雷达和声呐等随之出现，接着是电子计算机，后来出现了固态晶体管和集成电路那般脉络清晰的发展背景。20世纪80年代至21世纪初，计算机磁盘的容量每15个月翻一倍，并且，位于它边缘地带的电子工程正在与生物学相结合，以建立诸如生物电子工程、生物信息学等层出不穷的新领域，例如，研究人员正在将人类的神经系统与电子系统连接起来，或者努力利用电子系统设备来制造细菌。在另一个前沿领域，许多电子科学院正在与

---

① Wildes. Karl, Nilo A. Lindgren. A Century of Electrical Engineering and Computer Science at MIT, 1882-1982 [M]. Boston: MIT Press, 1985: 354-374.

② 王晨，张斌贤. 美国教育的传统与变革 [M]. 北京：中国社会科学出版社，2018：339-340.

③ [美] 克拉克·克尔. 大学的功用 [M]. 陈学飞，等译. 南昌：江西教育出版社出版，1993：66-68.

量子物理学家、材料科学家联手，以量子力学性质为基础，建立全新的电子学分支，而不是电荷的电磁特性等。① 这一切变化使得麻省理工学院电气工程教育有着不同于以往时期的跨越式发展态势。

二、高等工程教育改革浪潮推动麻省理工学院电气工程教育跨越发展

（一）高等工程教育改革必要性

德雷克·博克（Derek Bok）指出，工程学是本科生教育中要求最严格的专业之一，工程专业的学生必须研修大量数学和自然科学方面的课程，以便为今后学习打下坚实基础，这些基础课程通常难度很大，因此需要投入大量时间，工程学专业必修课程的数量远远高于其他学科专业。然而，进入新世纪，医用机器人、光子学、纳米技术等新领域科技层出不穷，给工程学专业带来了新的压力，工程学需要在原课程体系基础上不断更新课程体系。工程学有如此多的专业必修课，学生选修其他课程的时间非常有限，也少有机会接受更完整的本科生教育，这是该类专业所面临的最为棘手的问题。他还指出，与工程教育相比，自由教育更能促进学生各项能力的发展，然而，在美国高校的工程学专业课程体系中，却是职业技术课程一直占据着主导地位，仅仅通过指导学生在人文科学领域和社会科学领域选修更多的课程，难以达到自由教育的目的。② 20世纪末、21世纪初，美国研究型大学通过改革本科生教育，在提升高等教育质量方面进行了积极探索，一定程度上扭转了本科生教育滞后的局面，使该时期成为战后美国研究型大学另一个快速发展的重要时期。③

此时期麻省理工学院电气工程教育已经并且必将继续经历比以往时期更为严峻的挑战，同时也迎来一定的发展机遇。一方面，类似于20世纪七八十年代，整个美国电气工程人才短缺，斯蒂芬·卡恩（Stephen Kahne）曾用法律等专业和电气工程专业的毕业生做了对比，研究发现，相对法律和商业等其他专业，电气工程专业的学生吸引力加强。④ 另一方面，同19世纪诞生的工程专业和建立的科学知识最终成为20世纪中期工程教育基础的发展脉络一样，此时期尤其是进入21世纪以来的工程教育正经历一次深刻变革，并直接影响未来工程教育发展的

---

① Paul Wallich. Electrical Engineering's Crisis-When Does a Vast and Vital Profession Become Unrecognizably Diffuse? [J]. IEEE Spectrum, 2004（11）：67-73.

② ［美］德雷克·博克. 回归大学之道［M］. 侯定凯，等译. 上海：华东师范大学出版社，2012：201-202.

③ 贺国庆，何振海. 战后美国教育史［M］. 上海：上海交通大学出版社，2014：57.

④ Stephen Kahne. Education: A Crisis in Electrical Engineering Manpower: A Review of the Problems Facing U. S. Industry as a Result, And a Strategy for Corrective Action [J]. Ieee Spectrum, 1981（6）：50-52.

方向和质量。① 有学者指出，推动电气工程教育变革的重要驱动因素包括科学突破和技术发展、国际化和学生的流动性与灵活性、扩大受教育者规模、国际政策等。其一，科技发展是工程教育发展的明显动力，现有课程中的科目必须根据学科内部的进展进行更新，新的科技研究领域需要被及时纳入课程体系；其二，无论是以往经验还是当前现实，无不证明国际化是时代趋势，学生的流动性和灵活性也是对高校的一大考验；其三，确保公民参与工程教育的权利；其四，工程教育并非由高校完全定义，其发展规划受其国家甚至国际层面战略和政策等环境的影响。② 在此背景下，包括电气工程教育在内的工程教育亟须改革。

麻省理工学院电气工程与计算机科学系主任彭菲尔德在其2003年的演讲中指出，新世纪麻省理工学院集中面临五大挑战：第一，接受新专业并保留各传统专业的基础知识；第二，保留有价值的抽象知识，但一定让学生了解具体实例；第三，关注长远发展方向和问题，同时根据当前问题来完成教学研究；第四，在尊重已有教育理念的前提下，讲授多维度的思想与方法；第五，培养学生正确的世界观，帮助他们明智地迎接快速变化的技术更替。③ 注重并促进多元文化形成，是麻省理工学院追求的办学使命，是包括电气工程在内的各专业的教育文化。20世纪90年代，彭菲尔德作为一名电气工程师曾发表论文指出，"多元化师资队伍比非多元化的师资队伍更能达成我们系的使命，并强调通过提供最佳学习环境，吸引优秀生源，帮助他们发展必要的综合和专业技能，拥有充实的校园生活，教师多样性至少有一定的优势可以更好地实现这些目标，例如，提供榜样、丰富知识环境以及改善咨询与指导过程等。④

（二）麻省理工学院工程教育改革的时代方向

此时期，麻省理工学院工程教育的外部环境呈现出不同于前几个时期的时代特点。1991年5月10日，麻省理工学院第15任校长查尔斯·M·维斯特（Charles M. Vest）发表就职演说时指出，麻省理工学院在塑造美国和世界的关键时

---

① Grétar Tryggvason, Diran Apelian. Shaping Our World: Engineering Education for the 21st Century [M]. New Jersey: John Wiley & Sons, Inc., 2012: 5.

② Edward F. Crawley, Johan Malmqvist, Sören Östlund, Doris R. Brodeur, Kristina Edström. Rethinking Engineering Education: The CDIO Approach [M]. Switzerland: Springer International, 2014: 258-263.

③ The Electron and the Bit: 100 Years of EECS at MIT. author: Paul L. Penfield, Department of Electrical Engineering and Computer Science, Massachusetts Institute of Technology, MIT published: March 27, 2012, recorded: May 2003, views: 2773 [EB/OL]. http://videolectures.net/mitworld_penfield_ebyem/.

④ Charles M. Vest. Pursuing the Endless Frontier: Essays on MIT and the Role of Research Universities [M]. Boston: MIT Press, 2005: 64.

刻发挥了重要作用，学校以英勇和创新的方式应对突如其来的各类挑战，如第二次世界大战的爆发或苏联人造卫星的发射等，如今再次面临各类巨大的挑战，相比之前虽然看似缓慢但是挑战性很大。① 与此同时，美国研究型大学面临前所未有的政府财政缩减、社会普遍质疑高校人才培养质量、服务社会的要求更加迫切等压力。② 随着 20 世纪 80 年代末期冷战的结束，美国联邦政府对大型军事及与国防有关的技术科学研究经费的资助也不如以往慷慨。20 世纪 90 年代以来，美国高校逐渐从政府转向工业界寻求教育科研资助，新的高校资金来源刺激了产品设计、产品开发和创新研究，这些研究也有着很强的实用性和目的性。③

1986 年，麻省理工学院开启了新一轮本科生教育全面改革，这场改革被公认为是第二次世界大战后麻省理工学院最为彻底的本科生教育改革。④ 此后麻省理工学院仍然加快改革步伐，如 2001 年开始实施"开放式课程计划（MIT OpenCourse Ware）"，此计划由校教务长办公室领导，具体通过网络并以项目形式开展，事实证明，该计划极大促进了麻省理工学院电气工程教育的发展。美国国家工程院院长威廉·伍尔夫（William A. Wulf）曾指出，第二次世界大战后美国电气工程教育迅速调整了课程体系，立足于建立一个以科学为基础的教育体系。他还认为，其他相关学科的学生学习一些电气工程专业相关知识同样具有意义，例如，土木工程师应该对电气数字设计知识有所了解，以便能够更好地制定如何在桥梁上安装射频应变计的方案，使其能够实现自我诊断等。⑤

此外，为更好地培养工业社会对工程人才的实际需求，此时期包括麻省理工学院在内的美国研究型大学做出一系列回应，强调对工程人才必备的综合素质与能力的培养，"构思—设计—实施—运行"即 CDIO 工程教学模式应运而生。该模式由美国麻省理工学院联合其他三所前沿工程院校于 2001 年正式提出，其提出过程源于对工程产品、系统运行周期的深度思考，强调教育过程融合工程真实的情境，人才培养过程贯彻团队设计和创新实践训练，培养德才兼备的新型高级工程人才。⑥

---

① Charles M. Vest. Pursuing the Endless Frontier: Essays on MIT and the Role of Research Universities [M]. Boston: MIT Press, 2005: 3.

② Charles M. Vest. Pursuing the Endless Frontier: Essays on MIT and the Role of Research Universities [M]. Boston: MIT Press, 2005: 40.

③ 李曼丽. 工程师与工程教育新论 [M]. 北京：商务印书馆，2010：226-227.

④ 王英杰. 美国高等教育的发展与改革 [M]. 北京：人民教育出版社，2002：97.

⑤ Paul Wallich. Electrical Engineering's Crisis-When Does a Vast and Vital Profession Become Unrecognizably Diffuse? [J]. IEEE Spectrum, 2004 (11): 67-73.

⑥ 翁史烈，黄震，刘少雪. 面向 21 世纪的工程教育 [M]. 上海：上海交通大学出版社，2016：16-17.

可见，麻省理工学院主导的工程教育改革重视从科学和工程基础教育本身向工程实践转变，强调对工程科技人才创造力、领导力以及工程实践能力的培养。

正如麻省理工学院校长查尔斯·维斯特指出的那样，第一，麻省理工学院必须保持工程教育和实践基础的严格性和科学性，更坚定地支持行业，并与企业建立深度合作伙伴关系，将大学研究与市场经济紧密结合；第二，麻省理工学院必须减少对狭窄的学科方法的强调，特别是在课程设置和帮助学生学习思考的方式上，需要更加关注工程实践环境，需要给学生提供更多的实践工程体验，即"设计—建造—运行（Design-Build-Operate）"的基础；第三，麻省理工学院需要教育学生在团队中更好地与他人合作，学校最重要的力量是团队的创新能力；第四，麻省理工学院需要更加擅长为学生在国际环境中的生活和工作做好准备，倡导美国大学与其他国家相关组织、政府和行业的交流；第五，麻省理工学院必须在教育中继续发展和使用信息技术，鼓励麻省理工学院在相应网站平台出版书籍和教授课程。他还指出，麻省理工学院必须保持自身在国家科学技术方面的世界领先地位，必须保持教学和科研活力，使自身成为美国创新体系的重要存在形式。[①] 除此之外，麻省理工学院必须坚持不受政府法规约束的创新体制，依靠学术创造力和市场竞争力蓬勃发展，这些均是麻省理工学院所有师生共同面临的具有挑战性的任务。

麻省理工学院院长乔尔·莫西斯（Joel Moses）于 1993 年提出"大工程"教育理念，促使麻省理工学院在 20 世纪 90 年代成功扮演了"全球经济中的工程（Engineering in Global Economy）"这一角色，强调学科交叉、知识的集成化以及工程技术与经济的紧密结合。[②] 从 20 世纪 90 年代起，麻省理工学院在教学、研究等方面取得了令人振奋的进展，其中，两方面直接涉及麻省理工学院电气工程教育发展。一是生命科学继续保持并扩大了其世界级的卓越水平，且在全校学生的教育中发挥重要作用；二是全面发起了工程教育改革，其特点是越来越重视工程的综合方面，并涉及生产、工艺和设计等社会需求，[③] 随之又提出了"大工程教育理念""回归工程实践""CDIO 教育理念"等。继 2017 年 8 月提出"新工程教育转型（New Engineering Education Transformation）"计划之后，麻省理工学

---

① Charles M. Vest. Pursuing the Endless Frontier: Essays on MIT and the Role of Research Universities [M]. Boston: MIT Press, 2005: 143-146.
② 李正，李菊琪. 国际高等工程教育改革发展趋势分析 [J]. 高教探索，2005（2）: 30-32.
③ Charles M. Vest. Pursuing the Endless Frontier: Essays on MIT and the Role of Research Universities [M]. Boston: MIT Press, 2005: 165-168.

院又开启了新一轮工程教育改革计划。① 与此同时，包括电气工程专业在内的麻省理工学院各院系面临所培养的学生何以将当下的实体校园与存有的虚拟资源有效结合等问题。教育教学实践中，电气工程专业不断扩大其教育范畴和特性，吸引了不同背景的学生；此外，电源、照明、电子、通信、伺服机构、微波、电磁系统、电气材料、生物医学系统、心理声学、控制理论、半导体技术、计算系统、语言学和神经生理学等领域均已成为麻省理工学院电气工程专业的常规课程部分。不得不指出的是，电气工程的多样性既是优点也是挑战。有学者指出，虽然现在已经为本科生设置了较为合理的课程体系，但仍然没有充分重视电气材料科学（the Science of Electrical Materials）等课程，毕竟电气材料科学已经具备了新的时代重要性，特别是随着半导体器件的发展，尽管这项固态技术正在向半导体材料中的集成电路发展，但还没有迹象表明这一新领域的发展速度究竟有多快。

此时期，麻省理工学院电气工程教育面临这一时代所具有的各项挑战。在快速发展的全球市场环境中，工程专业的学生基本不能在四年时间内学习到他们所需要的全部知识。社会处于一个不断变化的环境，并且这种变化的速度正在加快，随着新技术的不断涌现，工程师必须为自己的继续教育做好充分准备，高校必须通过教他们如何终身学习进而帮助他们做好适应未来的准备。② 正如科恩所言："21 世纪的美国高等教育能够在国内外保持优势地位也许有其传统价值观念的保护作用，但现在最重要的是加强其应变能力。"③ 总之，新时期背景下，麻省理工学院电气工程教育不断革新教育范式，形成了跨越式发展的态势，进而保持着发展的强大张力。

第二节 威尔伯·达文波特等人的实践与相关政策报告的出台

麻省理工学院电气工程教育的跨越式发展不仅受威尔伯·达文波特（Wilbur B. Davenport, Jr.）、杰拉尔德·威尔逊（Gerald Wilson）和斯蒂芬·施瓦茨曼（Stephen Schwarzman）三位人物的影响，还深受一系列高等工程教育相关政策报告的影响。达文波特确保了此阶段电气工程教育的改革方向、威尔逊增强了电气

---

① 肖凤翔，覃丽君. 麻省理工学院新工程教育改革的形成、内容及内在逻辑 [J]. 高等工程教育研究，2018（2）：45–51.

② Patricia D. Galloway. The 21st-Century Engineer：A Proposal for Engineering Education Reform [M]. New York：ASCE Press，2008：2.

③ [美] 亚瑟·M·科恩，凯莉·B·基斯克. 美国高等教育的历程 [M]. 梁艳玲，译. 北京：教育科学出版社，2012：377.

工程教育的改革力度、施瓦茨曼重塑了电气工程与计算机科学系的结构,《国家在危机中：教育改革势在必行》《重建本科教育：美国研究型大学发展蓝图》《2020 年的工程师：新世纪的工程愿景》等一系列高等工程教育相关政策报告，促使麻省理工学院电气工程教育在不断改革中实现高质量发展。

一、威尔伯·达文波特等人在麻省理工学院电气工程教育方面的有益实践

（一）威尔伯·达文波特：确保电气工程教育改革方向

麻省理工学院电气工程与计算机科学系的成立标志着电气工程教育迈入发展新纪元。1974 年，威尔伯·达文波特接任麻省理工学院电气工程系主任一职，也正是他担任电气工程系主任期间，该系正式更名为电气工程与计算机科学系，预示着电气工程教育步入全新时代，也是电气工程教育向新领域阔步推进的时代。从电气工程系到电气工程与计算机科学系的演变，标志着一种教育共识，即电气工程领域出现各学科的不断深度整合，后来逐渐被证明这是一个合理、科学的行动方针。

随着晶体管技术的成熟，半导体工业开始稳步向硅片上添加越来越多的晶体管元件，并逐渐发展出新的集成电路设计方法，新方法中的电阻和电容等经典元件不再被视为分立元件，而是"分布"在一起，类似于成一定比例的图纸设计，此时的电气工程技术更像是一门艺术，而不是一门科学。基于此，由于有源元件的紧密排列，元件间的通信时间缩短，计算速度相应提高、电力需求减弱、散热量减少等，但是，制造这些新集成电路所需的投资很大，而且，当这个行业开始在一个芯片即大规模集成电路上添加数千个晶体管时，资金成本甚至会更高。麻省理工学院的电气工程专业和物理专业继续教授半导体领域的基础物理学，并将研究主要指向于半导体器件和硅材料，以丰富其教育计划并助力芯片技术的发展，与此同时，将计算机科学领域的重点转向软件。

达文波特在其报告中曾指出，20 世纪七八十年代麻省理工学院的半导体行业技术排名全美第三。达文波特迅速意识到麻省理工学院能够在新领域做出更大贡献，特别是在亚微米设备的发展方面，他认为，将如此复杂的元器件放在一块芯片上的问题不再是工艺问题，而是将集成电路放在芯片上的技术问题，即如何把原材料转换成芯片的物理和技术问题。在达文波特等人的努力下，美国空军资助麻省理工学院电气工程与计算机科学系建设超大规模集成电路设计项目，与此同时，林肯实验室在亚微米设备方面的一些研究也被引入麻省理工学院电气工程与计算机科学系。总之，在达文波特的率领下，该系以越来越自信的方式进入硅

集成电路领域。① 事实证明,达文波特凭借自身敏锐的洞察力做出的判断和实践是正确的,确立了麻省理工学院电气工程教育跨越期的科学发展方向。

(二) 杰拉尔德·威尔逊:增强电气工程教育改革力度

杰拉尔德·威尔逊于1978年接替达文波特成为麻省理工学院电气工程与计算机科学系主任,他继续大力推进超大规模集成电路项目。威尔逊强调计算机科学的本质是取代人类手工,实现整个设计和制造过程的自动化,事实证明他本人在开发自动化系统方面做出了突出性的贡献,这些系统能够更好地设计芯片,可以为电气工程师提供较大的帮助。威尔逊一度被形容为"有着巨大能量的改革激进分子",他推动了麻省理工学院电气工程与计算机科学系许多重要项目的发展,并启动了一批新项目,这些项目均获得了大力发展并形成了一定规模。例如,他支持成立的电气工程与计算机教育专门中心,开展了包括芯片制造和其他集成电路研究设施的技术研究实验室的微系统项目,他还大力支持机器人项目,并发起了一项面向在职学生的电气工程研究生项目。值得指出的是,他还是终身教育理念的践行者,终身教育理念在1982年也成为该系百年教育的中心主题。

威尔逊坚信计算机技术拥有促进整个电气工程及计算机科学领域变革的强大作用。1982年,威尔逊加大了将计算机和通信技术融入各类工程教育的力度,将整个麻省理工学院工程学院所涉及的工程专业囊括在内,并很快扩大到整个麻省理工学院。其中,1983年由威尔逊主持成立的"雅典娜项目(Athena pro-ject)"旨在将计算机技术融入电气工程教育,该项目得到了美国数字设备公司的大力资助,麻省理工学院也在其中筹集到一定的教育经费。该项目的目标是对计算机工作站的互联网络进行一次大规模的实验技术改进,相关学生和工作人员可以通过此实验探索提高麻省理工学院教育有效性的方法。可见,威尔逊尝试用自己的实际行动推动麻省理工学院电气工程教育以及计算机科学教育在新形势下的高质量发展。

(三) 斯蒂芬·施瓦茨曼:重塑电气工程与计算机科学系结构

2018年10月,斯蒂芬·施瓦茨曼捐赠3.5亿美元成立麻省理工学院施瓦茨曼计算学院。伴随麻省理工学院施瓦茨曼计算学院的成立,麻省理工学院电气工程与计算机科学系最终成为施瓦茨曼计算学院和工程学院的共同学系,其基础是三个重叠的子单元:电气工程(EE)、计算机科学(CS)和人工智能与决策(AI+D),这三个子单元之间的跨学科空间为技术创新和发现创造了肥沃的土壤,

---

① Wildes. Karl, Nilo A. Lindgren. A Century of Electrical Engineering and Computer Science at MIT, 1882—1982 [M]. Boston: MIT Press, 1985: 365.

许多师生继续创办相关公司,进行开创性研究,并教授下一代计算机科学家、电气工程师和人工智能工程师等。① 具有"华尔街之王"美誉的施瓦茨曼,无论是其商业眼光还是投资魄力均获得世人认可,这样一位成功的企业家能够如此重视人工智能技术的发展,可见人工智能已然成为一个关系国家未来发展的关键科技领域。施瓦茨曼计算学院的成立是麻省理工学院发展史上的重大革新,创造了麻省理工学院电气工程与计算机科学系进一步发展的重要契机。

麻省理工学院校长拉斐尔·雷夫(L. Rafael Reif)对施瓦茨曼计算学院的期待非常大,他认为,伴随计算机重塑人类世界,麻省理工学院施瓦茨曼计算学院的成立致力于服务全人类的利益,并将施瓦茨曼计算学院称作自20世纪50年代以来麻省理工学院最大的结构变革。② 至此,麻省理工学院电气工程教育继1902年电气工程系的成立,再到1975年电气工程与计算机科学系的成立,可谓完成了第三次组织调整。虽然麻省理工学院电气工程与计算机科学系依然存在,但伴随施瓦茨曼计算学院的成立及电气工程与计算机科学系的功能新定位,很大程度上促进了电气工程教育产生新价值和新内涵,尤其在促进其他学科发展过程中再一次进行了明晰的身份界定。因此,斯蒂芬·施瓦茨曼可以被称作是新世纪影响麻省理工学院电气工程教育革新的重要人物之一。

二、高等工程教育相关政策报告阐明电气工程教育改革路径

20世纪七八十年代,在"重振美国精神"的大环境下,社会要求振兴美国教育、重点培养科技人才,在此背景下,电气工程教育的进一步发展需要明确的改革路径。《国家在危机中:教育改革势在必行》(1983年)等一系列纲领性文件和法令相应出台,这些教育文件和法令对教育经费的控制、行政人员和机构规模、联邦财政预算以及教育的权利分配问题等做出了明确指示,对提高教育质量,教育评估措施,教师地位、收入和提高教师职业准入标准等方面做了阐释。这些教育政策和法令对美国的教育产生了积极的影响。伴随上述政策的出台,1981年至1988年期间,美国教学课业评价综合指标有所上升,学生在数学、自然科学课程方面的学习效果得到很大改善,其人文历史学科的成绩,阅读、书面表达、计算等基本技能取得明显进步,教师队伍也进一步壮大。③

---

① Academics of EECS [EB/OL]. https://www.eecs.mit.edu/academics/.
② MIT官宣重组EECS系!原因之一竟是中国AI崛起?[EB/OL]. https://www.sohu.com/a/359487424.
③ 罗一然. 美国总统里根执政时期的教育政策研究[D]. 福州:福建师范大学,2014.

除了《国家在危机中：教育改革势在必行》等教育政策文件的重大影响之外，一系列工程研究报告也影响着麻省理工学院电气工程教育改革的发展。博耶研究型大学本科教育委员会于 1998 年发表了题为《重建本科教育：美国研究型大学发展蓝图》的报告，该报告指出，"工程师需要团队合作""与多元文化团队有效合作的挑战将继续增长"等。对工程专业的学生而言，培养学生的"团队合作"能力不仅对将来的工作大有裨益，而且也是新世纪美国工程教育的整体趋势，工程用人单位和毕业生虽然也看到了团队合作的价值，但他们认为，本科生的经验并不能为毕业生在这方面做好充分的准备。① 工程师应该接受更广泛的教育，并按照全球公民的标准来要求自己。他们在研究、设计和开发中发挥重要作用，既可以投身商业的发展，又可以引领公共服务业的发展，还可以包容和理解其他文化。② 根据美国国家工程院 2004 年发布的《工程师 2020：新世纪的工程愿景》报告，未来工程师应具备的主要特征包括沟通能力、分析能力、创造力、商业管理能力、实践经验、道德素养和终身学习能力等七个方面。换句话说，未来工程师就是要在人文、科学、数学和经济学上有良好的基础，同时拥有开阔的视野、解决未来实际问题的能力以及有效的领导力。期望未来工程师能够充分了解工程专业的社会背景和实践特点，从而进行跨学科的工程实践，为社会的可持续发展培养工程师。美国研究者对企业雇主与工科毕业生的调研结果也基本反映了上述观点，即在企业雇主看来，工程师最重要的前五项能力是：团队合作能力、解决工程实际问题的能力、有效交流能力、应用数学知识的能力、使用现代工程工具的能力。另一项对工科毕业生的调研认为，工程师最重要的前五项能力分别为：解决工程问题的能力、团队合作的能力、终身学习的能力、数据分析的能力、有效交流的能力。③ 可见，新时期对于工程师应具备的能力均指向关键能力方面。

进入跨越期，计算机、处理器和计算技术在电气工程的几乎每一个方面都变得非常重要，尤其是在信号处理、控制系统等相关领域，在发展更快、更强大的计算机和计算机体系结构中，电气工程基础也变得越来越重要，计算机已经以需要了解微波现象的速度运行，甚至电气工程和计算机工程之间的区别逐渐被弱化，这一观点得到了 2001 年全国电气工程系主任协会（NEEDHA）会议的支持，

---

① Mary C. Wright. The Importance of Teaching at the University of Michigan, 1996-2010 [EB/OL]. https://crlt.umich.edu/sites/default/files/resource_files/CRLT_no28.pdf.

② The National Academy of Engineering. The Engineer of 2020: Visions of Engineering in the New Century [M]. New York: The National Academies Press, 2004: 59.

③ 翁史烈，黄震，刘少雪. 面向 21 世纪的工程教育 [M]. 上海：上海交通大学出版社，2016：14.

该协会成员投票决定将其名称改为电气与计算机工程系主任协会,以更好地反映实际的行业状况。电气工程专业人才培养目标也出现一定争议。1978 年,基于工业界对电气工程课程的种种不满,美国电气与电子工程师协会提出一个新的课程模型,即"一个示范本科电气工程课程",该模型建议加强对以下课程领域的重视:沟通技巧、经济与政治问题、与业务有关的人际关系、跨学科科目等,这些建议旨在解决工程师的现实不足。然而,委员会的争议似乎是针对将社会科学和人际交往技能培养结合起来可能会冲淡工程课程对科学和技术的强调这一问题。当时许多工程教育工作者的主张可以概括为:"尽管工程教育必须关注当今的社会导向问题,但工程学校的目的是培养工程师,而不是社会科学家。"[1]

进入新世纪,美国工程与技术认证委员会愈加认识到工程专业毕业生不仅需要专业能力,还需要具备足够的关键能力,进而使其具备足够的适应未来的综合素养。美国工程与技术认证委员会于 2000 年制定了工程教育标准,即工程专业毕业生应具备以下能力:第一,应用数学、科学和工程知识的能力;第二,设计并进行实验,以及分析和解释数据的能力;第三,设计系统、组件或流程的能力;第四,在多学科团队中协同合作的能力;第五,识别、制定和解决工程问题的能力;第六,对职业和道德责任的正确理解能力;第七,有效沟通能力;第八,终身学习的能力;第九,运用新技术的能力等。总之,要求工程专业毕业生能够具备一定的创业能力,更好地适应未来的工作需要,这些能力也都是创业型组织的需要。[2] 显然,麻省理工学院电气工程教育的改革路径已经在一系列政策报告中被明确。

第三节 麻省理工学院电气工程教育跨越期的教学实践

麻省理工学院电气工程教育跨越期的教学实践不仅体现在教师队伍多样化和学生多元化方面,还体现在持续整合与优化普通本科生课程、进一步普及与完善校企合作课程和有的放矢地改革研究生教育等方面。

一、教师多样化与学生多元化局面的形成

(一)电气工程专业教师多样化

麻省理工学院电气工程专业的师资队伍多样化体现在该校电气工程与计算机

---

[1] Frederick C. Berry. The Future of Electrical and Computer Engineering Education [J]. IEEE Transactions on Education, 2003 (11): 467-476.

[2] D. Weichert, B. Rauhut, R. Schmidt. Educating the Engineer for the 21st Century: Proceedings of the 3rd Workshop on Global Engineering Education [M]. New York: Kluwer Academic Publishers, 2004: 23-25.

科学系的教师规模及其学科结构等方面。麻省理工学院电气工程与计算机科学系相较于上一时期的电气工程系的主要区别表现在师资等方面，电气工程与计算机科学系的教师明确区分电气工程或计算机科学所属学科：1975 至 1976 学年，正教授中，电气工程专业有 45 名，计算机科学专业有 8 名；副教授与助理教授中，电气工程专业有 30 名，计算机科学专业有 15 名。此外，还有电气生物、系统工程与科学、电气测量等专业所属的正副教授或者助理教授，实践讲师、普通讲师和研究助理，他们没有学科区分，人数分别为 27 名、10 名和 12 名。到 1980 至 1981 学年，电气工程与计算机科学系正教授中，电气工程专业有 53 名，计算机科学专业有 10 名；副教授中，电气工程专业有 16 名，计算机科学专业有 11 名；助理教授中，电气工程专业有 14 名，计算机科学专业有 8 名；实践讲师、普通讲师和研究助理分别有 3 名、27 名和 5 名。可见，麻省理工学院电气工程与计算机科学系成立初期区分电气工程和计算机科学两类教师，并且电气工程专业背景的教师占比更大。

20 世纪 80 年代，该系开始出现电气与计算机科学专业教授，这是此时期电气工程专业和计算机科学专业在师资方面协同与融合发展的表征之一。1985 年，电气科学与工程系主任理查德·布鲁克斯·阿德勒（Richard Brooks Adler）即为电气工程与计算机科学专业的教授。1985 至 1986 学年，正教授中，电气工程专业有 51 名，计算机科学专业有 10 名，电气与计算机科学专业有 5 名；副教授中，电气工程专业有 14 名，计算机科学专业有 10 名，电气与计算机科学专业有 1 名；助理教授中，电气工程专业有 9 名，计算机科学专业有 12 名。实践讲师、普通讲师和研究助理分别有 4 名、25 名和 2 名。截至 2015 至 2016 学年，正教授中，电气工程专业有 50 名，计算机科学专业有 41 名，电气与计算机科学专业有 22 名；副教授中，电气工程专业有 4 名，计算机科学专业有 5 名，电气与计算机科学专业有 7 名；助理教授中，计算机科学专业有 4 名，电气与计算机科学专业有 10 名；实践讲师和普通讲师分别有 2 名和 7 名，统称电气工程与计算机教师，同 1975 至 1976 学年一样，也均有电气生物、系统工程与科学、电气测量等专业所属的教授和副教授及助理教授，但这部分师资占比较小。此外，整体而言，电气工程专业的教授、副教授或者助理教授数量趋于稳定甚至有下降趋势，计算机科学专业的教师中教授的数量呈增长趋势，副教授或者助理教授的数量则相对稳定甚至有下降趋势，电气与计算机科学专业的教授、副教授和助理教授的数量均呈增长趋势，如表 4-1 所示。

表 4-1 1975 至 1976 学年到 2015 至 2016 学年电气工程与计算机科学系教师学科分布情况表

学年	正教授			副教授			助理教授		
	电气工程专业	计算机科学专业	电气与计算机科学专业	电气工程专业	计算机科学专业	电气与计算机科学专业	电气工程专业	计算机科学专业	电气与计算机科学专业
1975 至 1976 学年	45	8	—	17	12	—	13	3	—
1980 至 1981 学年	53	10	—	16	11	—	14	8	—
1985 至 1986 学年	51	10	5	14	10	1	9	12	—
1990 至 1991 学年	52	16	—	12	14	—	9	5	—
1995 至 1996 学年	57	25	2	11	6	1	6	3	—
2000 至 2001 学年	56	23	1	12	8	2	5	9	1
2005 至 2006 学年	52	23	5	6	13	2	7	8	10
2010 至 2011 学年	56	33	7	12	11	10	—	3	4
2015 至 2016 学年	50	41	22	4	5	7	—	4	10

（注：此表中选取时间区间为 1975 至 1976 学年到 2015 至 2016 学年，时间间隔为 5 年，一代表"无"。数据来源：麻省理工学院相应学年公报。）

实际上，1975年至2017年麻省理工学院电气工程学科和计算机科学学科两大专业并驾齐驱，共同发展，例如，系主任的学科背景出现两大学科接连"更替"现象，如表4-2所示。

表4-2 1975年至2017年电气工程与计算机科学系系主任任职情况表

序号	系主任姓名	学科	任职期间
1	威尔伯·达文波特 （Wilbur B. Davenport, Jr.）	电气工程	1975年至1978年
2	吉拉尔德·威尔逊 （Gerald L. Wilson）	电气工程	1978年至1981年
3	乔尔·摩西 （Joel Moses）	计算机科学	1981年至1989年
4	保罗·彭菲尔德 （Paul L. Penfield, Jr.）	电气工程	1989年至1999年
5	约翰·古塔格 （John V. Guttag）	计算机科学	1999年至2004年
6	拉裴尔·莱夫 （L. Rafael Reif）	电气工程	2004年至2005年
7	埃里克·格里米森 （W. Eric L. Grimson）	计算机科学	2005年至2011年
8	阿南塔·钱德拉卡桑 （Anantha P. Chandrakasan）	电气工程	2011年至2017年
9	阿苏曼·奥兹达格拉 （Asuman Ozdaglar）	计算机科学	2017年至今

（资料来源：武建鑫，蒲永平. 学科组织健康视域下世界一流学科成长机理探究——以MIT电气工程与计算机科学系为例［J］.研究生教育研究，2021（3）：76-85.）

维斯特认为，多样化虽然能够给学术共同体带来一定压力，但也能带来机遇和责任，电气工程与计算机科学系主任保罗·彭菲尔德与其观点不谋而合。彭菲尔德坚信教师多样化比教师单一化能更好地实现电气工程与计算机科学系的教育使命，这一使命包括吸引优秀的学生、为学生提供最佳学习环境、帮助学生发展生命历程所必要的身体素质与专业技能，而教师多样化能够在提供角色模仿、丰富学术环境、推进咨询与辅导工作三个方面促进这一使命的达成。① 实际上，麻省理工学院电气工程与计算机科学系诸位主任的正确领导，进一步促进了该系教师多样化生态的形成，为该系电气工程教育的高质量发展提供了较为完善的师资保障。

(二) 电气工程专业学生多元化

整体而言，此时期麻省理工学院电气工程专业的学生人数有下降趋势，但麻省理工学院电气工程专业的学科分类愈加明确，课程体系也日臻完善，使其学生培养等环节更趋向专业化。根据美国教育部报告，1987年至2001年之间，美国电气工程学士学位减少了45%以上，随着电气工程教育的招生、就业和学科都处于动荡之中，开设电气工程教育的大学及学院不得不做出重大调整，甚至有一些电气工程院系将面临无法生存的局面。② 麻省理工学院电气工程专业同样深受学生人数波动的影响。但是，麻省理工学院电气工程教育并没有因此而降低教学质量，相反，伴随麻省理工学院电气工程与计算机科学系整体师资的多样化、教学设施的标准化、实验的内涵化等，麻省理工学院电气工程教育质量有所提升。

此外，大学教职员工努力把新技术同他们追求的教育形式与内容更好地结合在一起，③ 这也是此时期美国高等教育发展的时代特征之一。技术最终改变了大学生的校园行为方式，虽然大部分学生会照常听讲座、交作业，但很多人会带着手提电脑去教室，并通过电子邮件等形式提交自己的课程论文。网络教学随之而来，很多研究报告显示，学生的网络课程成绩和常规课程的成绩没有显著差异，这无疑为普及网络教学提供了一定的实践依据。此时期的美国大学生还被贴上了各种各样的标签，且不断变更，例如，从20世纪70年代晚期开始的"Me一代"到21世纪初的"千禧代"。④

麻省理工学院电气工程专业的学生身处一定的时代，必然具备相应时代赋予的特征。他们个性有加、追求各异，多数学生充满了对学习的兴趣和未来的向往。这不仅体现在电气工程专业研究生数量的增长方面，还体现在电气工程专业

---

① [美] 查尔斯·维斯特. 一流大学 卓越校长：麻省理工学院与研究型大学的作用 [M]. 蓝劲松, 译. 北京：北京大学出版社, 2008：54.
② Paul Wallich. Electrical Engineering's Crisis-When Does a Vast and Vital Profession Become Unrecognizably Diffuse？[J]. IEEE Spectrum, 2004 (11)：67-73.
③ [美] 亚瑟·M·科恩, 凯莉·B·基斯克. 美国高等教育的历程 [M]. 梁艳玲, 译. 北京：教育科学出版社, 2012：241.
④ [美] 亚瑟·M·科恩, 凯莉·B·基斯克. 美国高等教育的历程 [M]. 梁艳玲, 译. 北京：教育科学出版社, 2012：311-333.

学生与该系其他专业学生的数量占比及发展趋势上。此时期，麻省理工学院电气工程专业的研究生数量呈整体增长趋势，博士研究生教育阶段的学生人数相较于硕士研究生的增长趋势则更为明显。麻省理工学院电气工程专业的学生虽在20世纪七八十年代出现了短暂的人员减少现象，但后来尤其是进入21世纪以来，这种现象有所好转，学生选择电气工程专业、计算机科学专业以及电气与计算机科学专业的人数比例趋于稳定。除此之外，此时期麻省理工学院电气工程专业的国际留学生规模相较于上一时期有所扩大，并且21世纪之后相较于20世纪末期，这一规模扩大的表现更为明显，进一步提高了该专业学生的多元化特性。

二、普通本科生课程持续整合与优化

此时期，正如麻省理工学院1995至1996学年学校公报中提到的，在无线电广播、电视、电话和计算机通信网络中，有大量涉及电线、光纤或无线电技术的电气通信系统，现代电子学使精密仪器系统的出现成为可能，它们可用于物理和生物科学的所有分支，以及大多数工程领域。电机和电子电路控制着许多系统，这些系统在众多方面深深地影响着我们的生活，如为社会服务的大量电力由发电机提供，并由复杂的传输和交换网络控制与传输。在此背景下，麻省理工学院电气工程教育在持续整合与优化中有所革新，尤其在20世纪90年代实现了课程的跨越式发展。

（一）在继承中整合课程

1975年至1982年延续电气工程系更名前提供的四门本科专业课程，包括电气科学与工程、计算机科学与工程以及两门校企合作课程，两门校企合作课程均对应电气工程师硕士学位。这些学位课程均涉及三部分：课堂复习、实验室项目和本科论文。相较于上一时期，课程学科种类变动不明显，仅在课程对应的学分方面有一定调整。并且，提供的本科生课程均获得美国工程师专业发展委员会以及后来的工程与技术认证委员会认证，可见第三方机构在麻省理工学院电气工程教育中起到一定的引领和规范作用。

1991至1992学年，电气科学与工程专业课程中必修课程的总学分为120分，这些课程包括计算机程序结构与解释、电路与电子学、信号与系统、计算结构、电子装置与电路、电机与能源、电动力学、微分方程。其中计算机程序结构与解释、电路与电子学、信号与系统、计算结构同样是计算机科学与工程专业的必修课程，并且两个专业对应的这四门课程的学分均为15分，这四门课程是该系所有本科生课程的核心。电气科学与工程专业的课程和计算机科学与工程专业不同的是电子装置与电路、电机与能源、电动力学、微分方程这四门,这些课程的学分均为12分;计算机科学与工程专业除上述相同必修课之外,还开设人工智能、软件工程实验、代数系统概论、非线性代数等课程,详见表4-3。与计算机科学与工程专业相比较,电气科学与工程专业更加强调强电及实践。[①] 与1975至1976学年相比,少了网络理论导论和电磁场与能量,多了电路与电子学、电机与能源和微分方程等课程,并且1975至1976学年,微分方程是作为限制性选修课程范围内的课程。1993至1994学年,电气科学与工程和计算机科学与工程的必修课程均为计算机程序结构与解释、电路与电子学、信号与系统、计算结构和微分方程。这两个本科专业的不同主要体现在选修课、实验课等方面。对电路与电子学课程的重视,源于电子学在此时期仍然是整个社会产品、工艺流程和服务的重要因素之一,该因素在工程师数量方面也有所体现,毕竟相对其他工程领域而言,电气或电子工程师的数量在此时期增速最快。

表4-3 1991至1992学年电气科学与工程和计算机科学与工程课程表

专业 序号	电气科学与工程	计算机科学与工程
1	计算机程序结构与解释	计算机程序结构与解释
2	电路与电子学	电路与电子学
3	信号与系统	信号与系统
4	计算结构	计算结构
5	电子装置与电路	人工智能
6	电机与能源	软件工程实验
7	电动力学	代数系统概论
8	微分方程	非线性代数

(资料来源:Massachusetts Institute of Technology. The Massachusetts Institute of Technology Bulletin 1991-1992:Courses and Degree Programs Issue [Z]. Boston:MIT Press,1991.)

此外,从1993至1994学年开始,生物电气工程成为专门的电气工程专业,包含本科及研究生阶段,而不是上一时期仅仅作为电气科学与工程专业的特殊部

[①] The Massachusetts Institute of Technology. The Massachusetts Institute of Technology Bulletin 1991-1992:Courses and Degree Programs Issue [Z]. Boston:MIT Press,1991:150-151.

分。生物电气工程教育旨在将工程原理和方法应用于对生命系统的理解和技术设备的设计中,这些技术设备的规格要求对生命系统的特性有一定知识储备,例如,包括生物、生理或心理系统的定量描述;再如,循环系统、感官系统或骨骼系统、蛋白质或遗传结构;改善病理系统操作的设备以及有助于有效提供卫生保健的系统等。[①] 1993 年以前,生物电气工程作为电气科学与工程一个特殊部分,主要是用生物物理学、生理学和感知心理学三门专业科目取代一些高级数学、电动力学、量子物理和统计力学科目等。相对而言,1993 年之后的生物电气工程教育则更为趋向生物学课程。

在限制性选修课中,提供四组选修课:A 组为热力学/统计力学,具体包括统计力学与热力学、热力学与动力学、热力学;B 组为量子力学,具体是量子物理学导论;C 组为概率,具体是概率系统分析;D 组为高等数学,具体包括复杂变量及其应用、线性代数、代数系统导论等。该专业学生被要求从其中三组中选择具体的三门课程学习,总共为 36 个学时。实验课程涉及的实验室包括电气工程与计算机科学实验室、模拟电子实验室、数字系统实验室、微计算机项目实验室、生物电子学项目实验室、半导体器件项目实验室、微电子加工技术实验室、现代光学项目实验室、软件工程实验室以及心理声学项目实验室等。[②] 与 20 世纪七八十年代相比较,20 世纪 90 年代的实验课程沿袭了传统的数字系统实验室、半导体器件项目实验室、生物电子学项目实验室、心理声学项目实验室等,增加了微计算机项目实验室、微电子加工技术实验室、软件工程实验室等,取消了控制系统项目实验室、图像传输系统项目实验室、闸门项目实验室、人工智能项目实验室、控制机器人实验室、计算机性能测量实验室、音频通信项目实验室等,相对而言,后来继承或增加的实验室对应的实验研究项目也更为精、专、深。

(二)在革新中优化课程

1993 至 1994 学年,电气工程与计算机科学系进行了较为明显的课程改革。一方面,由革新之前的本科生课程与研究生课程,变为专业与职前课程、博士与博士前课程;另一方面,提供三门普通本科生课程,不仅提供传统的电气科学与工程、计算机科学与工程课程,还提供跨学科课程,后者于下一学年一举发展为电气工程与计算机科学课程。至此,电气工程与计算机科学系提供电气科学与工

[①] The Massachusetts Institute of Technology. The Massachusetts Institute of Technology Bulletin 1993–1994: Courses and Degree Programs Issue [Z]. Boston: MIT Press, 1993: 164.

[②] The Massachusetts Institute of Technology. The Massachusetts Institute of Technology Bulletin 1991–1992: Courses and Degree Programs Issue [Z]. Boston: MIT Press, 1991: 57D–58D.

程、电气工程与计算机科学、计算机科学与工程三个专业,其中,电气工程与计算机科学专业是跨学科专业,其课程体系超越传统课程体系,具有明显的跨学科属性。这些专业的不同还主要体现在选修课方面。电气科学与工程专业的学生,需要在生物电气工程,通信、控制与信号处理,设备、电路与系统,电动力学与能源系统四门课程中任选三门;电气工程与计算机科学专业学生,则需要在上述四门课程中任选两门,并在三门计算机科学与工程专业对应的课程,即人工智能与应用、计算机系统与结构、计算机科学理论中任选两门。

电气工程专业即电气科学与工程专业在原有课程的基础上添加了相应课程,包括通信、控制与信号处理,设备、电路与系统,电动力学与能量系统等三个类别。第一,通信、控制与信号处理重点研究和学习随机动态系统的设计、建模、识别、优化和控制中的基本问题;分析和综合处理信号或信息的算法和系统。其主题包括光和数据通信网络;语音、图像、雷达、地球物理、海洋学和其他信号的处理;分布式并行计算;神经网络;电力系统;航空航天系统;后勤系统等。第二,设备、电路与系统课程主要研究电子学在信号处理和能量传递过程中的应用,包括合成和制造以及元件、网络和系统的分析与建模。其主题包括数字与模拟电路系统,电力电子、D/A 和 A/D 转换,硅和化合物半导体物理、器件和模拟,微机械传感器和执行器,量子物理与器件,超导性等。第三,电动力学与能量系统课程主要学习研究相关定律在准静态和电动系统及介质中的应用。其主题包括电力系统,旋转机械,传感器与系统,电介质物理与高压工程,电磁波理论,无线电、微波与光学系统,等离子体与聚变能系统的电动力学,激光、非线性光学相互作用,光学信息处理,以及电生理及电化学系统等。①

除却一般课程,电气工程专业的学生有机会参与学校统一提供的相关研讨会项目、跨学科科学学位计划等,并获得跨学科研究机会。在研讨会项目中,本科生与教师就当前研究领域及热点进行密切交流,通常具有以下好处:师生较早进行学术探讨并建立联系,学生不仅可以获得专业研究团队的建议、咨询机会和辅导资源,获取数据收集和实验室技术,获得相应学分,还可以更好地理解探究过程,体验个人专业成长等。②

培养体制方面,学士学位不明确要求有论文写作,但是必须参与一个高水平

---

① The Massachusetts Institute of Technology. The Massachusetts Institute of Technology Bulletin 1995-1996: Courses and Degree Programs Issue [Z]. Boston: MIT Press, 1995: 166-167.

② The Massachusetts Institute of Technology. The Massachusetts Institute of Technology Bulletin 1992-1993: Courses and Degree Programs Issue [Z]. Boston: MIT Press, 1992: 36.

项目并在其中承担一定研究任务，最终形成书面或口头报告。本科生教育的培养目标是培养适合从事初级工程工作，适合研究生工作以及适合其他职业工作的学生。①

2014 至 2015 学年，电气工程专业在原有三门本科生课程的基础上，增加"6-7"课程，这是由电气工程与计算机科学系和生物学系联合提供的跨学科课程，主要面向专门从事计算机科学和分子生物学的学生。近年来，提供了电气科学与工程、电气工程与计算机科学等课程，选择该课程的学生需要从涉及大量实验的机器人技术、通信网络、医疗技术、互连嵌入式系统课程中选择一门作为其核心课程；此外，学生还需选择三门基础课程、三至四门主题课程、两门高级本科生课程、一至两门选修课。② 当前，麻省理工学院电气工程专业尤为注重选修课，提供丰富且不同种类的课程，充分给予学生自主选择课程的权利，旨在适合学生兴趣，促进学生学习的积极性。

目前，所有电气工程与计算机科学系的学生需要从微电子设备与电路、通信控制与信号处理、生物电科学与工程、计算机系统工程、算法设计与分析、人工智能中，至少选修三门学科和一个实验室项目，整个本科阶段的学习期间，通过实验室项目、团队合作、独立项目和研究让学生掌握各种电气工程与计算机科学领域的分析、设计与实验原理和技术。同时，该系还提供许多能够让学生获得实践经验的课程，包括从在校园内完成的合作工业项目到在合作公司的阶段实习等多种形式。③

三、校企合作课程进一步普及与完善

20 世纪 70 年代，继麻省理工学院与惠普公司提供校企合作课程之后，加利福尼亚州的帕洛阿尔托实验室也加入Ⅵ-A 课程项目，Ⅵ-A 计划随之扩大到美国西海岸。1973 年，德州仪器公司（TI）也加入Ⅵ-A 课程项目，塞西尔·H. 格林（Cecil H. Green）是该公司董事长，他本人也是一名Ⅵ-A 课程项目的毕业生。德州仪器公司是第一家由毕业于Ⅵ-A 课程计划的学生创办的Ⅵ-A 课程合作公

---

① The Electron and the Bit: 100 Years of EECS at MIT. author: Paul L. Penfield, Department of Electrical Engineering and Computer Science, Massachusetts Institute of Technology, MIT published: March 27, 2012, recorded: May 2003, views: 2773 [EB/OL]. http://video lectures. net/mit world_penfield_ebyem/.

② The Massachusetts Institute of Technology. COURSE CATALOG: MIT Bulletin 2019-2020 [Z]. Boston: MIT Press, 2019: 190-191.

③ Academics/Undergraduate. Programs/Curriculum [EB/OL]. https://www.eecs.mit.edu/academics/undergraduate-programs/curriculum/.

司。格林是Ⅵ-A课程项目成功培养出的学生代表之一,也正是该项目以往的成功运行经验,促使其能够拥有较大的吸引力。

1981年,Ⅵ-A课程项目已有272名就读学生,这成为该项目在其六十余年的发展进程中达到最大招生规模,这一计划的成功模式促使它在工程学院被广泛复制,与之相应的工程实习计划于1982年推出,主要面向电气工程和计算机科学以外的学科。这种校企合作教育的需求正在美国的工程学校中蔓延开来,通过将实践经验与深入的学术培训结合起来,培养出了众多高素质的毕业生,他们所学的知识可以在现实的科学和工程领域立竿见影。这也充分说明传统电气工程系以及该时期Ⅵ-A课程项目对外具有一定的影响力,助推了电气工程教育的社会服务职能的发挥。

21世纪以来,麻省理工学院扩展校企合作模式,在继承传统校企合作模式的基础上,对其进行适时优化与完善,并不断探索新的校企合作形式。在此背景下,麻省理工学院电气工程教育中的校企合作形式更加趋向多样化、多元化,不再依托或者集中于Ⅵ-A课程项目等,而是将校企合作课程模式有机融入其他常规课程中,使得校企合作课程的外显形式不再类似于传统校企合作课程,也为更多企业能够更加便捷地与麻省理工学院电气工程专业进行校企合作提供了更多机会。

四、研究生教育有的放矢地改革

20世纪80年代末,具有博士学位授予资格的大学注册人数已经超过全美大学生总数的四分之一,截至1994年,最高可授予硕士学位的大学有1 347所,具有博士学位授予资格的大学有473所。[①] 2005至2006学年,一半的博士被授予了工程、教育、医疗卫生、生物或生物医药科学学位。[②] 同样的增长趋势发生在麻省理工学院电气工程与计算机科学系,电气工程专业研究生的规模不断扩大并出现了一定的改革举措。

(一)保留传统电气工程师硕士学位

麻省理工学院电气工程与计算机科学系规定希望获得比理学硕士课程更广泛实践培训的有能力的学生,可以攻读电气工程师学位。该学位的学习课程主要为

---

① [美]亚瑟·M.科恩,凯莉·B.基斯克.美国高等教育的历程[M].梁艳玲,译.北京:教育科学出版社,2012:205-206.

② [美]亚瑟·M.科恩,凯莉·B.基斯克.美国高等教育的历程[M].梁艳玲,译.北京:教育科学出版社,2012:294.

选修课程，需要完成一篇论文。该课程通常要求至少四个学期的研究生学习，并超过理学学士学位水平。该系还要求该课程中至少包括八个经批准的研究生科目。① 无论是学习的科目还是最终的学位论文质量要求，均高于一般硕士学位的普通要求。

由于申请电气工程师学位的本科生背景不同，如电子工程、计算机科学、物理、数学、生物医学工程等，因而没有列出具体的录取要求。申请过程中，所有申请人的背景要被再次仔细审核，以确保他们满足其研究生课程所需的主要先决条件，具有不同寻常的学术背景的申请人被鼓励直接与他们提议的学习领域的教师沟通，以征求建议。无论如何，在本科科学领域的卓越成就被认为是特别重要的。

电气工程师学位没有固定的培养模式。此时期，该系拥有此专业相关研究生课程的专业领域包括通信与控制、计算机科学、人工智能电子、计算机与系统、电磁学与动力学、能量转换装置与系统的材料及装置、超大规模集成电路系统设计技术、通信与概率系统、运筹学、光学与量子电子学、电气工程、辐射工程等。以上这些专业的学生，可以通过提交合格论文申请该专业硕士或者博士研究生学位。当然，申请环节包括对学生学习过程和学业成绩的严格审查，以确定其满足申请该专业研究生学位应该具备的学习条件。②

20世纪90年代，彭菲尔德主张开设新的常规五年制工学硕士课程，即理工硕士和理工科硕士同时开设，其理念是，四年的时间不足以满足电气工程教育多样性和复杂性的要求，因此专业课程将额外延长一年，为选定的学生提供更多学习电气工程相关知识的机会。③ 此理念一直延续到21世纪，并成为该系培养电气工程师的主导模式。

工程硕士课程的主要部分由以课堂—背诵形式呈现的课堂科目组成。这些科目提供了对电气工程和计算机科学的原理及应用的系统介绍，并通过定期分配家庭作业，以及在许多情况下，借助基本实验室或设计问题来加强，鼓励欣赏成功设计的原则是课程的一个重要目标。对这一目标的重视程度，可通过工程设计学

---

① The Massachusetts Institute of Technology. Bulletin: Massachusetts Institute of Technology General Catalogue Issue September 1978 [Z]. Boston: MIT Press, 1978: 183.

② The Massachusetts Institute of Technology. The Massachusetts Institute of Technology Bulletin 1992-1993: Courses and Degree Programs Issue [Z]. Boston: MIT Press, 1992: 158-159.

③ John A. On, Bruce A. Eisenstein. Summary of Innovations in Electrical Engineering Curricula [J]. IEEE Transactions on Education, 1994 (5): 131-135.

分在课程计划中的占比有所体现,每个学生针对工程设计的课程学习至少需要48个学分。对设计的重视也得到了工程硕士课程另外两个重要组成部分的补充:实验室项目和论文。该系提供的实验室项目让学生能够及时接触到实验、设备或计算机程序中的设计元素,以及对实施的问题和结果的评估。由于这种工程实践经验的重要性,学生除了完成学校普通实验室的要求外,还要完成一个该系特有的实验室项目,并且通常由该系实验室提供更为适切的实验项目。大多数系实验室项目提供12个学分,工程硕士学位的论文通常是24个学分,每个论文都是根据活动的性质由论文主管分配适当数量的学分,鼓励基于每个参与者都有确定责任的小组项目的联合论文。① 此外,本系研究生还可以参加包括生物医学工程、运筹学、技术和政策等相关项目的跨专业学位课程。

(二)硕士学位学制变革

麻省理工学院电气工程硕士课程作为修订后的学士学位课程的直接延伸而发展起来,通过五年的校企合作培养一位全面发展的电气工程师。这种情况使硕士学位逐渐成为学生的学位目标,这类学生希望从事高级电气工程的职业,并寻求培训,使他们能够适应不断出现在电气工程中的新技术。硕士学位的这一新角色伴随着相关课程的性质发生变化。曾经,硕士学位需要完成论文,通常占用学生三分之一或更多的时间进行撰写,然而,当目标变成提供一个强大的一般技术背景时,大多数机构要么将论文改为可选,要么干脆放弃,一段时间内,研究生或高级本科阶段的课程安排都是为了拓宽和加强学生的技术和科学背景。②

整体而言,此阶段的早期,申请获得麻省理工学院电气工程专业研究生学位的基本条件并无明显改变,并且,除了常规意义上的研究生学位,还可授予包括生物医学工程、运筹学、政策技术在内的跨学科研究生学位等。但是,1993年,麻省理工学院电气工程教育研究生学位授予制度发生重大调整:鉴于该系本科生毕业后的考研热潮,决定提供五年制工程硕士学位,该学制于2006至2007学年调整为6-P课程,旨在鼓励致力于攻读研究生学业的学生,该学制最大的特点是经过五年全日制形式,既能获得学士学位又能获得工程硕士学位。这一学制形式的出现,标志着麻省理工学院电气工程教育学位制度的进一步完善。麻省理工学院6-P课程与Ⅵ-A课程的最大不同是后者更注重企业参与,而前者主要强调学

---

① The Massachusetts Institute of Technology. The Massachusetts Institute of Technology Bulletin 1995-1996: Courses and Degree Programs Issue [Z]. Boston: MIT Press, 1995: 164.

② Frederick E. Terman. A Brief History of Electrical Engineering Education [J]. Proceedings of the IEEE, 1998 (8): 1792-1800.

校课堂中的理论学习。具体实践中,由于选择Ⅵ-A课程的人数比较多,而选拔人数有限,这就造成一些有攻读硕士学位想法并达到条件的同学无法成功攻读该课程。未能成功选读Ⅵ-A课程的这部分学生,还有望攻读6-PA课程,这一课程是6-P课程与Ⅵ-A课程的有机结合,学制同样是五年,其培养方式和特点介于两者之间,选择6-PA课程的同学需要参与企业实践完成其工程硕士论文。① 并且,不同于本科生教学,硕士生的教学目标是培养适合从事高级工程方面职业的学生。②

此外,攻读硕士研究生学位的学生可以申请个人相应基金,诸如Ⅵ-A课程中企业提供的劳动报酬、国家科学基金奖学金、助教奖学金等。其中,助教奖学金要求学生必须参与该系或相关实验室的研究或教学,获得助教身份。助教通常可以注册两个提前预定的课堂或实验室项目,并可因其参与教学或研究计划而获得一定的学分,获得助教奖学金后,完成工程硕士课程所需的时间通常会延长一两个学期。当然,相应的资助或奖学金等,有严格的规定,通常仅限于研究生前三个学期,除非学生获得博士生就读资格,方可允许支持到第四学期。

博士研究生教育方面,20世纪50年代中期,麻省理工学院每年授予少数博士学位;在接下来的20年里,研究生数量急剧增加,每年约授予50个博士学位。截至1981年,学校有超过500名研究生和1 000名本科生。③ 此时期博士生的培养目标是完成研究型课程,使得毕业生能够适合未来从事的学术和研究工作。④ 博士研究生教育并无固定培养模式,计划申请博士学位的学生需要与教师顾问协商制定相应课程学习等项目,随着博士计划项目走向论文研究,它通常集中在许多领域中的一个,且每个领域都是一个活跃的研究项目。该系拥有丰富的研究项目和与电气工程相关的专业领域,包括系统、通信和控制,计算机科学、人工智能、电子、计算机和系统、电磁学和动力学,能量转换设备和系统,材料和设备,超大规模集成电路系统设计和技术,通信和概率系统,光学和量子电

---

① Massachusetts Institute of Technology. The MIT Bulletin: 2010-2011 course catalog [Z]. Boston: MIT Press, 2010: 142-143.

② The Electron and the Bit: 100 Years of EECS at MIT. author: Paul L. Penfield, Department of Electrical Engineering and Computer Science, Massachusetts Institute of Technology, MIT published: March 27, 2012, recorded: May 2003, views: 2773 [EB/OL]. http://video lectures.Net/mit world_penfield_ebyem.

③ Wildes. Karl, Nilo A. Lindgren. A Century of Electrical Engineering and Computer Science at MIT, 1882-1982 [M]. Boston: MIT Press, 1985: 354-374.

④ The Electron and the Bit: 100 Years of EECS at MIT. author: Paul L. Penfield, Department of Electrical Engineering and Computer Science, Massachusetts Institute of Technology, MIT published: March 27, 2012, recorded: May 2003, views: 2773 [EB/OL]. http://videolectures.net/mitworld_penfield_ebyem/.

子，生物电气工程，电力工程和高压工程等。①

第四节 麻省理工学院电气工程教育提升实验内涵的科研范式

知识的资本化已经成为科学规范，这个新规范的出现不仅来自产业科学的实践和学术界的动态统一性，还来自大学的外部影响和国家政策，如间接地改变对于知识产权所产生的联邦资助的研究和直接的产业政策配置的规则，具体表现在如技术转移办公室这种组织形式，和政府对研究项目进行拨款支持的要求，知识的资本化过程改变了科学家对待研究结果的看法。② 麻省理工学院电气工程与计算机科学系成立至今，在不断升级实验室设备的同时，持续深化跨学科研究、校企合作研究以及实验教学内容等，确保电气实验室的高效运行，进一步促进了电气工程专业一系列科学研究能够高质量开展。

一、实验室升级背景水到渠成

亚历山大·多米扬（Alexander Domijan, Jr.）等人于1988年完成了关于包括美国电气工程实验室在内的研究，并通过研究美国多个电气工程实验室得出最终报告，指出了电气实验室的三代历史进程。第一代电气实验室由大型高压电机组成，因此这类实验室往往难以建立，而且耗时费力。第二代电气实验室于20世纪60年代被引入，比较典型的是法拉第实验室，以及商用实验室沃尔特（Volt）和汉普登（Hampden）公司控制台；引进了许多实验机构，但当时却被普遍认为是不方便进行实验的；此时计算机的使用开始崭露头角，计算机技术对研究大型网络中的现象特别有益，最初使用计算机技术同样具有一定缺点：一是对物理组件的理解较少，二是学生或工程师过度依赖计算机数值来计算实验结果。第三代电气实验室将在很大程度上面向系统实验，尝试解决第二代实验室中因使用计算机带来的上述缺点，并寻求将基于物理的组件纳入模型，此模型将计算机控制和数据采集工具相结合。研究结论中，接近78%的受访者认为电气工程实验室对学生的教育很重要，但接近83%的受访者仍然强调面向组件的实验，这

---

① The Massachusetts Institute of Technology. Bulletin 1997-98：The Massachusetts Institute of Technology Courses and Degree Programs Issue [Z]. Boston: MIT Press, 1997: 170.
② [美] 亨利·埃茨科维兹. 三螺旋创新模式：亨利·埃茨科维兹文选 [M]. 陈劲，译. 北京：清华大学出版社，2016：220.

并没有给学生充分准备系统方面的工作。此外，近84%的受访者认为，电气工程师的教育过于依赖计算机模拟研究，应该辅之以物理实验室系统工作，研究还表明，当更多的电子、计算机控制和物理系统被纳入实验室教学课程时，电气工程领域的相关实验才能够吸引更多的学生参与。①

电气工程实验室升级已经成为高等工程领域的普遍共识。同时，麻省理工学院电气工程专业相关实验室历经转型期和创新期发展，具备了实验室升级条件，呈现出从完成依托军工实验室向优化实验项目范式的转化，再从优化实验项目走向提升实验内涵的发展态势。

二、跨学科实验研究全面开展

此时期麻省理工学院强调跨学科研究，体现在为学校全部本科生及研究生提供跨学科实验研究机会、跨学科部门组织等方面。跨学科实验研究扩大了学生教育范围：本科生参与的实验项目可以计入他们的专业研究项目计划，包括论文方向的选择等；研究生则借助跨学科实验项目和设施更好地获得学习和研究机会，通过参与相应实验研究进一步拓展学科的科研方向和领域。

1977至1978学年，麻省理工学院电气工程与计算机科学系提供面向全校师生的相应实验研究项目及计划，包括电力系统工程实验室、电子研究实验室在内的实验室项目集中呈现麻省理工学院电气工程专业跨学科研究的属性特征。其中，电力系统工程实验室作为跨学科实验室，主要涉及与电力产生、传输、分配和应用的有关问题，也进行一些大功率半导体器件的相关研究工作，该实验室的教员一般具有电气行业从业经验，通过校内研究、咨询活动和参与专业协会活动同电力行业保持密切联系。该实验室中，基础和应用研究涉及广泛的跨学科领域，并与研究生教学紧密结合，研究的主要领域包括系统科学与控制工程、通信科学与系统、计算机与信息系统等。② 电子研究实验室作为该校第一个跨学科实验室，逐渐形成了一个校园研究环境，包括来自电气工程专业在内的大约十个院系的参与者、数十个研究小组在三大领域进行普通物理、等离子体动力学和通信科学等领域的研究，旨在为全校师生提供大型实验室的各种服务。此外，还有能源实验室和林肯实验室也是大型跨学科实验室，其中的能源转换计划涉及电力系

---

① Alexander Domijan. Jr, Raymond R. Shoults. Electric Power Engineering Laboratory Resources United States of America and Canada [J]. IEEE Transactions on Power Systems, 1988 (8): 1354-1360.

② Massachusetts Institute of Technology. Bulletin: Massachusetts Institute of Technology General Catalogue Issue September 1977 [Z]. Boston: MIT Press, 1977: 104.

统的研究，具体研究项目包括光伏电力系统、无线电物理和雷达系统等；林肯实验室的研究项目则包括光伏发电系统、无线电物理和雷达系统等。① 此外，麻省理工学院在电气工程与计算机科学系、机械工程系、海洋工程系、航空航天系和建筑系开展声学研究或教学活动，其中声学研究是为了支持各院系的"主要"教学研究活动，如通信、机器设计和结构设计等。大多数声学研究都是跨学科的，又因为教学科目的先决条件很少，任何院系的学生都可以学习声学知识。声学学科的教学研究分为三部分：第一部分是包括本科和研究生两个层次的基础课程，通常在电气工程与计算机科学系、机械工程系、建筑系教授这些基础课程；第二部分是支持声学方面的各类研究活动，这些课程包括语音通信、神经生理学与语音感知、声音振动与传播、空气动力噪声和医学超声学；第三部分属于"专业实践"类别，包括噪声控制、建筑声学和声纳知识应用等。

1998至1999学年，建筑技术研究项目由电气工程、建筑、土木与环境工程、机械工程和材料科学专业的师生共同参与；材料科学与工程中心通过跨学科研究小组增强和推广合作研究，在微电子学、高温超导电性、电子聚合物复合材料等领域拥有跨学科研究小组，涉及包括电气工程专业在内的八个系的师生。② 电磁与电子系统实验室（Laboratory for Electromagnetic and Electronic Systems）的工作人员来自电气工程和计算机科学系、机械工程系和建筑系，研究学科领域包括模拟与数字电路设计、电力电子学、控制与评估、机电学、高压与绝缘研究等，并与其他研究所和实验室有着一定互动。此外，信息与决策系统实验室、制造与生产力实验室、制造业领导者计划、材料加工中心、等离子体科学与聚变中心等均广泛涉及电气工程与计算机科学系的师生。③ 这些实验室中的研究项目也关乎电气工程教育水平。

21世纪以来，涉及电气工程专业的实验室有着一定的国际合作趋势。例如，光谱学实验室作为科学院的一个跨学科实验室，鼓励不同学科的研究人员广泛参与合作，来自电气工程与计算机科学系、化学、物理、化学工程以及哈佛—麻省理工学院健康科学和技术分部的师生在实验室进行相应的研究项目，同时，来自

---

① Massachusetts Institute of Technology. Bulletin：Massachusetts Institute of Technology General Catalogue Issue September 1977 [Z]. Boston：MIT Press，1977：115-130.

② Massachusetts Institute of Technology. Bulletin 1997-98：The Massachusetts Institute of Technology Courses and Degree Programs Issue [Z]. Boston：MIT Press，1997：77-92.

③ Massachusetts Institute of Technology. Bulletin 1997-98：The Massachusetts Institute of Technology Courses and Degree Programs Issue [Z]. Boston：MIT Press，1997：93-107.

美国和其他国家的研究人员也参与该实验室赞助的相关项目,许多国际留学生在实验室进行研究并完成论文写作,该实验室激光研究的许多领域都提供本科生的研究计划项目。①

当前,虽然涉及电气工程专业的跨学科研究的实验室或中心数量有减少趋势,但研究范畴进一步扩大,合作也更为多元化。例如,麻省理工学院科赫综合癌症研究所(Koch Institute for Integrative Cancer Research)主要开发检测、诊断、治疗和管理癌症的新方法,其研究人员包括电气工程师、生物学家、化学家等,致力于将最先进的科学技术应用于癌症的防治,麻省理工学院所有学生都可以在该研究所教员的监督下进行博士论文研究,他们还有可能获得成为该研究所助理的机会。微系统技术实验室则提供现代化的制造设施,以支持纳米和微米技术的研究和教育,其具体研究分布在集成电路实验室、技术研究实验室、探索材料实验室和电子束光刻实验室等四个独立实验室进行,并且电子束光刻实验室由电子研究实验室和微系统技术实验室共同管理,截至2017年,超过130名麻省理工学院教员和高级研究人员、550名研究生和博士后助理以及14名本科生使用微系统技术实验室的共享设备从事科教工作。等离子体科学与聚变中心(Plasma Science and Fusion Center)专注于等离子体科学、磁与惯性聚变的理论和实践研究,以及相关技术的开发,该中心培养学生独立的创造力,并为学生、科学家和工程师的教育培训提供条件,涉及电气工程与计算机科学、物理学、核科学与工程、材料科学与工程、机械工程、化学工程、航空航天系的学生。② 值得指出的是,此时期的麻省理工学院既拥有一流的工程学、科学和管理计划,也有令人称赞的人文科学、艺术、建筑和社会科学计划,为培养学生的创新能力提供了良好的智力平台,③ 同时,齐全而又实力雄厚的多学科基础为该系全面开展跨学科实验研究提供了坚实的基础和保障。

三、实验室教学内容丰富多样

麻省理工学院电气工程与计算机科学系的科学研究广泛涉及不同的实验室或中心,麻省理工学院电气工程专业的师生在这些机构完成相应的实验与教学任务。这些实验室或中心包括信息与决策系统实验室、电子研究实验室、通信实验

---

① Massachusetts Institute of Technology. The MIT Bulletin: 2009-2010 course catalog [Z]. Boston: MIT Press, 2009: 318-319.
② Massachusetts Institute of Technology. Course Catalog: The MIT Bulletin: 2017-2018 [Z]. Boston: MIT Press, 2017: 100-111.
③ 林大为. 手脑佼佼者:麻省理工学院 [M].北京:现代出版社,2013:169.

室、计算机科学实验室、人工智能实验室、电磁与电子系统实验室、能源实验室、空间研究中心、林肯实验室、高压研究实验室、媒体实验室、材料科学与工程中心、运筹研究中心等。[1] 通常情况下,这些跨学科实验室或中心机构人员本身并没有固化学科的概念,例如,媒体实验室的研究员都是麻省理工学院的研究生和博士生,每6人组成一个小组,共25个小组,由25个教授领导,这些教授和学生大多"博学",随机抽取一人,便可能精通5个学科领域。弗兰克·莫斯(Frank Moss)担任该实验室主任时曾指出,21世纪人类面临的许多挑战将不再是在一个领域内能解决的,而是各种科学家、工程师和设计师在一个开放互动的环境中相互关联、共同解决。[2]

麻省理工学院电气工程专业研究的学科特点较为鲜明,主要利用计算、理论和实验工具开发各类传感器,以及为解决人类面临的共同挑战的系统提供新的计算方法等,尤其注重跨学科研究,从拥有数十亿晶体管的计算机到可再生能源供电的微电网,从预测疾病的算法到太阳能电池和电动汽车的运行,电气工程涉及现代社会多方面的前沿科技领域,包括能源与气候、人类健康、通信与计算、金融和音乐等。当前,麻省理工学院电气工程专业已经完成或正在致力于以下十四个领域的研究。[3] 第一,人工智能与机器学习。研究涵盖了机器学习的相关理论及应用,研究主题包括深度学习、强化学习、统计学习等。第二,生物与医疗设备系统。研究主题包括生物医学传感器与电子学、纳米与微技术、计算机建模等。第三,通信系统。旨在开发下一代有线和无线通信系统。第四,计算机体系结构。旨在设计下一代计算机系统,研究如何在物理世界中更好地实现计算,研究主题涵盖从超低功耗的小型物联网设备到为星球之间在线服务提供动力的高性能服务器和数据中心。第五,教育技术。结合了硬件和软件来应对全球变革,使新受众能够以前所未有的方式接受教育。第六,电子、磁性、光学和量子材料及器件。研究涵盖了构成下一代器件的多种材料,包括石墨烯和2D材料、量子计算以及新的计算基板的开创性研究。第七,机器人。研究集中在机器人硬件和算法上,以及从感知到控制。第八,计算与制造。通过一系列强大的计算工具来处理设计问题,包括建模、仿真、加工和制造。第九,能量。研究重点是解决与能量、能量系统的传递和控制相关的问题,开发新的储能材料、装置和电力电子设

---

[1] Massachusetts Institute of Technology. The Massachusetts Institute of Technology Bulletin 1992–1993: Courses and Degree Programs Issue [Z]. Boston: MIT Press, 1992: 159.
[2] 蒲实. 大学的精神 [M]. 北京: 中信出版社, 2017: 177.
[3] Research of Electrical Engineering [EB/OL]. https://www.eecs.mit.edu/research/electrical-engineering/.

备,用于收集、产生和处理能源,以及控制大规模能源系统。第十,集成电路和系统。研究领域涉及复杂电路和系统的设计和创建。第十一,纳米材料、器件和系统。研究重点是在纳米尺度上创建材料和设备,以创建跨越广泛应用领域的新型系统。第十二,信号处理。涉及广泛的应用领域,包括娱乐、通信、旅游、健康、国防和金融等。第十三,系统和网络。从分布式系统和数据库到无线系统和网络小组开展的研究,旨在提高网络和计算系统的性能。第十四,系统论与控制。研究包括量化反馈系统的基本能力和局限性、对网络的推理和控制,以及开发在非确定条件下进行决策的实用方法和算法。

值得指出的是,人工智能与机器学习、通信系统、计算机体系结构、教育技术、机器人、系统和网络等方面的研究与计算机科学专业的研究有所叠加,进一步体现了此时期麻省理工学院电气工程专业研究的广泛性和适切性。

四、校企合作研究有序推进

虽然联邦政府一直是美国大学进行科学研究的重要支持者,大学已成为美国联邦政府资助的主要研究机构,但是,伴随经济社会和科学技术的迅猛发展,以及联邦政府对科研的资助比例趋于稳定甚至下降等,有关校企合作研究的呼声越来越高。查尔斯·维斯特校长认为,联邦政府虽然是科研经费的主要来源方,但企业在麻省理工学院开始扮演越来越重要的角色,截至 1999 年,科研经费中约 70%来自联邦政府,20%来自企业,其余来自私人基金会和其他来源。出于对改善教育、扩充财政资金来源、创新校企合作机制的考量,麻省理工学院与私营企业建立牢固而适当的合作研究关系。同时,毕业生面临的就业压力与以往迥异,当代工业是快节奏的、以知识为基础的、全球化的、电子互联的,而且往往是由企业家创造的,依靠创新而大力发展的。维斯特校长坚信,特别是在工程和管理方面,教育必须革新,以便更好地为学生和他们未来的雇主服务,因此,麻省理工学院师生需要在学校受教育时参与当代工业问题,这种参与不仅会产生新类型的学术研究,而且会改善教学效果。[①] 为了达成麻省理工学院的教育使命,大学必须使其教育过程更接近当代和未来的工业世界。大学需要培养学生团队协作的核心素养,更综合的项目设计水平,更深入地参与多个学科的意识,更全面地理解生产和经济因素的能力等。为此,麻省理工学院的教师要深入研究并参与企业活动,因为教师的兴趣、

---

① Charles M. Vest. Pursuing the Endless Frontier: Essays on MIT and the Role of Research Universities [M]. Boston: MIT Press, 2005: 201.

见解和经验最终会决定学生的学习体验。不仅如此，大学在研究方面的责任重大，大公司通过提高生产率和质量，同时减少产品周期时间和成本，适应了急剧变化的市场环境，这要求企业研究向产品开发和生产方向进行重大调整，而在基础研究及其知识共享等方面，大学是独一无二的选择。此时期麻省理工学院电气工程专业的一系列校企合作研究在促进其人才培养和科学研究水平提高的同时，通过培养更加适切企业的学生和更加实用的科研成果，提高了其服务社会职能的发挥。

20世纪末期，有人建议增加大学与工业界的工程科研，进而增强大学的科研经济基础以满足博士研究生招生规模扩大的需要。博士研究生数量扩增是20世纪80年代至今美国研究型大学的整体发展趋势，随之而来的是实验经费和研究平台的建设等一系列需求。此时期麻省理工学院电气工程专业博士研究生的招生规模呈现一定的增长态势，加之电气工程专业固有的学科活跃性和对前沿科学技术的容纳度，尤其需要工业界的科研支持。在此前提下，麻省理工学院电气工程专业加强校企合作研究既是理性选择，也是必然选择。校企合作有助于大学增加研究基金的多样性，并且校企合作形式的科研对于那些日益增多的进入工业界的研究生是较好的训练。①

研究型大学服务于社会的最直接方式之一是将新思想和技术引入市场，从而创造社会财富和就业机会。1997年的研究表明，麻省理工学院的毕业生已经独立或共同创建了4 000多家公司，雇员超过110万人，年全球销售额为2 320亿美元。创业活动一直是麻省理工学院文化中非常重要的组成部分，其在大学中的地位和重要性仍在快速提高。② 其中，麻省理工学院与产业的合作关系出现过三种形式的演进，分别是从20世纪70年代的产业联盟到20世纪80年代的教育伙伴再到20世纪90年代的战略联盟。③ 麻省理工学院电气工程专业的校企合作也不例外，并且生产联盟时期的校企合作程度较低，各项合作制度处于初步探索阶段，教育伙伴时期的校企合作目标和任务较之于上一阶段更加明确，并且前者主要集中在研究方面的合作，后者则比较侧重教育活动。战略联盟的出现可看作20世纪90年代麻省理工学院电气工程专业与产业合作关系中最明显、最重要的变化之一。21

---

① 美国教育与使用委员会，等. 美国工程教育与实践（续）[M]. 上海交通大学研究生院，等译. 北京：学苑出版社，1990：112.

② Charles M. Vest. Pursuing the Endless Frontier: Essays on MIT and the Role of Research Universities [M]. Boston: MIT Press, 2005: 203.

③ Sachi Hatakenaka. University-Industry Partnerships in MIT, Cambridge, and Tokyo: Storytelling across Boundaries [M]. New York: Routledge Falmer, 2004: 78.

世纪以来，按照年限定额投资麻省理工学院的企业不断增加，逐渐确立了新型校企合作关系，有力推动了电气工程专业校企合作研究的发展进程。

第五节　麻省理工学院电气工程教育跨越期的主要特征

面对层出不穷的各类挑战和声势浩大的高等教育改革浪潮，麻省理工学院电气工程教育在"继承"传统教育优势的同时不断"革新"不合时宜的教育劣势，在继承与革新过程中彰显跨越式发展态势，回归工程实践并形成了"大工程观"教育理念、注重创新能力培养并突出课程"设计"元素、深化校企合作并升华校企合作模式、学科深度融合后呈现交叉学科态势等特征。

一、回归工程实践，形成"大工程观"教育理念

美国高等工程教育整体遵循形成于 20 世纪五六十年代的教育模式，这使工程科学革命时期，美国大学的科研水平和研究生教育水平均得到迅速提升，麻省理工学院电气工程系师生越来越多地将教学和研究建立在物理科学的基础上，致使工程学科和活动变得越来越专业化。[1] 随着工程科学的进一步发展，美国高等工程教育的核心要素已经扩展到自然科学之外，然而，科学专业数量的增长导致人们过于关注以理论科学为基础的工程教育，忽略了工程本有的设计特性以及一些来自工程实践领域的经验。[2]

20 世纪 80 年代，美国发现自身陷入了一场竞争力危机，并将其归咎于工程研究机构过度关注科学基础研究而忽视社会产业的必要考量；与此同时，冷战的结束意味着大规模、以军事为导向的研究基金可能不再出现。因此，20 世纪 90 年代包括麻省理工学院电气工程与计算机科学系在内的学术机构越来越多地转向工业寻求支持，新的资金来源带来了新的研究方向，即产品设计、产品开发和创新研究，更加强调工程实践中的问题。[3] 这促使"回归工程实践"运动的兴起。在美国高等工程教育发展的早期阶段，工程教育教学注重工厂、车间实习经验，

---

[1] Charles M. Vest. Pursuing the Endless Frontier: Essays on MIT and the Role of Research Universities [M]. Boston: MIT Press, 2005: 69.

[2] Edward F. Crawley, Johan Malmqvist, Sören Östlund, Doris R. Brodeur, Kristina Edström. Rethinking Engineering Education: The CDIO Approach [M]. Switzerland: Springer International, 2014: 252.

[3] Edward F. Crawley, Johan Malmqvist, Sören Östlund, Doris R. Brodeur, Kristina Edström. Rethinking Engineering Education: The CDIO Approach [M]. Switzerland: Springer International, 2014: 243-244.

但是,这一时期的"回归工程实践"被赋予了一种新的工程教育理念,它强调任务的复杂性,相较于以往的工程实践有着根本性的差异,实习中包含的项目组织和沟通任务,强调学生扮演专业顾问角色的重要性及创新设计技能,但也不会降低学生在测量、绘图、模型制作等方面的能力。然而,新的实习制度及其背后的理念与以前的学徒制度之间的差异却是显而易见的。① 在麻省理工学院电气工程教育中,众多实验项目和跨学科及人文社会学科的介入,无不说明这种"回归工程实践"的新型理念。2000 年,美国工程与技术认证委员会也重新修订了工程师行业标准,修订后的标准指标中,更强调工程师的综合能力,如合作能力、沟通能力、文化意识、道德敏感度以及对社会政治环境的理解能力等。可见,回归工程实践是麻省理工学院电气工程教育新时期发展的应有之义。

正如高等教育目标的调整是每一个发展时期最显著的标志,进而会引起高等教育的变革一样,② 此时期麻省理工学院电气工程教育目标的调整极具继承与革新特征,充盈着改革色彩。20 世纪八九十年代,"大工程观"教育理念提出以来,改革成为美国高等工程教育整体发展的重要特征,也是麻省理工学院电气工程教育发展的必然选择。实际上,从 1975 年起,麻省理工学院已经开始思考和探索教育改革。比如,麻省理工学院面向新生提供"课程计划项目(Concourse Program)",该项目强调工程、科学、社会科学和人文学科的思想和方法的相互作用,以探索人文、技术观点和思想的统一与冲突为中心,该项目的主题是"人、机器和意义",旨在促进并鼓励新生对微积分、物理、化学、生物学和人文学科开展在人工智能、计算机、神经生理学、信息论、感知和身心问题等主题下的跨学科相关性研究。③ 电气工程教育受到此计划的影响,加强了对社会科学、人文学科等通识课程的认识,积极探索并开展人工智能等新兴跨学科领域的教学与研究。这也是麻省理工学院电气工程教育接受并践行"大工程观"教育理念的重要原因之一。

二、注重创新能力培养,突出课程"设计"元素

此时期,麻省理工学院电气工程专业注重培养学生的创新能力。山姆·米尔施泰因(Sam Milshtein)等人指出,新时期美国工程师的工作性质发生了变化,

---

① 李曼丽. 工程师与工程教育新论[M]. 北京:商务印书馆,2010:227.
② [美]亚瑟·M. 科恩,凯莉·B. 基斯克. 美国高等教育的历程[M]. 梁艳玲,译. 北京:教育科学出版社,2012:265.
③ Massachusetts Institute of Technology. The Massachusetts Institute of Technology Bulletin 1975-1976: General Catalogue Issue[Z]. Boston: MIT Press,1975:34.

传统教育的工程专业毕业生对这种新的工作环境没有充分的准备，并敦促培养"创业型工程师"，即学生既要接受专业教育，又要接受团队协作、沟通的通识教育，实际上是促使学生具备成功企业家的基本特质。麻省理工学院电气工程教育的创业元素逐渐嵌入其专业课程和通识课程之中。专业课程方面，麻省理工学院电气工程与计算机科学系注重案例教学，在教学实践过程中，穿插讲授相关企业文化和发展背景，一定程度上引领学生的就业观、价值观和创业观的形成。通识课程方面主要体现在选修课程的设置方面，在麻省理工学院电气工程与计算机科学系设置众多的选修课程中，包括了一定数量的专门创业课程可供学生自由选择等。国家层面上，在工程课程中引入更多的专业和商业知识已经有了一定进展。美国工程教育协会、国家研究委员会、国家科学委员会和国家科学基金会（NSF）等组织也呼吁对工程教育进行相应改革，以增加课程的创业性质。与此同时，越来越重视让学生接触工业和工程专业的需求和文化。然而，直到进入21世纪，创业思维和创业活动才真正开始渗透到美国工程课程中，互联网的繁荣催生了新一代技术和技术企业家，越来越多的工程学校和行业合作伙伴要求他们招聘的工程专业毕业生具备更多的商业和创业技能。[1]

此外，有学者指出，"设计"是工程师通常用来解决工程问题的重要方法。[2] 许多工程技术人员可能会选择"电路设计"作为电气工程的核心活动。[3] 到20世纪末期，从单纯地用眼睛到利用示波器探头（Oscilloscope Probes）进行电路设计，不得不说是一种时代进步。麻省理工学院电气科学与工程专业从20世纪七八十年代开始，尤其强调学生的工程设计，以及对学生专业设计能力的培养；到20世纪90年代该系直接规定电气工程硕士至少修习完成48学分的工程设计课程，同时突出教师课程设计的创新能力。麻省理工学院电气工程专业突出课程的设计元素是其适应信息化时代的必然选择。

20世纪80年代，数字电子设备的成本大幅下降，导致计算机和计算技术的爆炸性增长。与此同时，我们对计算机科学的理解不断加深，使得开发更强大、更复杂和更灵活的新软件系统成为可能。现代电子系统在本质上越来越数字化、

---

[1] Sam Mil'shtein, Steven Tello. Innovation as Part of Electrical Engineers Education [J]. Current Journal of Applied Science and Technology, 2019（1）: 1—7.

[2] Committee on K-12 Engineering Education; Linda Katehi, Greg Pearson, and Michael Feder, Editors. Engineering in K-12 Education: Understanding the Status and Improving the Prospects [M]. New York: The National Academies Press, 2009: 38.

[3] Paul Wallich. Electrical Engineering's Crisis-When Does a Vast and Vital Profession Become Unrecognizably Diffuse? [J]. IEEE Spectrum, 2004（11）: 67—73.

复杂化,如果没有出现超大规模集成电路技术,这是不可想象的。此类系统非常复杂,其设计原则与大型软件系统的设计原则非常相似。因此,计算机科学和电子系统的设计在许多方面需要相似的背景,而计算机辅助设计在这个不断扩展的工程领域中又是必不可少的。与此同时,电气工程和计算机科学的普及在很大程度上归功于电气工程师和计算机科学家共同为设备和系统开发设计的概念模型,这些模型基于数学和物理科学的背景,广泛得到应用,包括人造系统和生物系统。因此,麻省理工学院电气工程本科生课程以及为研究生提供的许多课程的重点是电气工程和计算机科学的基本原理和模型,并在选修课程、实验室项目和论文研究中通过在各个领域引入更专业的分析、设计来补充这一准备工作。[①]

将"设计"贯穿整个教育体系是此时期麻省理工学院电气工程教育的重要特征之一。设计也是工程区别于科技、技术的主要元素之一,在电气工程教育教学实践中强调"设计"元素进而丰富麻省理工学院电气工程教育的内涵。在克劳雷(Crawley, E.)等人看来,构思—设计—实施—运行应成为工程教育的背景环境。[②] 教育教学实践中,麻省理工学院电气工程教育着重落实"CDIO"工程教学模式。CDIO 由构思、设计、实现和运作四个词语对应的英文单词的大写首字母组合而成,CDIO 教学模式是由麻省理工学院发起和推广的工程教学模式,强调设计元素的同时有机集合了构思、实现和运作元素,麻省理工学院电气工程专业紧紧围绕这一教学模式进行相应的教学改革和实践,并取得了良好的教学效果。

三、深化校企合作,升华校企合作模式

此时期,电气工程师不仅参与诸如电话、电报、"无线"以及电力的产生与传输之类传统的电气活动,而且还广泛涉及如新能源、光学等时代前沿问题,以及半导体材料、医疗电子、微型计算机等令人难以置信的复杂仪器。因此,有学者指出,电气工程教育工作者必须继续快速发展并保持专业领域的平衡,而工程师要想在技术上做到不随着年龄的增长而过时,他们将不得不花一定的时间重新研究工业实验室所产生的新知识等。[③]

---

① Massachusetts Institute of Technology. The Massachusetts Institute of Technology Bulletin 1988-1989: Courses and Degree Programs Issue [Z]. Boston: MIT Press, 1988: 150.
② [美] 克劳雷, 等. 重新认识工程教育: 国际 CDIO 培养模式与方法 [M]. 顾佩华, 沈民奋, 陆小华, 译. 北京: 高等教育出版社, 2009: 12.
③ Frederick E. Terman. A Brief History of Electrical Engineering Education [J]. Proceedings of the IEEE, 1998 (8): 1792-1800.

历经前几个时期的层层演进，此时期麻省理工学院电气工程教育不仅继承了重视校企合作、积极促成校企合作等传统优势，还形成了校企合作新范式，不仅具有鲜明的时代性，还有显著的多样性。一方面，麻省理工学院电气工程教育中的校企合作适切时代市场化、国际化等发展趋势，在扩大校企合作招生规模和科研活动等方面不断付诸行动，积极推动校企合作的全面深化，升华校企合作模式的同时有助于充分发挥校企合作对大学和社会发展的双重效果。另一方面，麻省理工学院电气工程教育中的校企合作模式多样且不断创生新的合作模式，参与校企合作的企业数量和种类愈加增多，校企合作的灵活性不断增强，并获得了良好的社会声誉，尤其是来自众多合作企业的好评。新时期麻省理工学院电气工程专业校企合作的成效印证了麻省理工学院电气工程教育校企合作模式的成熟。

相较于创新期，此时期麻省理工学院电气工程教育升华校企合作模式，还体现在从有序推动校企合作课程转向有序推动校企合作研究等方面。实现校企合作模式从本科生层次教育向研究生层次教育的推演，使其贯穿于麻省理工学院电气工程专业人才培养体系，有力提高校企合作质量的同时提升了该专业人才培养和科学研究的水平。

四、学科深度融合，呈现交叉学科态势

美国联邦政府主要出于服务战争目的的科研资助，引起了麻省理工学院师生在此时期的激烈讨论甚至质疑，一些人看来，实验室极度依赖军工资助是学术地位受到严重践踏的表现，包括电气工程师马文·席尔布（Marvin Sirbu）在内的一些人认为麻省理工学院真正需要的是小型的、灵活的、有使用期限而且以市场任务为导向的实验室。① 随着矛盾的激化，以 20 世纪 70 年代麻省理工学院撤销仪器实验室为标志，表现出麻省理工学院对这一问题的重视，并采取行动对实验室进行实际改造。不仅是管理层对此问题有着深刻认识，学生对此亦有深刻认知。例如，1985 年，电气工程学和物理学专业 45% 的学生"强烈反对参与国防工作"的教学和研究。② 伴随各类跨学科实验室的兴建，使得实验室更加强调其教育功效，而非服务战争。

此时期电气工程教育直接以培养跨学科人才为核心目标，强调跨学科人才培

---

① ［美］戴维·凯泽. 麻省理工学院的成长历程：决策时刻［M］. 王孙禺，等译. 北京：清华大学出版社，2015：129—134.

② ［美］戴维·凯泽. 麻省理工学院的成长历程：决策时刻［M］. 王孙禺，等译. 北京：清华大学出版社，2015：140.

养，不仅体现在实验室研究项目或成员中，由于学科间相互联系、相互促进，还体现在学科组织的变化上。索德伯格曾指出，学系将逐渐发展成为一种具有管理属性的组织单元，并按照一定的方法而非所属领域进行区分，其未来发展趋势会面向复杂多维的技术需求而非局限于课程上，教学范围也会涉及应用科学的主要分支。① 这既反映了此时期仍坚持并发展以学系为组织形式的教学，又能体现传统学系所面临的现实问题和挑战。这在一定程度上解释了麻省理工学院电气工程与计算机科学系产生的根本原因。麻省理工学院电气工程与计算机科学系在原电气工程系的基础上建立，保留传统电气工程系优势发展经验的同时，有的放矢地面向未来进一步革新。伴随麻省理工学院施瓦茨曼计算学院的成立，电气工程与计算机科学系最终成为施瓦茨曼计算学院和工程学院的共同学系，电气工程、计算机科学和人工智能与决策三个基础子单元的区划，不仅明晰了电气工程和计算机科学专业的不同属性，还通过组织形式将电气工程教育与人工智能教育进行了有机结合。

麻省理工学院电气工程专业与计算机、生物学等多学科进一步深度融合。保罗·塞鲁齐（Paul Ceruzzi）认为，计算机科学的成熟为电气工程学科提供了一套理论体系，将其统一到设备本身的物理水平之上。换句话说，计算机科学为电气工程提供了一种范式，该范式定义了电气工程师在电路和系统设计中的日常活动。20世纪80年代，多数教师和管理人员认为计算机特别是超大规模集成电路，已经成为电气工程师实践的主导。② 电气工程与计算机科学系的成立，能够在一定程度上代表电气工程教育与计算机科学教育的深度合作和融合，这种深度合作和融合又包括该时期各类课程的开设，学位的提供以及专业的设置等方面。进入21世纪，电气工程与生物学联结更为紧密。例如，在生物学方面，麻省理工学院人工智能实验室的资深科学家汤姆·奈特（Tom Knight）等电气工程师正在运用适用于芯片设计规则和超大规模集成电路革命的原理，创造可被培育出来的剥离微生物，从而为硅制成的超小型电路研究奠定基础。在奈特看来，生物学将重塑电气工程。宾夕法尼亚大学生物工程教授肯尼斯·福斯特（Kenneth Foster）曾指出，神经网络、基因编程、计算机病毒等无不从生物现象中获得灵感，麻省理工学院生物电气工程课程作为一门新的学科从电气工程领域脱颖而出，并在组织

---

① 曾开富，王孙禺. 战略性研究型大学的崛起：1917—1980年的麻省理工学院［M］. 北京：科学技术文献出版社，2015（11）：84-85.

② Paul Ceruzzi. Electronics Technology and Computer Science, 1940-1975: A Convolution [J]. Annals of the History of Computing, 1988（10）：257-275.

工程、遗传学、蛋白质组学和神经科学等方向获得蓬勃发展。①

除此之外，麻省理工学院电气工程教育具有助力其他科系发展的新趋势。此时期，麻省理工学院电气工程专业在注重自身内涵式发展的同时，积极发挥传统基础学科优势，在师资队伍、科研平台等方面助力或孵化其他学科专业的建设与发展，并在此过程中，更大程度地发挥自身功用。麻省理工学院电气工程教育一定程度上助力了现代生物工程、化学工程及人工智能等学科领域的发展。相较于其他时期，这一阶段麻省理工学院电气工程教育在更加注重吸收多学科优势的同时提升其他学科的教育教学水平。具体表现为：与其他学科建立了更多互惠互利的合作协议；通过培养本专业优秀人才以补充其他学科师资力量；直接参与其他学科建设，例如，为人工智能专业提供相应的师资、实验室等支持，发挥自身在这些新兴学科发展中的独特优势和作用等。此时期，麻省理工学院电气工程教育通过有机整合或助力其他学科发展，在与众多学科深度融合的基础上已经形成或将要形成一系列交叉学科。

---

① Paul Wallich. Electrical Engineering's Crisis-When Does a Vast and Vital Profession Become Unrecognizably Diffuse? [J]. IEEE Spectrum, 2004（11）：67-73.

第五章 麻省理工学院电气工程教育发展的省思

纵观麻省理工学院电气工程教育的发展历程，其演进过程与历次工业革命存在一定程度的耦合。1760年到1840年，以铁路建设和蒸汽机的发明为标志的第一次工业革命，促进了机械生产的发展；始于19世纪末、20世纪初的第二次工业革命，大力发展电力技术，使大规模生产成为可能；20世纪60年代开始的第三次工业革命，又称计算机或数字革命，逐步推动了半导体、大型计算机、个人计算机和互联网的发展；第四次工业革命始于新旧世纪之交，以数字革命为基础，其象征是更普遍和移动的互联网，更集约型的传感器，以及人工智能和机器学习。① 麻省理工学院电气工程教育的发展历程笼罩在第二次和第三次工业革命时期，已经且正处于第四次工业革命时期。

麻省理工学院电气工程教育在演进过程中，既具备麻省理工学院及其学科发展的共性特征，又有其个性特征。一方面，电气工程教育一直贯彻麻省理工学院的办学宗旨，如学院创始人罗杰斯倡导的基本科学原理和奉行通过实验获知"艺术的细节和变化"，坚持罗杰斯秉承的社会服务理念，促使其在第二次世界大战期间和第二次世界大战后为社会创造巨大贡献等；② 另一方面，在变革前沿性、学科发展脉络等方面具有引领性和典型性，形成了明显的从技术逻辑向科学逻辑再向市场逻辑的发展演进趋势，并对麻省理工学院甚至美国高等电气工程教育产生一定影响。其在顺应不同影响因素的同时经历了从"被动应变"向"主动求变"的转化过程，进行了及时的适应性变革，麻省理工学院电气工程教育犹如一面镜子，反映出整个美国高等工程教育的发展历程及模式。麻省理工学院电气工程教育清晰的发展脉络还体现在各时期分别对应鲜明的主题、侧重点、关联词、教育范式和主要特征等方面。这些主题、侧重点、关联词、教育范式和主要特征

---

① Klaus Schwab. The Fourth Industrial Revolution [M]. New York：World Economic Forum，2016：11-12.
② [美] 戴维·凯泽. 麻省理工学院的成长历程：决策时刻 [M]. 王孙禺，等译. 北京：清华大学出版社，2015：191.

之间，又相辅相成、互相联系，形成了一条对应时代且较为完整的发展链条，如表 5-1 所示。其演进历程具有鲜明的发展逻辑和启示意义。

表 5-1 麻省理工学院电气工程教育演进脉络表

分类＼分期	初创期（1882 年至 1917 年）	转型期（1917 年至 1945 年）	创新期（1945 年至 1975 年）	跨越期（1975 年至今）
工业革命	第二次工业革命	第二次工业革命	第二次和第三次工业革命	第三次和第四次工业革命
主题	依附与自立	服务与变革	协同与融合	继承与革新
侧重点	学科发展	服务战争	学术研究	社会服务
关联词	物理	战争	计算机	市场
教育范式	技术范式	技术范式兼具科学范式	科学范式	科学范式兼具工程范式
基本特质	偏重工程实践	工程科学化过渡	工程全面科学化	回归工程实践
对应特征	1. 顺应社会需求；2. 逐渐明确人才培养目标；3. 学历结构较为单一；4. 理论结合实践初探；5. 校企合作模式建立；6. 学科"代际关系"紧密	1. 发挥服务战争功能；2. 调整人才培养目标；3. 兴建研究生教育；4. 探索科教结合；5. 校企合作模式强化；6. 学科交叉显现	1. 重视多重教育影响因素；2. 注重学生"科学"素养；3. 引入计算机科学课程；4. 形成科教融合范式；5. 校企合作模式深化；6. 学科交叉显著	1. 全面深化综合改革；2. 关切学生创新能力；3. 践行"大工程观"理念；4. 突出设计元素；5. 校企合作模式升华；6. 学科深度融合

第一节 麻省理工学院电气工程教育的发展逻辑

麻省理工学院电气工程教育近 140 年的发展历程，具有鲜明的历史逻辑、理论逻辑与实践逻辑。适切变革的历史逻辑、固本浚源的理论逻辑和高效对接的实践逻辑推动其在不同历史阶段高效发展。

一、历史逻辑

(一) 内生与外发交互

变革已经成为麻省理工学院电气工程教育发展演进过程中生发的特殊"印记",并经历从"被动应变"向"主动求变"的交替转化过程。麻省理工学院电气工程教育在发展过程中,前两个时期分别由社会和政府驱动,可视为被动应变时期;后两个时期由学科驱动,可视为主动求变时期,其中创新期主要是受电气工程学科与计算机学科的驱动,跨越期主要受电气学科与计算机学科以及其他学科的驱动。麻省理工学院电气工程教育的出现是麻省理工学院适应电气时代和自身发展逻辑的必然产物,后续发展过程中更是充斥着变革色彩。麻省理工学院电气工程教育在各个时期对整个美国高等电气工程教育改革发展的引领作用,以及其当前在世界高等电气工程教育中的综合实力等,无不映射其发展历史方向的合理性,并充分说明了各个时期产生相应变革的适切性。在麻省理工学院电气工程教育发展历程中,第一和第四两个时期强调自我价值,分别对应脱离物理系和保持本学科特色;前后两个时期主要是基于内部学科发展的需要,在学科发展方面有着较大的自主权;中间两个时期强调"互惠"价值,分别对应跨学科教学实验和融合计算机科学,即在合作中创生合作学科的共同利益,促进合作双方的共同进步与发展,更多的是一种历史的选择,而并非是该学科能够加以控制的。

(二) 适时调整功能定位

麻省理工学院电气工程教育发展的各个时期不同程度地受到高等教育内外部环境的影响,并及时地做出功能定位的相应调整。初创期的麻省理工学院电气工程教育主要指向外部需要进而指向社会职场,聚焦产业;转型期的麻省理工学院电气工程教育主要承接职能使命进而服务军工设备,聚焦政府;创新期的麻省理工学院电气工程教育主要化解高等教育身份危机进而应对新兴科技即计算机科学的发展,聚焦大学;跨越期的麻省理工学院电气工程教育主要指向内部要求进而深化专业属性,聚焦学科。每一时期均找准了教育发展的方向,促使其高效发展。功能定位直接决定着事物发展的方向,准确的功能定位能够使其茁壮成长,而错误的功能定位不亚于对其揠苗助长。麻省理工学院电气工程教育从聚焦产业到聚焦政府,再到聚焦大学,最后到聚焦学科,其功能指向逐渐从高校外部走进高校内部,越来越重视内涵式发展。麻省理工学院电气工程教育凭借自身对功能定位精准而又合理的调整，实现了在不同时期相应程度的发展，也使其逐渐从最初依附于物理系的分支学科，演变为当前助力其他学科发展的重要学科。

（三）顺应知识生产模式转型

从认识论角度而言，麻省理工学院电气工程教育从依附于物理学科到独立成系，再从独立的学科到融合计算机科学学科后形成电气工程与计算机科学系，符合由单一学科范式向多学科、跨学科乃至超学科范式的转变，科研方面顺应了知识生产"模式1"到"模式2"的不断转向。美国学者迈克尔·吉本斯（Michael Gibbons）阐述了知识生产"模式1"和"模式2"的特征。"模式1"是以单一学科为基础创新学科知识的生产模式，该模式的显著特点是在理论研究的指导下，将单一学科的知识生产与应用分离；而"模式2"是以跨学科合作的方式，根据新形势对现有知识进行转换的生产模式，其特点则是面向问题的跨学科知识生产与应用的集成。[①] 麻省理工学院电气工程专业的课程设置方面，从初创期强调自身学科领域知识的应用趋向到转型期适切国防战略，再到创新期的平衡协调和跨越期的优化整合其他学科领域知识，体现出从最初强调自身单一学科知识到关切多学科知识，再到融合多学科知识的发展特征。21世纪初，更多的学者在知识生产"模式1"与知识生产"模式2"的理论基础上，提出知识生产"模式3"及其相关概念。[②] 知识生产"模式1""模式2"和"模式3"的相继浮现，对研究型大学科研生态变革产生深刻影响，[③] 进而影响其不同科研范式的出现。面对知识生产"模式3"的出现，麻省理工学院电气工程教育迸发出强有力的发展张力。麻省理工学院电气工程教育从依托军工实验室的科研范式到优化实验项目的科研范式再到提升实验内涵的科研范式的连续变更，印证其从知识生产"模式1"向"模式2"再到"模式3"的范式演进。

总之，其内外联动、合理定位和顺应知识生产模式的演进脉络，体现了麻省理工学院电气工程教育发展历史逻辑的必然性，适切变革的历史逻辑成为其在不同历史阶段高效发展的要素之一。

[①] ［英］迈克尔·吉本斯，等.知识生产的新模式：当代社会科学与研究的动力学［M］.陈洪捷，沈文钦，等译.北京：北京大学出版社，2011：3-5.

[②] 武学超.西方学者对模式3知识生产的多视角理论阐释［J］.科技进步与对策，2016（11）：147-151.

[③] 刘宝存，赵婷.知识生产模式转型与研究型大学科研生态变革［J］.北京大学教育评论，2021（4）：102-115+187.

二、理论逻辑

(一) 提出与确立教育宗旨

罗杰斯校长在创校之初即提出麻省理工学院的办学宗旨:"提供通识教育,使其在数学、物理、自然科学、英语和其他现代语言以及心理学和政治学的基础上,为学生在毕业后能适应任何领域的工作做好准备。"[①] 学校的办学宗旨统领麻省理工学院电气工程教育宗旨。电气工程教育贯彻该宗旨的重要表现之一是重视人文社会教育。纵观麻省理工学院电气工程教育发展的四个时期,不难发现,麻省理工学院电气工程教育始终将专业教育与人文社会教育相结合,确保人文社会科学课程在教学中占有一定比例。就麻省理工学院而言,以罗杰斯为首的诸位校长均支持开设人文社会科学的教学内容,如基利安校长曾在其年度报告中指出,"麻省理工学院各科系需要在科学与人文学之间创造良好的联系,其目的在于把两者融合成一种以科学和人文学科为基础又不剥削任一方面的广泛的人文主义,进而从现代社会的各种问题所形成的障碍中找出一条道路"。在麻省理工学院,科学技术与社会科学之间的相互影响已经为人们所承认,并且这种相互影响在麻省理工学院各专业的教学与科研工作中,历来体现得十分明显。[②]

(二) 继承与创新育人理念

麻省理工学院的育人理念是在继承与创新中不断延续和发展,其在创立以来的相当一段时间里,人文教育尽管已经出现,但未能形成体系,直到 20 世纪中期,校园内也并未形成重视人文教育的文化氛围。[③] 但是,麻省理工学院早期的人文学科在校长罗杰斯、弗朗西斯·沃尔克 (Franics Walker)、麦克劳林、康普顿等任期内曲折发展。麻省理工学院电气工程教育的发展也不例外,初创期和转型期的人文课程内容主要集中在英语、法语、德语等语言类以及英国历史与文学、政治经济学、商业法律等学科领域的知识,尚属于较低水平的人文教育。进入创新期以来,减少甚至取消了语言类课程的开设,增加了英文写作、人文科学等必修课程,相较于前两个时期,在原有基础上更加深化了人文学科教育。实际上,该系重视人文学科的教育主要体现在选修课方面,自转型期以来,该系选修课逐渐形成体系,并主要提供金融、心理学、气象学、科学史、美术、音乐等课

[①] 林大为. 手脑佼佼者: 麻省理工学院 [M]. 北京: 现代出版社, 2013: 141.
[②] 鄙承远, 刘宁. 麻省理工学院 [M]. 长沙: 湖南教育出版社, 1996: 98-103.
[③] 林大为. 手脑佼佼者: 麻省理工学院 [M]. 北京: 现代出版社, 2013: 69.

程,扩宽了电气工程专业学生对人文学科的选择范围,也使得麻省理工学院电气工程教育在注重人文教育的同时助力学生全面发展。

(三) 明确与践行教学目标

麻省理工学院电气工程专业在各个时期均呈现出强电与弱电课程相融合、通识教育与专业教育相结合的特征,旨在培养领导型、创新型电气工程人才,体现其鼓励学生活学活用,通过动手过程将理论联系实际的教学理念与文化,并在此过程中直观强化理论知识的传统。[①] 同时,麻省理工学院电气工程教育重视对学生写作能力的培养,深化校企合作模式,重视科学基础,推崇实践与实验,研究辅助教学。除此之外,工程师的首要任务是把知识转化为实际应用,这就必然要求技术与市场相结合。[②] 麻省理工学院电气工程教育较早开启校企合作模式,从初创期开始即开设了麻省理工学院电气工程专业校企合作课程,并且此类课程一直高效运行。校企合作课程当前也是该专业教育的重要抓手,体现着该课程开设与存在的价值同时,也能映射出麻省理工学院电气工程教育重视连接市场并回归工程实践的优良习惯及当代特征。

总之,其教育宗旨、育人理念和教学目标多元支撑的特质,体现了麻省理工学院电气工程教育发展理论逻辑的真理性,固本浚源的理论逻辑是其在不同历史阶段高效发展的要素之二。

三、实践逻辑

(一) 及时应对环境变化

麻省理工学院开设电气工程课程,顺应了电气时代和自身发展的需要。麻省理工学院电气工程教育的最初指向是社会产业实践,重在对标企业对电气工程科技人才的实际需求,这在第一次世界大战前,尤其是在19世纪末无疑是一种先进的教学导向。但是,伴随第一次世界大战的到来以及电子技术的崛起,麻省理工学院进入一个全新的发展阶段,麻省理工学院电气工程教育相应进入转型期。此时期的麻省理工学院电气工程系针对原有课程体系及时做出相应调整,并提供两套课程体系,分别是普通电气工程专业课程体系和校企合作开展的电气工程教育课程体系,两套课程并行发展,并且获得了良好的实施效果。第二次世界大战

---

① 林大为. 手脑佼佼者:麻省理工学院 [M]. 北京:现代出版社,2013:66.
② 美国教育与使用委员会,等. 美国工程教育与实践(续)[M]. 上海交通大学研究生院,等译. 北京:学苑出版社,1990:112.

是美国高等教育的重要"分水岭",第二次世界大战后美国高等教育进入发展黄金期,麻省理工学院在相对和平的年代,走出了一条极具特色的创新发展之路,尤其是麻省理工学院电气工程系对计算机课程的接受和容纳,以及伴随电气工程与计算机科学课程的出现,该系最终从电气工程与计算机科学的协同发展走向融合发展。在与其他学科的合作、课程的开展以及助力人工智能学院的成立等方面,预示其发展模式已由过去的被动式转向时下的主动式,既有对学科优势的沿袭又有因面临各种挑战而进行的及时革新。

(二) 顺时扩宽学科范畴

从 1882 年麻省理工学院电气工程课程开设至 1975 年电气工程与计算机科学系成立,体现着电气工程学科与计算机学科的合作与共融。20 世纪 80 年代,美国工程与实践委员会发表报告指出,美国工程课程设置有三种本质上截然不同的方法,分别是"一是更大的专业化,二是宽广且更为普遍的技术教育,三是对更为广泛内容的包容"。① 麻省理工学院电气工程教育的演进历程在各时期不同程度地体现着第三种方法,并在包容广泛内容的同时,滋生本学科新的属性。扩宽学科知识领域的一个比较快捷的方式是积极广阔地建立跨学科项目,如多学科交叉实验室的建立与运行扩宽了麻省理工学院电气工程专业学科范畴。这些实验室相关成员既包括了电气工程专业的师生,又有来自其他不同学科专业的师生,他们共同进行科学研究或开展相应的教学工作,既有利于产出新的科研成果,又有利于跨学科人才培养。自电气工程与计算机科学系成立以来,麻省理工学院电气工程教育随着课程体系的更新与科研范式的转换等,在继承与革新中实现并不断提升自身存在的价值和意义。2018 年,该系又被分为三个部分,服务和支持新学院发展,从融合式转向互惠式的趋势更为明显。可以说,麻省理工学院电气工程教育逐渐由"学科化"转向"课程化",当前正处在这一动态转向过程中。

(三) 不断涌现关键人物

麻省理工学院工程教育本身具有得天独厚的优势,比如在使命、制度、人力资源等方面,其对各种优势加以充分利用,进而实现"集约化"发展。实际上,麻省理工学院电气工程教育发展历程的各个时期均出现了重要代表学者或人物。如初创期的查尔斯·克罗斯、杜加尔德·C. 杰克逊等人的积极探索,转型期的范内瓦·布什、威廉姆·E. 威肯登、哈罗德·哈森等人的主要主张,创新期的

---

① 美国教育与使用委员会,等. 美国工程教育与实践(续)[M]. 上海交通大学研究生院,等译. 北京:学苑出版社,1990:355—356.

弗雷德里克·特曼、戈登·布朗等人的重要贡献，跨越期的威尔伯·达文波特、杰拉尔德·威尔逊、斯蒂芬·施瓦茨曼等人的有益实践。他们引领或影响着相应时期的麻省理工学院电气工程教育进行变革，进而驱动麻省理工电气工程教育高效发展。亨利·埃茨科维兹认为，在麻省理工学院创建及发展过程中，有四位关键人物发挥了至关重要的作用，他们分别是威廉巴顿·罗杰斯、卡尔·康普顿、范内瓦·布什和弗雷德里克·特曼。① 其中，后两位校长均曾担任过麻省理工学院电气工程系教授，他们毕业于麻省理工学院电气工程专业，均获得麻省理工学院电气工程学博士学位，并对美国企业发展做出重大贡献，这不仅在一定程度上显示出该系教师拥有较高的教育水平，还体现着电气工程教育服务社会的职能与特点。

总之，其应对环境变化、扩宽学科范畴、涌现关键人物的特质转换，体现了麻省理工学院电气工程教育发展实践逻辑的正确性，高效对接的实践逻辑是其在不同历史阶段高效发展的要素之三。

第二节　麻省理工学院电气工程教育发展的启示

结合麻省理工学院电气工程教育的发展经验，我国高等电气工程教育建设应在战略层面积极回应社会需求，在理念层面遵循"大工程观"，在组织层面弱化学科边界，在实践层面依托科研与企业平台等。

一、战略层面：积极回应社会需求

麻省理工学院电气工程教育的高质量发展历程集中体现其紧密贴合社会需求的本质特点，在此基础上，不断推进组织架构、课程设置和科学研究的探索，从初创期依次步入转型期、创新期和跨越期发展阶段。其中，麻省理工学院电气工程系不断切时调整自身功能定位、人才培养目标、校企合作模式、跨学科人才培养过程等，进而将自身发展有机融入到社会与产业发展的共同轨道上，并同社会与产业实现有机协同的发展局面。其紧密贴合社会需求的特征还体现在培养学生的社会责任感方面，麻省理工学院致力于培养能够担负社会责任的领袖人才，将

---

① [美] 亨利·埃茨科维兹. 麻省理工学院与创业科学的兴起 [M]. 王孙禺，等译. 北京：清华大学出版社，2007：2.

其教育职能与国家的兴衰和社会的文明紧紧地联系在一起。①

21世纪信息技术的发展、生命科学和生物技术的探索、微电子技术的突破、新材料和新工艺的不断创新，进一步深刻改变人类生产方式和生活方式。② 科技迅猛发展的时代需要与之相匹配的高质量人才，进而达到社会发展的相对平衡。加之知识生产"模式3"时代的到来，工程科技人才越发凸显出以应用科学知识为基础进而产生新知识等应用性的优势和价值，工程科技人才不可或缺，并且应在适应社会发展需求的基础上大力培养。

在国际关系日趋复杂、工程科技人才竞争激烈的时代背景下，高等电气工程教育作为培养前沿工程科技人才的基础学科之一，其建设问题尤为重要，规划高等电气工程教育的高校角色和社会角色，平衡大学、产业、政府三者之间的关系，遵循教育本真规律、顺应社会发展潮流、锚定国家战略方向是明智之举。"企业之所以需要大学，不仅是因为大学为他们的实验室培养化学家和物理学家，而且还因为大学训练了适用于任何领域的智慧。"③ 工程与科学技术、自然社会紧密联结，这就要求电气工程教育教学应紧密响应社会需求，尤其关注前沿相关技术。根据高等电气工程教育自身特点，还应密切联结计算机学科、人工智能、大数据等教育，进而在学科专业互促互补中形成良性发展格局。当今社会日益加速的科技进步和有关工程活动引发的重大议题，呼唤大批优秀的新型工程人才涌现，呼唤着工程教育的创新，④ 高等电气工程教育作为传统工程教育领域之一，理应积极发挥自身学科优势，创新教育模式，以期成为新时期助力工程教育发展的关键领域和重要引擎。

二、理念层面：主动遵循"大工程观"

麻省理工学院电气工程教育在教学实践和科学研究等方面，不断更新自身教育理念。初创期的课程体系就已引入人文社会课程，在随后的发展历程中，逐渐重视与人文学科的广泛结合。在寻求新资金来源，不断升级实验室设备的同时，积极探索高质量科研范式，不断深化校企合作模式，并在与其他学科深度融合的基础上，越发凸显"回归工程实践"的时代属性，践行着"大工程观"教育理

---

① 林大为. 手脑佼佼者：麻省理工学院 [M]. 北京：现代出版社，2013：69-70.
② 郭健. 美国高等教育探微：哈佛大学发展史研究 [M]. 石家庄：河北教育出版社，2000：236.
③ [美] 弗莱克斯纳. 现代大学论：英美德大学研究 [M]. 徐辉，陈晓菲，译. 杭州：浙江教育出版社，2001：156.
④ 殷瑞钰，等. 工程哲学 [M]. 北京：高等教育出版社，2007：236-248.

念。这也促使麻省理工学院电气工程教育在不同时期能够一直处于高效发展的态势之中，并保持在美国乃至世界一流学科队伍前列。

工程教育的目的是将学生培养成为社会需要的合格工程师，在学生从事职业前具备较好的工程能力和深厚的技术基础知识，为了达到这一目标，工程教育者的任务是要不断改进工程教育的质量和内涵。① 一方面，工程教育理念需要适时的自我更新。正如李伯聪指出的，人才观和教育观一向都是教育史和教育理论研究中受到高度重视的主题，工程人才观和工程教育观经历了一定的时代演进，在其演进过程中，与科技产业经济发展的关系也从"滞后"改变为相互适合，而21世纪的工程教育改革潮流又将形成新世纪的"新工程人才观"和"新工程教育观"。② 另一方面，高新技术迅猛发展，新型教育理念层出不穷，新时期对新型电气工程师提出了更高要求。现代电气工程师，既不是技术工人，也不是科学家，高校需要对其进行科学定位，明确区分电气工程师、电气科学家、电气技术人员，理性认识三者之间的联系，人才培养目标应向综合型、创新型、国际型集中。除此之外，当代工程师总是以团队形式工作实现对产品、过程和系统的构思、设计、实施和运行的，高等工程教育的任务是教育学生成为有能力的当代工程师，学生必须成为具有社会责任感并善于创新的技术专家。③

我国高等电气工程教育应秉持"大工程观"教育理念，在"大工程观"理念指引下，回归工程实践，培养高层次电气工程科技人才，以契合新时期社会对电气工程师的需求。"大工程观"指向并突出工程的多学科视野与宏大或复杂的工程视野、涉及并强调基础科学素养、关切并彰显工程组织素养与人文情怀等，④ "大工程观"教育理念背景下的电气工程师理应在掌握电气工程专业技能的同时具备足够的人文素养，这必然要求高等电气工程教育落实专业教育与通识教育相结合、理工科知识与人文社会学科知识相融合、职业导向与人的全面发展相切合，"大工程观"还要求工程教育更加重视工程的系统性及其实践特征。⑤

---

① ［美］克劳雷，等. 重新认识工程教育：国际 CDIO 培养模式与方法 [M]. 顾佩华，沈民奋，陆小华，译. 北京：高等教育出版社，2009：5.
② 李伯聪. 工程人才观和工程教育观的前世今生——工程教育哲学笔记之四 [J]. 高等工程教育研究，2019（04）：5-18.
③ ［美］克劳雷，等. 重新认识工程教育：国际 CDIO 培养模式与方法 [M]. 顾佩华，沈民奋，陆小华，译. 北京：高等教育出版社，2009：5.
④ 李培根. 认识大学 [M]. 北京：商务印书馆，2015：262.
⑤ 赵婷婷，买楠楠. 基于大工程观的美国高等工程教育课程设置特点分析——麻省理工学院与斯坦福大学工学院的比较研究 [J]. 高等教育研究，2004（6）：94-101.

总之，我国高等电气工程教育需要以"大工程观"理念指导实践、在实践中总结经验，从经验中凝结理论，汇聚具有我国特色的现代高等电气工程教育智慧，形成具有国际影响力的电气工程教育话语权。

三、组织层面：弱化学科边界

（一）学科边界模糊化

纵观麻省理工学院电气工程系四个时期组织结构的发展变化可以发现，第一个和第三个时期是动态组织阶段，第二个和第四个阶段是静态组织阶段。麻省理工学院电气工程教育从属于不断变化的教学机构，先后经历初创期的依附物理系、转型期和创新期的电气工程系以及当前的电气工程与计算机科学系，但其学科属性并不局限。一方面，麻省理工学院电气工程教育并没有局限于传统的电力等强电教学，反而将后来出现的电子学、计算机科学等课程进行了有机融合，使其学科范畴有力拓展；另一方面，不断充实现有学科课程体系，将声学、生物学等学科直接与电气工程整合生成声学电气工程和生物电气工程课程，在积极发挥自身传统学科优势、提升相关学科领域发展水平的同时，全面提高自身教育教学实力。能够清晰地看到，麻省理工学院电气工程教育学科边界的模糊化还受到了社会因素的影响。正是由于 20 世纪 60 年代电气工程师与电子工程师认识到他们同属于一个学科，加之电气工程师协会和无线电工程师协会的合并等，才使得电气工程教育与计算机科学教育能够较为顺畅地融合。

实践表明，学科发展初期往往主要关注自身明确的研究对象和有限的知识范畴，但在其随后的发展过程中，又会不同程度地表现出跨学科发展的倾向。高等电气工程教育亦然，并且，高等电气工程学科始于物理学而又因自身的专业性和领域特点使其见长于物理、数学等基础学科。进入 21 世纪 20 年代，各类高新技术蜂拥而至，传统的"电气化"又被赋予了新的内涵和理念。[①] 这就需要转变电气工程教育的传统固有模式，尤其注意摆脱"强电"与"弱电"二元对立的保守观念。这无疑是对我国偏重强电教学的电气工程教育的一项挑战。

实践中，我国高等电气工程教育还应注重通识教育与专业教育的融通与互补，并将人文教育充斥其整个通识教育范畴，将其他相关工程学科有机整合到其

---

① 潘垣，文劲宇，陈晋，等．面向"电气化+"的电气工程本科人才培养体系重构刍议［J］．高等工程教育研究，2021（4）：23-28+40．

专业教育范畴。把"通识教育"与"专业教育"深度结合进而培养合格的综合型人才是新时代背景下高等电气工程教育进一步发展的必要选择,其中,"通识教育"旨在培养学生适应社会和未来工作的关键能力,而"专业教育"则旨在培养学生将来胜任电气相关职业所需的能力。高等电气工程教育的顶层设计需要关注如何培养新时代的合格电气工程师,新时代电气工程师的核心素养包含关键能力和专业能力,而对学生应具备的关键能力和专业能力的培养需要通识教育和专业教育的有机结合方能实现。

(二) 跨学科融合发展

麻省理工学院电气工程教育依附于物理系的初创形式使其本身就具有跨学科属性,电气工程教育作为物理学系的分支教育,与物理学科有着千丝万缕的联结,后续发展过程中,与通信、生物等学科产生联结,并且电气通信课程、生物电气工程课程的开设及其对应专业的出现象征其跨学科教育取得一系列实质性进展。麻省理工学院电气工程各级教育尤其是研究生教育的培养方案形式及课程的选择等均较为灵活,也有利于跨学科教学的有效开展。20 世纪 60 年代,开设生物电气工程课程;20 世纪 70 年代麻省理工学院电气工程与计算机科学系成立;20 世纪 90 年代,生物电气工程发展成为专门的电气工程专业,以及电气工程与计算机科学课程的开设等,呈现出麻省理工学院电气工程教育与生物工程教育、计算机科学教育的深度融合,完成了从学科交叉向交叉学科形成的演进。可见,麻省理工学院电气工程教育从未放缓跨学科融合发展的速度。电气工程教育的跨学科属性还体现在一系列跨学科实验室及实验项目方面,诸如绝缘研究实验室、电子研究实验室、电力系统工程实验室等及其相关项目。实验室成员多是来自包括电气工程专业在内的师生,其项目也多是借助不同专业背景的人员共同完成,不同专业的人员发挥自身学科优势,完成跨学科实验项目,进而在产出跨学科科研成果的同时,培养出大批跨学科人才。

近年来,新工程与其他学科的关系越来越密切,与自然科学的界限日渐模糊,基于科学和数学推理的数学模式也面临诸多挑战。计算科学、生物工程、纳米工程、信息工程和环境科学等新兴学科不再是传统意义上的工程和技术学科,它们被赋予了新的定义——技术科学,其推崇的是多学科、跨学科的技术研究方法,反映了自然和技术之间存在的密切关系。① 跨学科模式日渐稳定并成为一种时代趋向。跨学科发展有着层次和程度之分,高等电气工程教育作为传统学科,

---

① 李曼丽. 工程师与工程教育新论 [M]. 北京:商务印书馆,2010:229.

非但没有被历史淘汰，而且日益重要，无论是其课程范围还是研究领域等，均说明其与新兴学科的紧密联结。

在此背景下，我国高等电气工程教育与其他学科的融合发展是大势所趋和应有之义。当然，在与其他学科合作发展过程中，应准确把握和定位自身优势和不足，最大可能地获得跨学科发展的有益之处，最大程度地发挥跨学科发展的自身价值。借鉴麻省理工学院电气工程教育发展经验，我国高等电气工程教育理当在弱化学科边界的基础上，强调与其他学科深度合作，在互惠互利、互补互促中构建跨学科融合发展新模式。

四、实践层面：依托科研与企业平台

（一）重视基础科学研究

纵观麻省理工学院电气工程教育发展历程，从转型期开始，即确立了基础科学知识的重要性，在接下来的"创新期""跨越期"均强调基础科学知识。麻省理工学院电气工程教育在重视基础科学的同时，尤其重视对学生科研水平的培养。不仅在大学低年级提供高等数学、物理学、电气工程原理等传统基础课程，还相继增设了通信、计算等与新兴技术对应的基础课程，以适应不同社会环境对电气工程师素养的要求。不仅如此，麻省理工学院还为其本科生提供科研项目，这些项目形式既包括必修课程又包括选修课程，使学生较早参与相关科研工作，在加强普通本科生理论结合实践能力的同时，提高学生的科研兴趣。

传统观念中，认为工程教育属于应用型学科门类，所以不需要多少基础科学知识，甚至忽视基础科学教学或基础研究的重要性。但伴随经济社会迅猛发展、科学技术日新月异，工程师将来会面临更为复杂的工程设计、工程运行、工程组织等问题。而解决问题的关键是工程师需要具备良好的知识基础和科研素养，传统的只重视应用而忽视科学基础的教育思维无法适应时下的电气工程教育发展。当前，我国高等电气工程教育需要加强对基础科学和研究的重视。

基础研究在一定程度上体现着教师的研究水平，决定学生成长成才的未来之路，重视工程基础研究是培养高层次工程师的不二之选，也是促进电气工程师可持续发展的关键基础和重要条件。重视基础研究也是高校科研区别于企业科研的关键要素之一。在重视基础研究过程的同时，夯实电气工程师的科学基础，从"教学研"合作走向"教学研"融合，还要注重对学生基础科研素养的培育，为学生的综合科研素养打下良好基础。事实上，越来越多的科技现象说明基础研究

是产出高端科技成果的重要因素,只有重视基础研究,才能确保高校研究与开发水平。

(二) 融通校企合作

从杰克逊于1917年启动VI-A合作计划开始,麻省理工学院电气工程系正式开启校企合作办学模式。历经不同时期的发展演进,麻省理工学院电气工程专业的校企合作对象逐渐增多,合作形式愈加多样,合作内容更加广泛,合作元素逐渐渗透到选择VI-A课程学生的培养全过程,并且合作的范畴突破课程维度,延伸至实验室等科学研究中,进而使得校企合作模式更为全面、科学和深化。值得指出的是,最初的VI-A项目对应研究生层次的教育,参加该项目的学生通过五年制学习,可获得理学硕士学位,并在毕业前一年,也就是在四年级结束时即可获得学士学位。鉴于该课程的成功运行,促使20世纪50年代VI-B即普通研究生课程体系的产生。可见,麻省理工学院电气工程校企合作课程对应的学位层次高于普通本科生课程,足见该系对校企合作方面的重视程度之高。

亨利·埃茨科维兹(Henry Etzkowitz)界定了政府、大学和产业之间的关系:一方面,在这三大机构领域中,创新政策不再是来自政府的单方指令,而逐渐成为三方交互的结果;另一方面,各机构领域除了履行传统的职能,还需要担任时代所赋予的其他相应角色,同时承担起其纵轴上的新任务与横轴上的传统任务。[①] 校企合作是高校发挥社会服务职能、企业提高生产效率的重要抓手。高等电气工程教育作为一门偏应用型学科,对焦产业需求,采取校企合作等教学方式是其应有之义,有助于其更好地完成自身在同政府与产业关系中的角色使命。校企合作的教育方式虽然老生常谈,但是其发展程度和效度均有待商榷,原因在于合作模式的老化、俗话甚至套话,进而造成了校企合作一定程度上的形式化,很难发挥校企合作模式应有的功效。而随着产业结构由创新驱动型逐渐代替劳动力推动型,创新已经成为引领我国经济社会发展的第一驱动力,深化产教融合是优化当前人才培养模式的有力举措,也是能否实现在科技方面自立自强的关键之举。[②]

借鉴麻省理工学院电气工程教育在与企业合作中的成熟模式,我国高等电气

---

① [美]亨利·埃茨科维兹.三螺旋创新模式:亨利埃茨科维兹文选[M].陈劲,译.北京:清华大学出版社,2016:311.

② 王卫民,吴永乐,张一凡.产教融合视域下芯片领域校企合作双元育人模式探索与研究[J].中国大学教学,2021(6):67-71.

工程专业应主动对接企业，在校企合作过程中，以人才培养目标为契机、以课程实施为抓手、以合作双方已有资源为平台、以合作共赢为根本，有效促进学校和企业对合作的共同积极性。具体实践中，应全面贯通高等电气工程教育的教学、实验和实践等环节，不断优化电气工程人才培养的质量，形成基于三螺旋模型的产学研协同范式，创新高等电气工程教育新机制。不可否认的是，即使以培养学生就业能力为合作导向，让学生为适应 21 世纪的经济社会发展做好准备的出发点是好的，但工厂式的教育也只能起反作用，[①] 因此，我国高校应在打破校企二元对立的同时，避免走向另一个工程教育极端，即"工厂式的教育"，高等电气工程教育应力求形成适应当前经济社会发展、符合学校定位、遵循教育发展规律的新型校企合作模式。

---

① [美] 理查德·F·埃尔莫尔. 二十位教育先行者对教育改革的反思 [M]. 张建惠，译. 北京：商务印书馆，2017：12.

参考文献

(一) 中文文献

专著

[1] [美] 亨利·埃兹科维茨. 麻省理工学院与创业科学的兴起 [M]. 王孙禺, 等译. 北京: 清华大学出版社, 2007.

[2] [美] 戴维·凯泽. 麻省理工学院的成长历程: 决策时刻 [M]. 王孙禺, 等译. 北京: 清华大学出版社, 2015.

[3] [法] 让-路易·法比亚尼. 布尔迪厄传 [M]. 陈秀萍, 译. 北京: 中国人民大学出版社, 2021.

[4] [美] 亚瑟·科恩. 美国高等教育通史 [M]. 李子江, 译. 北京: 北京大学出版社, 2010.

[5] [美] 劳伦斯·A·克雷明. 美国教育史3: 城市化时期的历程 [M]. 朱旭东, 等译. 北京: 北京师范大学出版社, 2002.

[6] [美] 亨利·埃茨科维兹. 三螺旋创新模式: 亨利埃茨科维兹文选 [M]. 陈劲, 译. 北京: 清华大学出版社, 2016.

[7] [苏联] 拉皮罗夫. 爱迪生传 [M]. 南致善, 张德浦, 译. 北京: 商务印书馆, 2013.

[8] [美] 罗伯特·M·赫钦斯. 美国高等教育 [M]. 汪利兵, 译. 杭州: 浙江教育出版社, 2001.

[9] [美] 索尔斯坦·凡勃伦. 学与商的博弈: 论美国高等教育 [M]. 惠圣, 译. 上海: 上海人民出版社, 2008.

[10] [美] 沃特梅兹格. 美国大学时代的学术自由 [M]. 李子江, 罗慧芳, 译. 北京: 北京大学出版社, 2010.

[11] [美] L.迪安·韦布. 美国教育史: 一场伟大的美国实验 [M]. 陈露茜, 李朝阳, 译. 合肥: 安徽教育出版社, 2010.

[12] [美] 德雷克·博克. 回归大学之道 [M]. 侯定凯, 等译. 上海: 华东师

范大学出版社，2012．

[13] ［美］克拉克·克尔．大学的功用［M］．陈学飞，等译．南昌：江西教育出版社，1993．

[14] ［美］哈佛委员会．哈佛通识教育红皮书［M］．李曼丽，译．北京：北京大学出版社，2012．

[15] ［美］布鲁贝克．高等教育哲学［M］．郑继伟，等译．杭州：浙江教育出版社，2001．

[16] ［美］弗莱克斯纳．现代大学论：英美德大学研究［M］．徐辉，陈晓菲，译．杭州：浙江教育出版社，2001．

[17] ［美］劳伦斯·维赛．美国现代大学的崛起［M］．栾鸾，译．北京：北京大学出版社，2015．

[18] ［美］韦恩·厄本，杰宁斯·瓦格纳．美国教育：一部历史档案［M］．周晟，谢爱磊，译．北京：中国人民大学出版社，2009．

[19] ［美］托马斯·库恩．科学革命的结构［M］．李宝恒，纪树立，译．上海：上海科学技术出版社，1980．

[20] ［英］怀特海．教育的目的［M］．徐汝舟，译．北京：三联书店，2002．

[21] ［美］克劳雷，等．重新认识工程教育：国际CDIO培养模式与方法［M］．顾佩华，沈民奋，陆小华，译．北京：高等教育出版社，2009．

[22] ［美］伯顿·克拉克．研究生教育的科研基础［M］．王承绪，译．杭州：浙江教育出版社，2001．

[23] ［美］德里克·博克．走出象牙塔——现代大学的社会责任［M］．杭州：浙江教育出版社，2001．

[24] ［美］查尔斯·维斯特．一流大学 卓越校长：麻省理工学院与研究型大学的作用［M］．蓝劲松，译．北京：北京大学出版社，2008．

[25] ［英］迈克尔·吉本斯，等．知识生产的新模式：当代社会科学与研究的动力学［M］．陈洪捷，沈文钦，等译．北京：北京大学出版社，2011．

[26] ［美］亚瑟·M·科恩，卡丽·B·基斯克．美国高等教育的历程［M］．梁艳玲，译．北京：教育科学出版社，2012．

[27] ［美］理查德·F·埃尔莫尔．二十位教育先行者对教育改革的反思［M］．张建惠，译．北京：商务印书馆，2017．

[28] 曾开富，王孙禺．战略性研究型大学的崛起：1917—1980年的麻省理工学

院［M］．北京：科学技术文献出版社，2015．

［29］王昕红．美国工程教育专业认证研究［M］．西安：西安交通大学出版社，2011．

［30］殷瑞钰，汪应洛，李伯聪．工程哲学［M］．北京：高等教育出版社，2007．

［31］周成刚，等．美国研究生理工科申请指南［M］．杭州：浙江教育出版社，2018．

［32］郭健．美国高等教育探微：哈佛大学发展史研究［M］．石家庄：河北教育出版社，2000．

［33］袁方．社会研究方法教程［M］．北京：北京大学出版社，2013．

［34］江晓原．科学史十五讲［M］．北京：北京大学出版社，2016．

［35］郭德红．美国大学课程思想的历史演进［M］．北京：中央编译出版社，2007．

［36］郜承远，刘宁．麻省理工学院［M］．长沙：湖南教育出版社，1996．

［37］蒲实．大学的精神［M］．北京：中信出版社，2017．

［38］於荣．美国研究型大学"黄金时代"的形成与发展［M］．杭州：浙江大学出版社，2018．

［39］贺国庆，何振海．战后美国教育史［M］．上海：上海交通大学出版社，2014．

［40］戴吾三．技术创新简史［M］．北京：清华大学出版社，2016．

［41］滕大春．今日美国教育［M］．北京：人民教育出版社，1980．

［42］黄福涛．欧洲高等教育近代化［M］．厦门：厦门大学出版社，1998．

［43］贺国庆．滕大春教育文集［M］．南京：江苏教育出版社，2010．

［44］王英杰．美国高等教育的发展与改革［M］．北京：人民教育出版社，1993．

［45］萧浩辉，等．决策科学词典［M］．北京：人民出版社，1995．

［46］翁史烈，黄震，刘少雪．面向21世纪的工程教育［M］．上海：上海交通大学出版社，2016．

［47］王晨，张斌贤．美国教育的传统与变革［M］．北京：中国社会科学出版社，2018．

［48］滕大春．外国教育通史（第六卷）［M］．济南：山东教育出版社，1994．

［49］陈学飞．美国高等教育发展史［M］．成都：四川大学出版社，1989．

［50］邹晓东，等．科学与工程教育创新——战略、模式与对策［M］．北京：科学出版社，2010．

［51］谢祖剑，傅雄烈．高等工程教育概论［M］．北京：航空航天出版社，1992．

[52] 靳贵珍. 中国高等工程教育发展研究 [M]. 北京：北京理工大学出版社，2012.

[53] 袁中孚. 美国工程教育简史与通识教育 [M]. 北京：能源出版社，1954.

[54] 韩毅. 美国工业现代化的历史进程（1607—1988）[M]. 北京：经济科学出版社，2007.

[55] 刘献君. 大学之思与大学之治 [M]. 武汉：华中理工大学出版社，2000.

[56] 李伯聪. 工程哲学引论 [M]. 郑州：大象出版社，2002.

[57] 倪明江. 创造未来——高等工程教育改革研究 [M]. 杭州：浙江大学出版社，1999.

[58] 王沛民，顾建民，刘伟民. 高等工程教育基础：高等工程教育理念和实践的研究 [M]. 杭州：浙江大学出版社，1994.

[59] 陈劲，胡建雄. 面向创新型国家的高等工程教育改革研究 [M]. 北京：中国人民大学出版社，2006.

[60] 李培根. 认识大学 [M]. 北京：商务印书馆，2015.

[61] 崔军. 中外高等工程教育课程研究 [M]. 南京：南京大学出版社，2013.

[62] 李曼丽. 工程师与工程教育新论 [M]. 北京：商务印书馆，2010.

[63] 彭小云. 麻省理工学院 [M]. 北京：军事谊文出版社，2006.

[64] 林大为. 手脑佼佼者：麻省理工学院 [M]. 北京：现代出版社，2013.

工具书

[1] 中国电气工程大典编辑委员会. 中国电气工程大典（第一卷）：现代电气工程基础 [Z]. 北京：中国电力出版社，2009.

[2] 顾明远. 教育大辞典 [Z]. 上海：上海教育出版社，1992.

[3] 中美联合编审委员会. 简明不列颠百科全书 [Z]. 北京：中国大百科全书出版社，1985.

[4] 中国工程院编著. 工程哲学与工程管理 [Z]. 北京：高等教育出版社，2016.

[5] 辞海编辑委员会. 辞海（第七版）[Z]. 上海：上海辞书出版社，2019.

[6] 计算机科学与工程百科全书编辑委员会. 计算机科学与工程百科全书 [Z]. 天津：天津科学技术出版社，1991.

期刊论文

[1] 王孙禺，曾晓萱，寇世琪. 从比较中探索高等工程教育——清华大学与美国麻省理工学院的电类课程设置比较 [J]. 清华大学教育研究，1988（1）：

44-54.

[2] 潘垣,文劲宇,陈晋,等.面向"电气化+"的电气工程本科人才培养体系重构刍议[J].高等工程教育研究,2021(4):23-28+40.

[3] 洪成文.世界一流学科发展有哪些国际经验[J].中国高等教育,2018(5):1.

[4] 武建鑫.世界一流学科的组织成长特征及演化路径研究——以工程学科为例[J].国家教育行政学院学报,2019(6):34-42.

[5] 肖朗,王学璐.大学通识教育的科学取向与人文取向——杜威与赫钦斯之争综论[J].北京大学教育评论,2021(1):44-70+190-191.

[6] 邬晓燕.美国工程伦理教育的历史概况、教学实践和发展趋向[J].自然辩证法通讯,2018(3):122-127.

[7] 李茂国,朱正伟.工程教育范式:从回归工程走向融合创新[J].中国高教研究,2017(6):30-36.

[8] 陈柯蓓,周开发,倪家强.美国工程伦理教育探析及对我国新工科建设的启示[J].重庆高教研究,2017(3):36-43.

[9] 陈万球,丁予聆.当代西方工程伦理教育的发展态势及启示[J].科学技术哲学研究,2017(1):86-91.

[10] 项聪.回归工程设计:美国高等工程教育改革的重要动向[J].高教探索,2015(8):51-55+75.

[11] 朱永东,张振刚,叶玉嘉.麻省理工学院跨学科培养研究生的特点及启示[J].高等工程教育研究,2015(2):134-138.

[12] 孔寒冰,叶民,王沛民.多元化的工程教育历史传统[J].高等工程教育研究,2013(5):1-12.

[13] 王章豹,樊泽恒.试论大工程时代卓越工程师大工程素质的培养[J].自然辩证法研究,2013(5):48-54.

[14] 叶民,叶伟巍.美国工程教育演进史初探[J].高等工程教育研究,2013(2):109-114.

[15] 周伟,李俭川.国外高等工程教育的改革动态及启示[J].高等教育研究学报,2012(4):45-48.

[16] 黄芳.美国《科学教育框架》的特点及启示[J].教育研究,2012(8):143-148.

[17] 周玲，孙艳丽，康小燕．回归工程 服务社会——美国大学工程教育的案例分析与思考［J］．清华大学教育研究，2011（6）：117-124．

[18] 王世斌，郄海霞，余建星，等．高等工程教育改革的理念与实践——以麻省、伯克利、普渡、天大为例［J］．高等工程教育研究，2011（1）：18-23．

[19] 李曼丽．用历史解读 CDIO 及其应用前景［J］．清华大学教育研究，2008（5）：78-87．

[20] 谢笑珍．"大工程观"的含义、本质特征探析［J］．高等工程教育研究，2008（3）：35-38．

[21] 王冬梅，王柏峰．美国工程伦理教育探析［J］．高等工程教育研究，2007（2）：40-44．

[22] 李晓强，孔寒冰，王沛民．部署新世纪的工程教育行动——兼评美国"2020 工程师"《行动报告》［J］．高等工程教育研究，2006（4）：14-18．

[23] 熊华军．麻省理工学院跨学科博士生的培养及其启示［J］．比较教育研究，2006（4）：46-49．

[24] 水志国．美国高等工程教育"工程化"发展研究［J］．中国电力教育，2006（2）：21-24．

[25] 李正，李菊琪．国际高等工程教育改革发展趋势分析［J］．高教探索，2005（2）：30-32．

[26] 薛昌明．市场导向的美国科学与工程教育的全球化趋势［J］．化工高等教育，2004（1）：82-84．

[27] 时铭显．美国工程教育改革与发展趋势［J］．高等工程教育研究，2002（5）：9-13．

[28] 吴添祖，鲍健强．现代工程教育思想：从"专业化"到"工程化"——兼论地方工业大学教育模式的选择［J］．高等工程教育研究，1998（1）：23-29．

[29] 蒋建湘，庞青山．发达国家高等工程教育中的人文社会科学教育［J］．江苏高教，1997（1）：73-76．

[30] 顾建民，王沛民．美国工程教育改革新动向［J］．比较教育研究，1996（6）：36-40．

[31] 郑大钟，陈希．麻省理工学院的"科学学士/工程硕士五年贯通计划"［J］．清华大学教育研究，1996（2）：46-51．

[32] 董小燕．美国工程伦理教育兴起的背景及其发展现状［J］．高等工程教育

研究，1996（3）：73-77.

[33] 回归工程·多样化·宏观管理——赴美考察报告［J］.高等工程教育研究，1996（1）：7-15.

[34] 王沛民，顾建民.美德两国高等工程教育结构比较与分析［J］.学位与研究生教育，1994（5）：55-57.

[35] 曾晓萱.前车之覆，后车之鉴——试析美国高等工程教育的得失［J］.高等工程教育研究，1988（4）：35-40.

[36] 张光斗.美国高等工程教育的近况与动向［J］.高等工程教育研究，1986（4）：3-7.

[37] 周锐.美国工程研究生教育的发展及与苏联的比较［J］.学位与研究生教育，1985（2）：81-89.

[38] 陈干.美国工程教育的新趋势［J］.科技导报，1980（1）：95-96+92.

[39] 石菲，刘帆，王孙禺.学科组织的历史演进与创新——麻省理工学院电机系百年发展与崛起初探［J］.高等工程教育研究，2016（5）：166-171.

[40] 何倩.电气工程专业与电气工程技术专业人才培养方案的比较研究——以美国普渡大学为例［J］.职业技术教育，2015（11）：73-77.

[41] 唐爱红，周新民，梁青，等.通过 ABET 认证的美国 PSERC 高校电气工程专业的建设及启示［J］.高等工程教育研究，2015（2）：139-142+158.

[42] 李战国，王斌锐.美国高校工学学科结构变动的特点及成因分析［J］.中国高教研究，2013（5）：50-56.

[43] 蔡坤宝，高克英，江禹生.美国麻省理工学院信号与系统课程的基本结构［J］.高等建筑教育，2011（1）：100-104.

[43] 万誉，马永红.美国电气工程研究生教育及启示［J］.科技创新导报，2010（25）：160.

[44] 崔瑞锋，郑南宁，齐勇，等.美国著名大学电气专业教育发展特点分析——基于专业使命、教育目标及结果的视角［J］.电气电子教学学报，2008（S1）：1-10.

[45] 王娟娟.国内外电气工程专业课程设置的特点及比较研究［J］.理工高教研究，2007（3）：94-95.

[46] 邱捷，胡增存.国外著名大学电气信息类专业教育剖析［J］.高等工程教育研究，2004（6）：76-79.

[47] 孔寒冰, 叶民, 王沛民. 国外工程教育发展的几个典型特征 [J]. 高等工程教育研究, 2004 (4): 57-61.

[48] 肖建, 冯晓云, 钱清泉. 国外电气工程教育改革简述 [J]. 高等工程教育研究, 1999 (S1): 200-202.

[49] 郑大钟, 陈希. 麻省理工学院电机工程和计算机科学系课程设置的演变 [J]. 清华大学教育研究, 1997 (3): 70-77.

[50] 蒋建湘, 庞青山. 发达国家高等工程教育中的人文社会科学教育 [J]. 江苏高教, 1997 (1): 73-76.

[51] 朱世平. 化工之歌 [J]. 化工学报, 2019 (9): 3611-3615.

[52] 曾开富, 等. "工程创新人才"培养模式的大胆探索——美国欧林工学院的广义工程教育 [J]. 高等工程教育研究, 2011 (5): 20-31.

[53] 李伯聪. 工程人才观和工程教育观的前世今生——工程教育哲学笔记之四 [J]. 高等工程教育研究, 2019 (4): 5-18.

[54] 汪劲松, 张炜. "双一流"建设背景下国防军工高校转型发展的探索与实践 [J]. 高等教育研究, 2021 (3): 50-53.

[55] 周光礼. 建设世界一流工程学科: "双一流"高校的愿景与挑战 [J]. 现代大学教育, 2019 (3): 1-10+112.

[56] 徐燕敏, 任令涛. 麻省理工学院工程专业课程演变及其启示 [J]. 高等工程教育研究, 2019 (2): 105-111.

[57] 李伯聪. "我思故我在"与"我造物故我在"——认识论与工程哲学刍议 [J]. 哲学研究, 2001 (1): 21-24+79.

[58] 司徒莹. 电气工程教育现状与改革探讨 [J]. 大学教育, 2016 (2): 46-47.

[59] 肖凤翔, 覃丽君. 麻省理工学院新工程教育改革的形成、内容及内在逻辑 [J]. 高等工程教育研究, 2018 (2): 45-51.

[60] 武建鑫, 蒲永平. 学科组织健康视域下世界一流学科成长机理探究——以MIT电气工程与计算机科学系为例 [J]. 研究生教育研究, 2021 (3): 76-85.

[61] 赵婷婷, 买楠楠. 基于大工程观的美国高等工程教育课程设置特点分析——麻省理工学院与斯坦福大学工学院的比较研究 [J]. 高等教育研究, 2004 (6): 94-101.

[62] 王卫民, 吴永乐, 张一凡. 产教融合视域下芯片领域校企合作双元育人模式探索与研究 [J]. 中国大学教学, 2021 (6): 67-71.

[63] 李珍,王孙禺. MIT 创办早期人文社会科学发展历程及特征分析[J]. 现代大学教育,2012(1):41-45.

[64] 刘宝存,赵婷. 知识生产模式转型与研究型大学科研生态变革[J]. 北京大学教育评论,2021(4):102-115+187.

学位论文

[1] 李晓强. 工程教育再造的机理与路径研究[D]. 杭州:浙江大学,2008.

[2] 孔钢城. 麻省理工学院发展转型动因研究[D]. 北京:清华大学,2010.

[3] 李江霞. 美国高等工程教育改革[D]. 杭州:浙江大学,2011.

[4] 张森. MIT 创业型大学发展史研究[D]. 保定:河北大学,2012.

[5] 刘薇. 美国本科生工程伦理教育研究[D]. 广州:华南理工大学,2013.

[6] 彭静雯. 高等工程教育改革:对学科规训的突围[D]. 武汉:华中科技大学,2013.

[7] 叶民. 工程教育 CDIO 模式适应性转换平台的研究[D]. 杭州:浙江大学,2014.

(二) 英文文献

专著

[1] Wildes. Karl, Nilo A. Lindgren. A Century of Electrical Engineering and Computer Science at MIT, 1882-1982 [M]. Boston:MIT Press, 1985.

[2] Paul Penfield, Jr. The Electron and The Bit:Electrical Engineering and Computer Science at the MIT, 1902-2002 [M]. Boston:MIT Press, 2005.

[3] The Institute of Electrical and Electronics Engineers. The Making of a Profession:A Century of Electrical Engineering in America:1884-1984 [M]. New York:IEEE Press, 1984.

[4] Committee on the Education and Utilization of the Engineer Commission on Engineering and Technical Systems National Research Council. Engineering Education And Practice in The United States:Foundations of Our Techno-Economic Future [M]. Washington, D. C:National Academy Press, 1985.

[5] Grétar Tryggvason, Diran Apelian. Shaping Our World:Engineering Education for the 21st Century [M]. New Jersey:John Wiley & Sons, Inc., 2012.

[6] John Heywood. Engineering Education:Research and Development in Curriculum and Instruction [M]. New Jersey:John Wiley & Sons, Inc., 2005.

[7] Domenico Grasso, Melody Brown Burkins. Holistic Engineering Education: Beyond Technology [M]. New York: Springer, 2010.

[8] Katharine G. Frase, Ronald M. Latanision, and Greg Pearson. Engineering Technology Education in the United States [M]. New York: The National Academies Press, 2016.

[9] Moshe Barak, Michael Hacker. Fostering Human Development Through Engineering and Technology Education [M]. Boston: Sense Publishers Rotterdam, 2011.

[10] Eric H. Glendinning, Norman Glendinning. Oxford English for Electrical and Mechanical Engineering [M]. New York: Oxford University Press, 1995.

[11] Penelope Peterson, Eva Baker, Barry Mcgaw. International Encyclopedia of Education [M]. Oxford: Elsevier Limited, 2010.

[12] Edward F. Crawley, Johan Malmqvist, Sören Östlund, Doris R. Brodeur, Kristina Edström. Rethinking Engineering Education: The CDIO Approach [M]. Switzerland: Springer International, 2014.

[13] Charles M. Vest. Pursuing the Endless Frontier: Essays on MIT and the Role of Research Universities [M]. Boston: MIT Press, 2005.

[14] Arthur M. Cohen, Carrie B. Kisker. The Shaping of American Higher Education: Emergence and Growth of the Contemporary System [M]. New York: Jossey-Bass Publishes, 2010.

[15] Sachi Hatakenaka. University-Industry Partnerships in MIT, Cambridge, and Tokyo: Storytelling across Boundaries [M]. New York: Routledge Falmer, 2004.

[16] M. G. Hartley. The Use of Mathematics in the Electrical Industry [M]. London: Pitman Press, 1966.

[17] William L. Hooper, Roy T. Wells. Electrical Problem for Engineering Students [M]. Boston and London: Ginn & Compony, 1902.

[18] J. Paulo Davim. A Brief History of Mechanical Engineering [M]. Switzerland: Springer International, 2017.

[19] The National Academy of Engineering. The Engineer of 2020: Visions of Engineering in the New Century [M]. New York: The National Academies Press, 2004.

[20] Charles Riborg Man. A Study of Engineering Education [M]. Boston: D. B. Up-

dike·The Merrymount, 1918.

[21] National Academy of Engineering of the National Academies. Educating The Engineer of 2020: Adapting Engineering Education to the New Century [M]. Washington: The National Academies Press, 2005.

[22] Committee on K-12 Engineering Education ; Linda Katehi, Greg Pearson, and Michael Feder, Editors. Engineering in K-12 Education: Understanding the Status and Improving the Prospects [M]. New York: The National Academies Press, 2009.

[23] Frederick Rudolf, Curriculum: A History of American Undergraduate Course of Study Since 1636 [M]. New York: Jossey-Bass Publishes, 1978.

[24] Patricia D. Galloway. The 21st-Century Engineer: A Proposal for Engineering Education Reform [M]. New York: ASCE Press, 2008.

[25] D. Weichert, B. Rauhut, R. Schmidt. Educating the Engineer for the 21st Century: Proceedings of the 3rd Workshop on Global Engineering Education [M]. New York: Kluwer Academic Publishers, 2004.

[26] Klaus Schwab. The Fourth Industrial Revolution [M]. New York: World Economic Forum, 2016.

期刊论文

[1] John W. Prados. Engineering Education in the United States: Past, Present, and Future [J]. International Conference on Engineering Education, 1998 (9): 1-9.

[2] Bruce E. Seely. The Other Re-engineering of Engineering Education, 1900-1965 [J]. Journal of Engineering Education, 1999 (7): 285-294.

[3] Joseph·Bordogna. Engineering Education: Innovation through Integration [J]. Journal of Engineering Education, 1993 (1): 3-8.

[4] Jeffrey E. Froyd. Five Major Shifts in 100 Years of Engineering Education [J]. Proceedings of the IEEE, 2012 (5): 1344-1360.

[5] Juan C. Lucena. Flexible Engineers: History, Challenges, and Opportunities for Engineering Education [J]. Bulletin of Science, Technology & Society, 2003 (1): 419-435.

[6] Nikolaos N. Taoussanidis and Myrofora A. Antoniadou. Sustainable development in engineering education [J]. Journal of Industry & Higher Education, 2006 (2):

1-13.

[7] Donald A. Dahlstrom. Industry and engineering education in the USA: Common objectives? [J]. Industry & Higher Education, 1996 (2): 67-72.

[8] Alypios Chatziioanou and Edward Sullivan. Industrial Strength Changes in Engineering Education [J]. Industry & Higher Education, 2002 (10): 1-6.

[9] Hugh H. Skiling. Historical Perspective for Electrical Engineering Education [J]. Proceedings of the IEEE, 1971 (6): 828-833.

[10] Ithaca. World War Ⅱ: A Watershed in Electrical Engineering Education [J]. IEEE Technology and Society Magazine, 1994 (6): 17-23.

[11] Frederick C. Berry. The Future of Electrical and Computer Engineering Education [J]. IEEE Transactions on Education, 2003 (11): 467-476.

[12] Robert M. Saunders. Electrical Engineering Education in 1975 [J]. IEEE Transactions on Education, 1965 (6): 33-37.

[13] Paulo David Battaglin, Gilmar Barreto. Walking in the Electrical Engineering History [J]. Global Journal of Human Social Science Linguistics & Education, 2013 (9): 19-25.

[14] Gano Dunn. The Relation of Electrical Engineering to Other Professions [J]. An Address Delivered at the 29th Annual Convention of the American Institute of Electrical Engineers, 1912 (6): 1027-1034.

[15] M. D. Hooven. The Electrical Engineering Profession in the Past Century [J]. Electrical Engineering, 1952 (11): 973-977.

[16] Paul Wallich. Electrical Engineering's Crisis-When Does a Vast and Vital Profession Become Unrecognizably Diffuse? [J]. IEEE Spectrum, 2004 (11): 67-73.

[17] Samuel Sheldon. Education for Leadership in Electrical Engineering [J]. A Paper to Be Presented at the 245th Meeting of the American Institute of Electrical Engineers, 1910 (4): 381-393.

[18] Faraz Yusuf Khan, Shrish Bajpai. Electrical Engineering Education in India: Past, Present & Future [J]. Comparative Professional Pedagogy, 2018 (8): 72—81.

[19] Frederick E. Terman. Electrical Engineers are Going Back to Science! [J]. Pro-

ceedings of the Ire, 1965 (6): 738-740.

[20] Ernst Weber. Graduate Study in Electrical Engineering [J]. Jounal of Proceedinigs of the Ire, 1961 (5): 960-966.

[21] J. D. Ryder. Future Trends in Electrical Engineering Education [J]. Proceedings of the Ire, 1962 (5): 957-960.

[22] Dugald C. Jackson. The Technical Education of the Electrical Engineer [J]. A PaperPresented at the General Meetingof the American Institute of Electrical Engineers, Chicago, 1892 (6): 476-499.

[23] Paul Ceruzzi. Electronics Technology and Computer Science, 1940 – 1975: A Convolution [J]. Annals of the History of Computing, 1988 (10): 257-275.

[24] R. G. Kloeffler. 100 Curricula in Electrical Engineering [J]. The Journal of Engineering Education, 1954 (5): 398-400.

[25] Donald G. Fink. Trends in Electronic Engineering [J]. AIEE Transactions, 1948 (6): 835-840.

[26] L. A. Zadeh. Electrical Engineering at the Crossroad [J]. IEEE Transactions on Education, 1965 (6): 30-33.

[27] Brent K. Jesiek. The Origins and Early History of Computer Engineering in the United States [J]. IEEE Annals of the History of Computing, 2013 (2): 6-18.

[28] F. E. Terman. Electrical Engineering Curricula in a Changing World [J]. The Journal of Electrical Engineering Education, 1956 (10): 940-942.

[29] G. S. Brown. Educating Electrical Engineers to Exploit Science [J]. The Journal of Electrical Engineering, 1955 (2): 110-115.

[30] Lawrence P. Grayson. A Brief History of Engineering Education in the United States [J]. IEEE Transactions on Aerospace and Electronic Systems, 1980 (5): 373-391.

[31] W. S. Hill. Industry Viewpoints on Educating Electrical Engineers [J]. The Journal of Electrical Engineering Education, 1958 (6): 544-546.

[32] M. E. Van Valkenburg. Electrical Engineering Education in the U. S. [J]. IEEE Transactions on Education, 1972 (11): 240-244.

[33] J. D. Ryder. The Renaissance in Electrical Education [J]. The Journal of Electrical Engineerinc, 1951 (7): 581-584.

[34] Frederick E. Terman. A Brief History of Electrical Engineering Education [J]. Proceedings of the IEEE, 1998 (8): 1792-1800.

[35] Stephen Kahne. Education: A Crisis in Electrical Engineering Manpower: A Review of the Problems Facing U. S. Industry as a Result, And a Strategy for Corrective Action [J]. IEEE Spectrum, 1981 (6): 50-52.

[36] D. A. Fraser. Electrical Engineering Education Twenty-Five Years on-The Influence of Developments in Semiconductor Technology [J] International Journal of Electrical Engineering Education, 1988 (7): 219-227.

[37] John A. on, Bruce A. Eisenstein. Summary of Innovations in Electrical Engineering Curricula [J]. IEEE Transactions on Education, 1994 (5): 131-135.

[38] Alexander Domijan. Jr, Raymond R. Shoults. Electric Power Engineering Laboratory Resources United States of America and Canada [J]. IEEE Transactions on Power Systems, 1988 (8): 1354-1360.

[39] Sam Mil'Shtein, Steven Tello. Innovation as Part of Electrical Engineers Education [J]. Current Journal of Applied Science and Technology, 2019 (1): 1-7.

[40] Kevin M. Passino. Teaching Professional and Ethical Aspects of Electrical Engineering to a Large Class [J]. IEEE Transactions on Education, 1998 (11): 273-281.

[41] J. R. Greene. Towards Realism in Electrical Engineering Education [J]. Int. J. Elect. Enging. Educ, 1992 (7): 197-204.

公报

[1] Massachusetts Institute of Technology. Annual Catalogue of the Officers and Students, With A Statement of the Courses of Instruction, And a List of the Alumni, And of the Members of the Society of Arts, 1882-1883 [Z]. Boston: MIT Press, 1882.

[2] Massachusetts Institute of Technology. The Massachusetts Institute of Technology Bulletin 1984—1985: General Catalogue Issue [Z]. Boston: MIT Press, 1884.

[3] Massachusetts Institute of Technology. The Massachusetts Institute of Technology Bulletin 1900—1901: General Catalogue Issue [Z]. Boston: MIT Press, 1900.

[4] Massachusetts Institute of Technology. The Massachusetts Institute of Technology Bulletin 1905—1906: General Catalogue Issue [Z]. Boston: MIT Press, 1905.

[5] Massachusetts Institute of Technology. The Massachusetts Institute of Technology Bulletin 1915—1916: General Catalogue Issue [Z]. Boston: MIT Press, 1915.

[6] Massachusetts Institute of Technology. Massachusetts Institute of Technology Bulletin Catalogue Issue for 1916—1917 [Z]. Boston: MIT Press, 1916.

[7] Massachusetts Institute of Technology. Massachusetts Institute of Technology Bulletin Catalogue Issue for 1917—1918 [Z]. Boston: MIT Press, 1917.

[8] Massachusetts Institute of Technology. The Massachusetts Institute of Technology Bulletin 1930—1931: General Catalogue Issue [Z]. Boston: MIT Press, 1930.

[9] Massachusetts Institute of Technology. The Massachusetts Institute of Technology Bulletin 1933—1934: General Catalogue Issue [Z]. Boston: MIT Press, 1933.

[10] Massachusetts Institute of Technology. Massachusetts Institute of Technology Bulletin of Catalogue Issue for 1942—1943 [Z]. Boston: MIT Press, 1942.

[11] Massachusetts Institute of Technology. The Massachusetts Institute of Technology Bulletin 1944—1945: General Catalogue Issue [Z]. Boston: MIT Press, 1944.

[12] Massachusetts Institute of Technology. Massachusetts Institute of Technology Bulletin Catalogue Issue 1945 [Z]. Boston: MIT Press, 1945.

[13] Massachusetts Institute of Technology. Massachusetts Institute of Technology Bulletin: Catalogue Issue June 1947 [Z]. Boston: MIT Press, 1947.

[14] Massachusetts Institute of Technology. Massachusetts Institute of Technology Bulletin Catalogue Issue for 1950—1951 [Z]. Boston: MIT Press, 1950.

[15] Massachusetts Institute of Technology. Massachusetts Institute of Technology Bulletin Catalogue Issue for 1955—1956 [Z]. Boston: MIT Press, 1955.

[16] Massachusetts Institute of Technology. The Massachusetts Institute of Technology Bulletin: The General Catalogue Issue for The Centennial Year 1960 – 1961 [Z]. Boston: MIT Press, 1960.

[17] Massachusetts Institute of Technology Bulletin: The General Catalogue Issue For The Year 1961-1962 [Z]. Boston: MIT Press, 1961.

[18] Massachusetts Institute of Technology. The Massachusetts Institute of Technology Bulletin 1968-1969: The General Catalogue Issue [Z]. Boston: MIT Press, 1968.

[19] Massachusetts Institute of Technology. The Massachusetts Institute of Technology Bulletin 1970/71: The General Catalogue Issue [Z]. Boston: MIT Press, 1970.

[20] Massachusetts Institute of Technology. The Massachusetts Institute of Technology Bulletin 1971/72: The General Catalogue Issue [Z]. Boston: MIT Press, 1971.

[21] Massachusetts Institute of Technology. The Massachusetts Institute of Technology Bulletin 1973-1974: Courses And Degree Programs [Z]. Boston: MIT Press, 1973.

[22] Massachusetts Institute of Technology. The Massachusetts Institute of Technology Bulletin 1974-1975: General Catalogue Issue [Z]. Boston: MIT Press, 1974.

[23] Massachusetts Institute of Technology. The Massachusetts Institute of Technology Bulletin 1975-1976: General Catalogue Issue [Z]. Boston: MIT Press, 1975.

[24] Massachusetts Institute of Technology. Bulletin: Massachusetts Institute of Technology General Catalogue Issue September 1977 [Z]. Boston: MIT Press, 1977.

[25] Massachusetts Institute of Technology. Bulletin: Massachusetts Institute of Technology General Catalogue Issue September 1978 [Z]. Boston: MIT Press, 1978.

[26] Massachusetts Institute of Technology. The Massachusetts Institute of Technology Bulletin 1988-1989: Courses and Degree Programs Issue [Z]. Boston: MIT Press, 1988.

[27] Massachusetts Institute of Technology. The Massachusetts Institute of Technology Bulletin 1991-1992: Courses and Degree Programs Issue [Z]. Boston: MIT Press, 1991.

[28] Massachusetts Institute of Technology. The Massachusetts Institute of Technology Bulletin 1992-1993: Courses and Degree Programs Issue [Z]. Boston: MIT Press, 1992.

[29] Massachusetts Institute of Technology. The Massachusetts Institute of Technology Bulletin 1993-1994: Courses and Degree Programs Issue [Z]. Boston: MIT Press, 1993.

[30] Massachusetts Institute of Technology. The Massachusetts Institute of Technology Bulletin 1995-1996: Courses and Degree Programs Issue [Z]. Boston: MIT Press, 1995.

[31] Massachusetts Institute of Technology. Bulletin 1997-1998: The Massachusetts Institute of Technology Courses and Degree Programs Issue [Z]. Boston: MIT Press, 1997.

[32] Massachusetts Institute of Technology. The MIT Bulletin: 2009-2010 Course

Catalog [Z]. Boston: MIT Press, 2009.

[33] Massachusetts Institute of Technology. The MIT Bulletin: 2010-2011 Course Catalog [Z]. Boston: MIT Press, 2010.

[34] Massachusetts Institute of Technology. Course Catalog: The MIT Bulletin: 2017-2018 [Z]. Boston: MIT Press, 2017.

[35] Massachusetts Institute of Technology. Course Catalog: MIT Bulletin 2019-2020 [Z]. Boston: MIT Press, 2019.

其他

[1] Paul Penfield, Jr., The Electron and the Bit, Gateway, the MIT/LCS Newsletter, Vol. 7, no. 1, pp. 1-2; Spring/Summer/Fall 1990 [EB/OL]. https://mtl-sites.mit.edu/users/penfield/pubs/electron-bit.html.

[2] The Electron and the Bit: 100 Years of EECS at MIT. author: Paul L. Penfield, Department of Electrical Engineering and Computer Science, Massachusetts Institute of Technology, MIT published: March 27, 2012, recorded: May 2003, views: 2773 [EB/OL]. http://videolectures.net/mitworld_penfield_ebyem/.

[3] Academics of EECS [EB/OL]. https://www.eecs.mit.edu/academics/.

[4] Mary C. Wright. The Importance of Teaching at the University of Michigan, 1996-2010 [EB/OL]. https://crlt.umich.edu/sites/default/files/resource_files/CRLT_no28.pdf.

[5] Academics/Undergraduate. Programs/Curriculum [EB/OL]. https://www.eecs.mit.edu/academics/undergraduate-programs/curriculum/.

[6] Research of Electrical Engineering [EB/OL]. https://www.eecs.mit.edu/research/electrical-engineering/.

[7] Introduction to Engineering [EB/OL]. http://engineering.nyu.edu/gk12/amps-cbri/pdf/Intro2Eng.pdf.

[8] Melody Morris and Janice Mathew. Introduction to Engineering [EB/OL]. http://web.mit.edu/wi/files/WI%20presentation_MelodyJanice.pdf.

[9] Introduction to Engineering [EB/OL]. http://engineering.nyu.edu/gk12/amps-cbri/pdf/Intro2Eng.pdf.

[10] Marjaneh Issapour, Keith Sheppard. Evolution of American Engineering Education [EB/OL]. https://paperzz.com/doc/8964728/evolution-of-american-engineering-

education.

[11] The Wickenden Study [R]. https://aseecmsduq.blob.core.windows.net/aseecmsdev/asee/media/content/member%20resources/pdfs/wickenden-theinvestigationofengred_1.pdf.